NFT 사용설명서

＊일러두기

- 본 도서에 등장하는 괄호 안은 전부 역자 주입니다.
- 본 도서는 국립국어원 표준국어대사전의 표기 원칙을 따랐으나 영화 제목과 같이 일부
  입말로 굳어진 경우와 대중적으로 소개된 영화 등의 경우는 그 표기를 따랐습니다.
- 도서명, 잡지명은 『 』로, 논문이나 기사명은 「 」, 영화명과 특정한 NFT의 경우는 별도의
  고유명사로 보아 다른 단어들과 구별하기 위해 〈 〉로 표기했습니다.

블록체인과 메타버스가 바꿀 거의 모든 돈의 미래

NFT
사용설명서

The NFT Handbook

맷 포트나우 · 큐해리슨 테리 지음
MATT FORTNOW · QUHARRISON TERRY
남경보 옮김 | 이장우 감수

NFT는 미래이자 현재다

위대한 예술가는 오로지 작품에 집중한다. 음악가는 완벽한 화음이나 가사를 찾기 위해 몇 개월을 고민하고, 건축가는 건축 계획의 세세한 부분까지 공을 들이며, 화가는 마지막으로 붓을 댈 가장 알맞은 위치를 찾고자 애를 쓴다. 하지만 작품이 완성되고 난 다음에는 그 작품으로 어떻게 수익을 낼지, 그리고 작품의 가치를 어떻게 지켜나가야 할지를 고민해야 한다.

이때 그 역할을 대신해주는 이가 바로 중개자다. 모든 종류의 콘텐츠 창작자(음악가, 팟캐스터, 화가, 작가, 연주자, 감독, 작곡가 등)는 일반적으로 중개자를 통해 작품을 세상에 선보이는 경우가 많다. 이때 중개자란 갤러리일 수도 있고, 음반사일 수도 있으며, 공연 기획자일 수도 있다. 중개자는 예술가들의 작품을 활용해 예술가들에게 이익을 제공하는 대가로 이익의 일정 부분을 나눠 가지며, 때로는 예술가의 작품의 소유권을 가져가기도 한다.

모든 중개자가 나쁜 것은 아니지만, 일부 중개자는 불공정계약으로 뉴스의 헤드라인을 장식했다. 테일러 스위프트는 10대 때 맺은 불공정계약과, 본인의 인지나 동의 없이 본인의 음악이 판매된 상황에 대해 목소리를 높이기도 했다. 프린스나 마이클 잭슨도 소속사와 분쟁이 있었던 것으로 알려져 있다. 최근 수년간 스포티파이와 같은 기술 플랫폼은 '중개자 없는 유통 형태'의 희망을 보여주었다. 하지만 플랫폼이 성장할수록 예술가들의 지갑 사정이 나아지기는커녕 나빠진다는 것을 깨달았다. 따라서 창작자 커뮤니티가 자신들의 소중한 창작 자산에 대한 권리와 소유권을 되찾아올 방법을 오랫동안 고민하게 된 것은 그리 놀랄 일이 아니다.

NFT는 창작자가 중개자 없이 거래하게 해주는 도구다. NFT 활용 방법을 잘 이해하면 창작자들을 다시 주도적인 입장으로 돌려놓을 수 있다. NFT가 각종 암호화폐 전문 용어로 뒤덮인 존재다 보니 관련 분야의 전문가가 아닌 이상은 지레 겁을 먹을 수도 있다. 그런데 NFT는 생각보다 간단하다. NFT는 예술가가 짧은 코드 조각을 그들의 작품에 넣어 불법복제의 우려 없이 작품을 유통하게 돕고 팬들에게 직접 지불받을 수 있는 방법이다. NFT는 예술가들에게 지식재산권에 대한 통제권을 되찾아줄 뿐 아니라, 더 나은 투명성을 보장하고, 로열티나 판매 대금의 분배나 추적도 가능하게 한다. NFT의 가장 훌륭한 점 중 하나는 NFT를 통해 사람들이 커뮤니티를 형성하여 각자가 믿고 지지하는 것을 지원할 수 있게 해준다는 점이다.

내 인생의 첫 콘서트 경험은 2000년에 뉴욕에서 열렸던 U2의 콘서트였다. 만약 그날 밤 U2가 NFT를 판매했다면, 나는 아마도 그 NFT를 평생 간직했을 것이다. 당신이 만약 U2의 최초의 팬 100명 중 하나가 되어 그들이 유명해지기 전, 그들의 노래가 담긴 NFT를 산다고 상상해보라. 초기 팬들에게 이는 보상이 되고, 예술가는 수익을 얻을 것이며, 커뮤니티는 더욱 성장할 것이다.

NFT는 현재의 모습에 머물지 않을 것이다. NFT는 크리에이티브 및 콘텐츠 업계를 송두리째 뒤바꿀 것이다. 따라서 NFT 시장에 대한 투자는 더이상 허무맹랑한 아이디어가 아니라 크리에이티브 경제에 의미 있는 방식으로 참여하고자 하는 사람들의 핵심 전략이 될 것이다. NFT는 그 존재를 이해하는 이들에게 크나큰 기회다. 사실 NFT에 참여할 가장 좋은 시기는 2020년이었다. 하지만 두 번째로 좋은 시기가 있다. 바로 지금이다. 그래서 나는 두 저자가 이 책을 통해 크리에이티브 업계에 종사하는 수백만 명의 사람들에게 NFT의 가능성을 열어주겠다고 결심했다는 점이 너무나도 가슴 벅차다. 『NFT 사용설명서』는 창작자 스스로 운명을 결정할 수 있는 길을 제시한다. 이 책은 새롭게 태동하는 혁명의 바이블이 될 것이다.

미래를 내다보고 미래를 현실로 바꿔놓기 위해서는 선지자가 필요하다. 사업가이자 이 책의 저자인 큐해리슨 테리는 2014년부터 디지털아트를 온라인으로 판매해왔으며, 이러한 지식이 얼마나 큰 혁신이 될 수 있는지를 몸소 경험했다. 또 다른 저자인 맷 포트나우는 1996년에 인터넷 회사를 설립했을 때부터 인터넷 혁명의 최전방에 있었으며, 누구보다도 첨단 기술을 잘 이해하고 있다. NFT의 미래에 대한 두 사람의 경험과 확신은 진짜다. 이 책을 쓰기에 이 두 사람보다 더 적합한 사람은 그 어디에도 없다.

미래 자산을 살피고 투자하는 회사인 리퍼블릭(Republic)의 CEO이자 공동창업자로서 일하는 동안 혁신에 대한 비판에 너무 익숙해져 버렸다. 우리 회사에서 암호화폐에 투자하고자 했을 때 많은 사람들은 우리가 정신이 나갔다고 생각했다. 하지만 나는 정신 나간 것처럼 보이는 생각이 지극히 정상이 되는 상황을 몇 번이고 목도했다. 그리고 우리는 모두 '다른 사람들이 미쳤다고 생각했을 때 투자할 걸' 하며 뒤늦은 후회를 한다. 나는 NFT에 대해서도 똑같이 말할 수 있다.

이 책과 NFT 기술이 불러올 미래가 너무나도 궁금하다.
그 미래는 언젠가 반드시 찾아올 것이기 때문이다.

켄드릭 응우옌

리퍼블릭 CEO 겸 공동 창업자

CONTENTS

Chapter 1

NFT의 시대가 열렸다

구글을 최초의 인터넷 검색엔진 중 하나로 알고 있는 사람들이 많지만, 1998년에 설립된 구글은 인터넷 역사상 24번째로 등장한 검색엔진이었다. 지금은 과연 구글이 24번째로 무엇인가에 뛰어드는 경우가 있기나 할까?

구글의 공동창업자인 래리 페이지Larry Page와 세르게이 브린Sergey Brin은 구글 검색엔진을 다른 업체와 차별화시켜 처음부터 경쟁력 높은 서비스를 제공하고자 했다. 당시에는 검색엔진의 모네타이제이션(monetization, 인터넷서비스의 트래픽을 수익으로 전환하는 과정)은 안중에도 없었다. 검색엔진은 결국 사람들을 검색어로부터 원하는 결과까지 빠르게 연결해주는 것이 중요한데, 이는 사용자의 의도를 얼마나 잘 이해할 수 있느냐의 문제로 귀결되었다. 사람들은 대체 무엇을 찾고 싶어할까? 검색엔진이 첫 번째 검색에서 바로 원하는 답을 찾아준다면 다행이겠지만 한 번에 원하는 답이 나오지 않는다면 결국 사용자들은 시간을 더 들여 노력해야 원하는 것을 직접 찾을 수 있었다.

당시 구글이 선보인 혁신적인 아이디어 중에는 페이지랭크 PageRank가 있었다. 페이지랭크는 웹페이지 간의 관계를 통해 검색결과의 순위를 매기는 시스템이었다. 다른 도메인들이 그 웹페이지로 많이 연결될수록 그 웹페이지는 구글의 검색결과에서 높은 순위에 올랐는데, 웹페이지끼리의 연결을 인터넷 사용자들이 해당 웹페이지가 도움이 되었다고 인식한 증거로 보았기 때문이었다. 구글의 페이지랭크 방식은 각각의 웹페이지의 순위를 해당 페이지에 포함된 키워드의 밀도를 기준으로 판단한 다른 검색엔진과 극명한 대조를 이뤘고, 구글은 페이지랭크를 통해 당대 그 어떤 검색엔진보다도 유용한 검색엔진이 될 수 있었다.

그래서 구글은 컴퓨터 업계의 선구자들에게 주목을 받았다. 구글은 이미 설립 이전에 선마이크로시스템스Sun Microsystems의 공동창업자이자 컴퓨터계의 전설인 앤디 벡톨샤임Andy Bechtolsheim으로부터 10만 달러에 달하는 첫 투자를 받았다. 이 외에도 구글은 1998년에 엔젤투자자 세 명의 투자를 받았는데, 이들이 바로 아마존 창업자 제프 베저스Jeff Bezos, 스탠포드대학교 컴퓨터공학과 교수 데이비드 체리턴David Cheriton, 그리고 기업가 램 쉬리람Ram Shriram이었다.

당시 래리 페이지와 세르게이 브린은 인터넷의 문제점을 해결하고자 하는 스탠포드대학교의 똑똑한 대학원생에 불과했다. 그들은 인터넷 사용자의 검색 의도를 이해하는 훌륭한 서비스를 만드는 데 집중했고, 그들이 선보인 결과물은 매우 유용했으며, 그 유용함은 IT 업계 거물들의 관심을 끌 만했다. 구글은 그로부터 2년 후에야 애드워즈AdWords를 붙여 검색 트래픽을 수익으로 연결할 수 있었다.

NFT 이야기를 하기 전에 왜 구글 이야기를 했을까. 바로 초기 인터넷 시절과 초기 NFT를 비교해보면 의외로 닮은 점을 많이 발견할 수 있기 때문이다. 대다수의 NFT는 투자 목적 외에는 아무런 효용이 없는 경우가 많은데 이는 과거 애스크지브스(Ask Jeeves, 미국의 검색엔진 사이트로 이후 ask.com으로 바뀌었다)나 야후 검색엔진이 별다른 차별화 없이 검색엔진 시장에 뛰어들었던 것과 크게 다르지 않다. 그리고 초기 시장의 특성상 아무런 쓸모도, 방향성도 없는 프로젝트들이 많은 관심을 받기도 한다.

하지만 시간이 지나면 토큰화(tokenization, 부동산과 같은 고액의 자산을 블록체인 기술을 이용하여 토큰이라는 단위로 잘게 나눔으로써 자산의 유통이나 소유권의 분할을 간편하게 한다)를 통해 과거에는 해결할 수 없었던 문제를 해결하거나 사람들에게 고유한 가치를 제공하는 등 NFT가 가진 효용에 더욱 많은 관심이 쏠리게 될 것이다.

보어드에이프 요트클럽BAYC, Bored Ape Yacht Club을 예로 들어보자. 보어드에이프 요트클럽은 멤버십카드 기능을 겸하는 1만 개의 〈보어드에이프 NFTBored Ape NFT〉로 구성된 컬렉션이다. 〈보어드에이프 NFT〉는 배경, 의상, 귀걸이, 눈, 털, 모자, 입의 조합으로 만들어진 유인원 그림으로 이루어져 있는데 이 조합의 종류는 매우 다양해서 1만 개에 달하는 〈보어드에이프 NFT〉의 유인원 그림은 모두 제각각이다.

이 멤버십카드가 있으면 디지털 화장실에 입장할 수 있는데 그곳에서는 15분마다 1픽셀(디지털 이미지를 구성하는 기본적인 단위)씩 벽에 그림을 그리거나 글을 쓰거나 낙서를 할 수 있다. 별것 아니면서도 독특한 경험이다. 이 디지털 화장실은 오직 〈보어드에이프 NFT〉 소유자들만을 위해서 만들어졌다. 〈보어드에이프 NFT〉의 본질은 수집품이지만, 멤버십카드와 같은 다양한 기능을 가질 수 있다는 점이 〈보어드에이프 NFT〉의 미래에 기대를 품게 한다.

아직은 NFT가 멤버십카드와 같은 용도로 사용되는 경우가 가장 흔하지만, 앞으로 NFT의 쓰임새는 분명 훨씬 더 다양해지게 될 것이다. 특히 요즘 들어 점점 더 다양한 배경을 가진 사람들이 NFT에 뛰어드는 만큼, 수많은 아이디어가 모여 탄생할 새롭고 신기한 경험을 기대해본다.

지금은 새로운 시도와 협업이 필요한 때이다. 이 책 또한 각자의 분야에서 NFT로 다양한 시도를 해오던 두 사람이 만나 시작된 날것 가득한 대화가 잔뜩 커져서 만들어진 결과물이기도 하다. 이 책의 공동 저자 중 한 명인 큐해리슨 테리는 〈월드스타 힙합 체인 NFTWorld Star HipHop Chain NFT〉의 판매와 팝컬처에 관련된 NFT를 만들어 이들의 거래를 활성화하는 작업을 진행하고 있다. 월드스타힙합은 연예계 및 힙합 관련 뉴스를 다루는 비디오 블로그로서, 월드스타힙합 체인은 월드스타힙합을 상징하는 목걸이다. 이 책의 또 다른 공동 저자인 맷 포트나우는 미국의 개그 트리오 스리스투지스(Three Stooges, 바보 삼총사라는 뜻의 미국의 개그 트리오로 모Moe, 래리Larry, 컬리Curly 세 명으로 구성되어 있다)의 공식 NFT를 만들었고 지금은 유명한 IP를 NFT로 만드는 방법을 연구하고 있다. 참고로 스리스투지스는 1922년부터 1970년까지 활동한 미국의 코미디 팀으로 컬럼비아 픽처스Columbia Pictures에서 제작한 190여 편의 단편 영화로도 유명하다.

이제 시계를 인터넷 1.0, 즉 인터넷이 막 보급되기 시작한 1995년으로 돌려보자. 당시 맷은 뉴욕에서 엔터테인먼트 관련 법 분야에서 일하다 카네기멜런대학교의 지인들과 함께 인터넷 회사를 차렸다. 이들은 최초의 웹 기반 판타지 스포츠Fantasy Sports 서비스인 커미셔너닷컴Commissioner.com을 만들었고, 1999년에는 커미셔너닷컴을 CBS스포츠라인CBS SportsLine에 매각했다. 판타지 스포츠는 실제 프로 스포츠 선수를 조합하여 가상의 팀을 만들고, 소속 선수의 기록을 점수화해 팀의 승패를 겨루는 게임인데 쉽게 말해 스포츠 시뮬레이션 게임이라고 생각하면 된다. 판타지 스포츠는 대형 프로 스포츠 리그를 다수 보유한 미국에서 특히 인기가 높다.

늘 새로운 기술의 쓰임새를 고민하던 맷은 2015년에는 블록체인blockchain에, 2016년에는 가상현실/증강현실VR/AR에, 그리고 2020년에는 NFT에 깊이 빠졌다. 둘이 만나게 된 계기도 VR/AR이었다.

"어느 날 한 친구의 연락을 받았어요. 그 친구가 제게 맷 포트나우라는 사람과 얘기를 좀 해보라고 했습니다. 그때가 NFT 열풍이 한창이던 2021년 3월이었는데 당시 저는 매일 많은 사람과 NFT에 관한 이야기를 나누곤 했습니다. 그를 처음 만난 뒤로, 우리는 몇 시간씩 대화하곤 했습니다. NFT에 있어 판매와 유동성이 왜 중요한지, IP와 수익 흐름을 토큰화할 가능성이 있는지 등을 토론했는데 그와 다양한 아이디어를 나누는 자체가 즐거웠습니다. 대화가 끝날 무렵에는 항상 우리 둘 다 '책 한 권 써야겠는데' 싶었습니다. 그래서 이렇게 마케터와 전직 변호사이자 현직 기업가 두 사람이 NFT에 대한 책을 쓰게 되었습니다. 말 그대로 NFT의 공유 문화에 대한 우연한 대화에서 이 책은 시작되었습니다. 그리고 공유 문화야말로 NFT 커뮤니티의 매력이라고 생각합니다. 모든 새로운 기술의 첨단이란, 서로 다른 배경을 가진 사람들이 힘을 합치기에 안성맞춤이죠."

'혹시 내가 NFT에 이미 늦은 게 아닐까' 하는 생각이 들지도 모르겠다. 하지만 우리가 아직 NFT의 모든 쓰임새를 발견하지 못했음을 생각하면 오히려 지금은 남들보다 빠른 셈이다. 참고로 세계 최대 NFT 마켓플레이스인 오픈시OpenSea의 2021년 8월 현재 활성유저active users 수는 고작 13만 명이다. 전 세계 인터넷 인구가 40억 명쯤 된다는 것을 생각해보면 아직 NFT의 시대는 제대로 열리지도 않았다.

만약 1998년에 래리 페이지와 세르게이 브린이 검색엔진 사업을 시작하는 게 이미 늦었다고 생각했다면 오늘날 우리가 쓰고 있는 가장 효과적이고 가장 직관적인 검색엔진은 이 세상에 존재하지 않았을 것이다. 하지만 그들은 떠오르는 인터넷 기술의 가능성에 주목했고 이를 더 발전시킬 이론을 갖고 있었다. 오늘날의 NFT 상황도 마찬가지다.

이 책에 있는 정보들은 NFT 여행의 출발점이 될 것이다. 이 책은 NFT의 역사에서부터 NFT 제작 및 수집에 대한 기초 정보, 그리고 직접 제작한 NFT의 마케팅 방법까지 담았다. 인터넷에는 NFT에 대한 자신의 생각이나 전략, 아이디어를 나누는 사람들이 많다. 이 책을 도약대로 삼아 NFT에 대해 더욱 많은 것들을 배울 수 있기를 바란다.

책에서 배운 것들을 토대로 NFT 생태계에 있는 사람들과 소통해보는 것도 좋다. 트위터나 클럽하우스(Clubhouse, 음성을 기반으로 한 쌍방향 소셜미디어), 디스코드(Discord, 메시지, 음성통화, 화상통화를 지원하는 커뮤니케이션 플랫폼으로 게이머를 위해 특화된 기능이 많아 게임용 메신저의 대표 주자로도 통한다), 인스타그램을 비롯한 다양한 SNS에는 NFT를 더 배우고 싶은 사람들이 모인 NFT 커뮤니티가 많다.

NFT가 걸음마를 막 떼기 시작한 지금은 소통하고 시도하며 남들과 협업하는 게 필요하다. NFT의 역사에 현재 우리가 보고 있는 NFT 프로젝트들이 초기 검색엔진 중 하나였지만 지금은 남아 있지 않은 인포시크Infoseek가 될지, 후발주자였지만 훌륭한 제품을 선보였고 오늘날에는 더욱 강력해진 구글이 될지는 두고 볼 일이다. 그리고 이 책의 영문 공식 홈페이지(TheNFThandbook.com)에는 NFT와 관련한 방대한 자료와 링크를 모아두었다. NFT의 세계는 계속 진화 중이기에, 웹사이트에는 새로운 정보들이 꾸준히 업데이트되고 있다.

자, 이제 궁금할 만도 하다. "그래서 NFT가 뭔데요?"

Chapter 2

NFT의 기본 개념

'대체 불가능 토큰Non Fungible Token'이라는 뜻의 NFT가 '블록체인에 기반한 고유한 디지털 수집품'이라는 점을 설명하기에 앞서 '수집품'이 무엇인지를 이해해야 할 필요가 있다. 결국 사람들의 수집에 대한 욕망이 NFT에도 담겨 있기 때문이다. 수집에 대한 사람들의 변덕스럽고 별난 심리를 비니 베이비스(Beanie Babies, 타이 사에서 출시한 봉제 인형) 인형 이야기를 통해 살펴보도록 하자.

희귀한 우표에서부터 미국 남북전쟁 당시의 무기, 새로 나온 나이키 운동화에 이르기까지 사람들은 다양한 유형의 서로 다른 물건들을 수집한다. 그래서 디지털 형태로 된 수집품을 사고 파는 시장이 있다는 사실 자체가 그리 놀랍진 않다. 물론 디지털 형태로 된 수집품을 '사고판다'는 것이 정확히 어떤 개념인지는 좀 헷갈릴 수 있다. 다만 남들에게는 없는 세상에 단 하나뿐인 물건을 소유하고자 하는 욕망이라는 관점에서 바라보면 디지털 수집품은 현실의 수집품과 그리 다를 것이 없다. 따라서 사람들이 왜 NFT를 수집하는지를 이해하기 위해 1990년대에 세계적으로 선풍적인 인기를 끌었던 수집품인 비니 베이비스 사례를 살펴보자.

비니 베이비스의 제조사 타이Ty Inc.는 첫 출시 시점인 1993년부터 비니 베이비스 인형에 희소성이라는 가치를 부여했다. 비니 베이비스 인형은 프랜차이즈 유통업체를 통한 대량 판매 방식 대신 소규모 소매점에 소량씩 유통하는 방식을 택해 애초부터 사고 싶어도 쉽게 살 수 없는 상품으로 포지셔닝했다.

회사 측은 비니 베이비스의 유통량을 공개하지 않았으며 일부 비니 베이비스 인형은 희소성을 높이기 위해 생산을 일부러 종료시키기도 했다. 심지어 불량 비니 베이비스 인형을 몰래 유통하기도 했는데, 오히려 불량품들은 수집가들 사이에서 희귀 상품으로 받아들여졌다. 사람들은 비니 베이비스 인형을 사고 싶어했고, 비니 베이비스의 인기가 높아지던 바로 그 시기에 온라인 수집품 거래소로 이베이eBay가 급부상했다. 인기 수집품과 대형 거래소의 시너지 효과로 인해 비니 베이비스의 재판매 가격은 계속 올랐고, 이베이는 온갖 수집품을 모으는 사람들에게 사랑받는 플랫폼으로 자리매김하게 된다.

생산이 종료된 5달러짜리 비니 베이비스 인형은 이베이에 올라오기만 하면 최소한 두세 배의 가격에 팔렸다. '핀처스 더 로브스터Pinchers the Lobster'에서 오타가 발생해서 '푼처스 더 로브스터Punchers the Lobster'라고 인쇄된 인형은 더욱 귀해서 1만 달러 이상의 가격에 판매되기도 했다.

비니 베이비스 열풍은 1990년대 말까지 이어졌는데, 이러한 열풍은 강도나 살인 같은 비극으로 이어지기도 했다. 1999년 미국 웨스트버지니아주의 한 홀마크Hallmark 매장에서 한 경비원이 비니 베이비스의 배송이 늦어지는 데 불만을 품은 고객의 총에 맞아 숨진 사건도 있었다. 멀쩡한 어른들조차 자신의 인생을 바꿔줄 수 있는 비니 베이비스 인형을 찾아 방방곡곡을 뒤졌다. 비니 베이비스 컬렉션을 자신들의 가장 값비싼 재산으로 여긴 한 부부는 이혼 과정에서 비니 베이비스 컬렉션을 누가 가져갈지를 두고 크게 다퉜다고 한다.

1997년에는 맥도날드도 비니 베이비스의 제조사인 타이 사

와 손잡고 이 열풍에 가세했다. 두 회사는 티니 비니스Teenie Beanies
라는 새로운 제품 라인업을 개발해 해피밀과 함께 판매했는데,
이 작은 인형은 열흘 만에 1억 개가 판매되는 기염을 토했다. 전
성기에 월 65만 부를 판매하던 『메리 베스의 비니 월드Mary Beth's
Beanie World』와 같은 잡지는 전 지면을 비니 베이비스에 할애하면
서 "잘만 하면 아이를 대학까지 보낼 수 있는 학비를 벌 수 있는
투자 상품"이라며 비니 베이비스를 소개하기도 했다.

영원할 것 같던 비니 베이비스 열풍도 결국은 수그러들었다.
비니 베이비스가 과대평가되었다는 논란 이후 이베이에는 사재
기한 비니 베이비스 인형이 눈사태처럼 쏟아져 나왔고 이는 과
잉 공급으로 이어져 비니 베이비스의 가격이 곤두박질쳤다. 다
들 값지다고 믿었던 비니 베이비스 컬렉션은 하루아침에 쓸모없
는 인형으로 전락했다.

투자 목적으로 비니 베이비스 컬렉션에 10만 달러 넘게 쓴 것
으로 알려진 크리스 로빈슨 시니어(Chris Robinson Sr., 미국 ABC 드
라마 〈종합병원General Hospital〉 배우)와 같은 사례는 수집품 시장의 이
면을 드러낸 뼈아픈 실패의 상징이 되었다. 『파이낸셜타임스』
는 비니 베이비스 열풍을 두고 1990년대 후반 사커맘(soccer mom,
미국 중산층 열성 엄마들을 지칭하는 단어) 세계의 닷컴 주식에 비유했
다. 이는 1990년대 후반 미국에서 소위 '닷컴 주식'이라 불리는
IT 기업들의 주식 가격이 크게 상승하면서 너도나도 닷컴 주식

투자에 뛰어들었던 것에 비유한 것이다.

NFT를 이해하기에 앞서 비니 베이비스를 통해 사람들이 왜 수집을 하는지를 살펴본 까닭은 사람들이 비니 베이비스를 수집했던 근본적인 이유와 사람들이 NFT를 수집하는 이유가 동일하기 때문이다. 바로 희소성 때문이다. 사람들이 무언가를 수집하는 이유에는 투자, 투기, 정서적 애착, 나만 뒤처지는 것 같은 강박감FOMO, Fear of Missing Out 등 다양한 요인이 있겠지만 결국 수집의 핵심은 희소성이다. 무엇을 수집하든 그 이유는 결국 수집하고자 하는 물건이 유한하기 때문이다.

그렇다면 NFT 시장은 언젠가는 무너질 수도 있을까? 솔직히 미래는 아무도 알 수 없다. 하지만 비니 베이비스 인형과 달리 NFT는 미술계와 수집품 시장을 괴롭혀온 고질적인 문제를 해결하는 열쇠가 될 수 있다. 이는 다음 챕터에서 더욱 자세하게 살펴볼 것이다. 이제 사람들이 실물이나 디지털 수집품을 왜 수집하는지에 대해 살펴봤으니 이제는 NFT의 속성과 본질을 살펴보자.

NFT는 대체 무엇인가

보통 NFT는 특별한 유형의 디지털 수집품 정도로 알려져 있다. 디지털아티스트 마이클 조지프 윈켈만Michael Joseph Winkelmann은 비플Beeple이라는 이름으로 활동하는데 그가 그린 디지털아

트나 미국 풋볼리그 NFL 선수 롭 그론카우스키Rob Gronkowski가
만든 디지털 트레이딩 카드, 《SNLSaturday Night Live》의 짧은 동영
상, 스리스투지스 멤버인 컬리가 점을 보는 그림, 크립토키티
(CryptoKitties, 가상의 고양이를 키우는 블록체인 기반 게임으로 암호화폐를
이용해 고양이를 거래할 수 있다) 등 이 모두가 NFT가 될 수 있다. 과
연 NFT는 대체 무엇일까?

NFT는 암호화폐에 사용되는 기술인 블록체인을 통해 거래
내역이 검증된 고유한 디지털 아이템을 뜻한다. NFT는 출처,
소유권의 이력, 희소한 정도가 명확하게 기록되고 투명하게 공
개되며, 네트워크에 영원히 존재할 수 있다. '대체 불가능 토큰'
이라는 용어를 하나씩 나눠 살펴보자.

토큰이란 무엇인가

딕셔너리닷컴Dictionary.com에 의하면 토큰의 정의 중에는 '기념
품'이라는 뜻이 있다. NFT는 보통 디지털 수집품으로 알려져
있으므로 토큰이라는 단어가 기념품이라는 의미에서 유래했다
고 생각할 수도 있다. 사실 NFT의 '토큰'은 전혀 다른 곳에서 왔
다. 바로 블록체인이다. NFT를 완전하게 이해하기 위해서는 블
록체인에 대해서도 약간은 이해하고 넘어갈 필요가 있다.

인베스토피디아Investopedia에는 암호화폐를 '암호기술을 활용
한 디지털 또는 가상의 화폐'라고 정의했다. 지금은 암호화폐가

인터넷상에 존재하는 디지털 화폐라는 정도만 알고 넘어가도 충분하다. 암호화폐는 투자 목적으로 거래할 수 있고, 물건을 구입할 때 쓸 수 있으며, 이자 수익을 얻기 위한 목적으로 예치할 수도 있다. 암호화폐를 사고팔든, 송금하거나 예치하든, 물건을 구매하든 암호화폐로 일어나는 모든 거래는 검증을 필요로 한다. 이 검증 절차는 암호화폐를 보내는 사람이 보내기에 충분한 양의 암호화폐를 소유하고 있는지를 확인하게 된다. 이 검증 절차가 암호화폐의 안정성과 신뢰성을 보장하는 핵심이다.

비트코인을 예로 들어보자. 암호화폐 거래를 검증할 때는 단일 거래가 아닌 복수의 거래에 대한 검증을 함께 묶어 진행한다. 이렇게 묶인 복수의 거래내역이 '블록'에 저장된다. 각각의 블록에는 정해진 저장 용량이 있다. 하나의 블록이 다 채워지고 거래가 확정되면(이것을 '컨펌'이라 부른다) 그 블록은 앞서 검증이 끝난 블록에 덧붙여지게 되며, 그 결과 계속 늘어나는 블록 사슬이 만들어지게 되는데 이것이 바로 블록체인이다. 이 절차가 반복될수록 블록체인은 점점 더 길어진다. 암호화폐의 블록체인이란 그 암호화폐로 성사된 최초의 거래를 포함한 모든 결제 목록인 셈이다.

누군가가 비트코인을 사고팔거나, 비트코인으로 물건을 사거나, 비트코인을 교환하거나, 비트코인을 송금하면 그 거래는 비트코인 블록체인에 기록된다. 2021년 1월 비트코인의 일간 거래

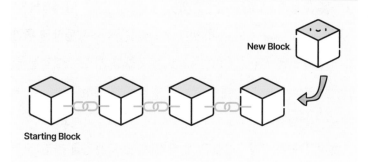

New Block

Starting Block

그림 2.1 점점 길어지는 블록체인

건수는 약 40만 건에 이르며, 이더리움의 일간 거래는 110만 건을 넘어선다(출처: statista.com). 블록체인을 말도 안 되게 긴 회계장부라고 생각해도 좋을 것 같다.

코인과 토큰의 차이

암호화폐에 대해서 이야기할 때, 사람들은 '코인'이라는 용어와 '토큰'이라는 용어를 같은 의미로 사용하곤 한다. 하지만 코인과 토큰 사이에는 중요한 차이가 있다.

비트코인, 라이트코인, 도지코인, 이더리움과 같이 코인 형태의 암호화폐는 자체 블록체인을 갖고 있다. 그에 반해 토큰은 자체 블록체인을 갖고 있지 않은 암호화폐를 의미한다. 대신 토큰은 다른 코인의 블록체인을 활용한다. 이더리움 블록체인을 사용하는 토큰의 예로는 게임크레딧GameCredits, gamecredits.org 토큰과 스시토큰SushiToken, sushi.com이 있다. 이더리움 블록체인상에 존재하는 암호화폐 토큰을 'ERC20 토큰'이라고 부르기도 하는데, ERC20는 이더리움 상에서 암호화폐 토큰을 생성하기 위한 표준 규격을 뜻한다.

특이하게도 게임크레딧은 원래 자체 블록체인을 가진 코인이었으나, 이더리움의 장점을 누리기 위해 자체 블록체인을 버리고 이더리움 블록체인상에 존재하는 ERC20 토큰으로 전환했다. 그래서 현재 모든 게임크레딧 토큰을 활용한 거래는 이더리움 블록체인에 기록되고 있다. 다른 모든 ERC20 토큰을 활용한 거래도 마찬가지로 이더리움 블록체인에 기록된다. 이더리움의 거래량이 많은 것은 이와 같이 이더리움 블록체인을 사용하는 토큰이 점차 늘어나고 있기 때문이다.

즉, NFT의 토큰은 암호화폐의 토큰을 의미한다. 그리고 NFT는 블록체인상에 존재한다. 현재 대다수의 NFT는 이더리움 블록체인에 기반하고 있다. 그 외에도 왁스WAX, 바이낸스 스마트 체인Binance Smart Chain 등 다른 블록체인에 기반한 토큰도 속속 등장하고 있다.

대체 불가능하다는 것

토큰이 어떤 의미인지는 일단 확인했다. 그럼 이번에는 대체 불가능하다는 개념을 알아보자. 우선 대체 가능하다는 것은 대체 어떤 의미일까? 딕셔너리닷컴에 따르면 '대체 가능하다'는 것은 '물건에 대해 같거나 유사한 것, 또는 통째로 혹은 일부분을 자유롭게 교환하거나 대체될 수 있는 성질'이라는 뜻이다.

달러는 대체 가능하다. 만약 누군가와 서로 5달러 지폐를 주고받는다면 어떤 5달러 지폐를 주고받았는지에 관계없이 교환 가치는 같다. 만약 당신이 1달러 지폐를 잔뜩 갖고 있어서 5달러 지폐 대신 1달러 지폐 다섯 장을 주더라도 그 가치는 동일하다. 벤모(Venmo, 페이팔이 운영하는 간편송금 서비스)로 5달러를 보내더라도 마찬가지다. 이처럼 달러는 얼마든지 서로 교환하거나 대체할 수 있다. 암호화폐도 대체 가능하다. 비트코인을 주고받을 때 그 비트코인이 어느 지갑에서 나왔는지는 중요하지 않다. 어떤 달러든 달러의 가치를 지니는 것처럼 비트코인 역시 비트코인의 가치를 지닐 뿐이다. 석유처럼 물건이 대체 가능한 성질을 가질 수도 있다. 기름통에 들어 있는 기름의 품질이 같기만 하다면 어느 기름통의 기름을 사고파는가는 아무런 상관이 없다.

앞서 살펴본 대체 가능하다는 것의 정의를 바탕으로 생각해보자면 반대로 '대체 불가능하다'는 것은 유사한 다른 것과 자유롭게 교환하거나 대체할 수 없음을 의미한다. 다이아몬드는 대체 불가능하다. 각각의 다이아몬드는 크기나 색상, 투명도, 컷이 모두 다르기 때문이다. 당신이 특정 다이아몬드를 구매했다면 다른 다이아몬드와 교환하기가 쉽지 않을 것이다.

마찬가지로 NFT도 대체 불가능하다. 각각의 NFT는 고유하며 한 NFT를 다른 NFT로 자유롭게 교환하거나 대체하기란 불가능하다. 하지만 NFT는 왜 고유한 것일까? 인터넷에서 이미지를 다운로드받아 복사하고 공유하는 건 너무나도 쉬운 일이지 않았나? 하지만 이미지를 민팅하여 블록체인상의 토큰으로 만듦으로써 이미지를 단 하나뿐인 NFT로 바꿀 수 있다.

민팅은 화폐를 주조한다는 뜻의 영어 단어인 민트mint를 옮긴 것으로 블록체인상에서 암호화폐를 발행하는 것을 의미한다. 암호화폐 코인이나 토큰이 만들어질 때는 민팅 과정을 거친다. 하나의 암호화폐 당 수백만 개에서 수십억 개의 코인이나 토큰이 민팅된다. 암호화폐의 유통량circulating supply이란 지금까지 민팅된 코인이나 토큰의 수를 뜻하며, 최대 공급량maximum supply이란 민팅될 수 있는 최대한의 코인이나 토큰의 수를 뜻한다. 최대 공급량은 암호화폐를 만든 프로그래밍 코드 원본에 심어져 있으므로 수정할 수 없으며, 블록체인에 따라서는 최대 공급량이 정해져 있지 않은 경우도 있다. 일부 암호화폐는 수명 주기 동안 발행될 최대 양이 정해져 있다. 비트코인의 경우 2,100만 개가 만들어지면 더 이상 만들어지지 않는다. 비트코인은 현재 약 1,883만 개가 만들어져 유통되고 있고 최대유통량은 암호화폐마다 다르다.

암호화폐를 달러와 같은 명목 화폐fiat currency와 비교해보자. 달러는 돈을 더 찍어냄으로써 지속적으로 공급량을 증가시킬 수 있다. 달러에 대한 수요가 변하지 않는다고 가정하면 더 많은 달러를 찍어낼수록 달러의 가치는 낮아진다. 이와 같이 달러나 기타 명목 화폐는 최대 공급량이라는 개념이 없다.

비트코인의 최대 공급량은 2,100만 코인이지만, ERC20 토큰 중 하나인 유니스왑UNI의 최대 공급량은 10억 토큰이다. 모든 NFT는 암호화폐와 같은 기능을 하고 있지만, NFT의 최대 공급량은 1이다. 최대 공급량이 1이므로 NFT는 고유하고 대체 불가능하다. '유사한 다른 것'이 존재하지 않기 때문에 유사한 다른 것과 자유롭게 교환하거나 대체할 수 없다. NFT를 미술 작품의 하나밖에 없는 원화原畵라고 생각해보자. 작품의 복제본은 얼마든지 만들 수 있겠지만 원본은 오로지 하나다.

NFT의 최대 공급량이 1이라고는 했지만 사실 최대 공급량이 1보다 큰 NFT를 민팅하는 것도 가능하다. 이를 멀티토큰 NFT라고 하는데, 예를 들어 동일한 NFT의 복제본을 100개 민팅하는 것이다. 함께 민팅된 멀티토큰 NFT끼리는 모두 같은 성질을 지니므로 서로 얼마든지 교환할 수 있다. 이러한 멀티토큰 NFT도 NFT이긴 하지만 멀티토큰 NFT는 아무리 공급량이 적더라도 공급량이 1이 아닌 이상 여전히 대체 가능하므로 이 책에서 다룰 NFT에는 포함하지 않는다.

멀티토큰 NFT와 한정판 NFT 혹은 특정 디자인의 NFT 시리즈는 구별할 필요가 있다. 롭 그론카우스키는 본인의 리그 우승 연도에 해당하는 4개의 NFT 시리즈를 선보였는데 각 시리즈는 87개(롭 그론카우스키의 등 번호와 같다)의 에디션으로 구성되어 있으며, 각 NFT는 개별적으로 1/87부터 87/87까지 번호가 매겨져 있다. 에디션은 각기 다른 번호가 매겨졌다는 점을 제외하고는 실질적으로 동일한 콘텐츠를 가진 NFT의 묶음을 구성하는 개별 NFT를 의미한다.

스리스투지스의 NFT 시리즈인 〈올 스투지 팀All Stooge Team NFT〉도 서로 다른 번호가 매겨진 30개의 NFT로 구성되어 있으며 (그림 2.2)는 이 시리즈 중 19번째 NFT에 해당한다. 시리즈를 구성하는 30개의 NFT는 각각 최대 공급량이 1인 고유한 NFT다. 마찬가지로 롭 그론카우스키의 NFT도 각각 고유한 NFT이다.

각각의 NFT마다 개별적으로 번호가 새겨진 NFT 시리즈는 순서대로 번호가 적힌 미술품에 비유할 수 있다. 반면 멀티토큰 NFT는 하나의 형틀에서 한정된 수량의 동상을 찍어낸 뒤 형틀이 부서져 같은 동상을 더 찍어낼 수 없는 경우에 비유할 수 있다. 각 동상은 원본이 맞지만 같은 형틀에서 찍어낸 다른 동상과 같다. 만약 동상에 순서대로 번호를 새겨서 동상 하나하나가 고유한 동상이 된다면 이 비유는 성립하지 않게 된다.

그림 2.2 〈스리스투지스의 '올 스투지 팀' NFT〉, #19/30

에디션 번호는 각기 다른 가치를 지닌다. 일반 미술품의 경우 보통은 시리즈 중 첫 번째 작품에 가장 높은 가치를 매긴다. 하지만 NFT의 경우에는 에디션의 가치를 결정하는 요인이 매우 다양하다. 〈NBA 톱숏NBA Top Shots NFT〉의 경우에는 선수의 등 번호와 에디션 번호가 일치하는 NFT가 가장 높은 가치를 갖는 것이 일반적이다. 르브론 제임스LeBron James의 경기 장면을 담은 NFT는 보통 23번이 가장 가치가 높고, 댈러스 매버릭스의 루카 돈치치Luka Doncic의 경기 장면을 담은 NFT는 그의 등 번호를 딴 77번이, 브루클린 네츠의 카이리 어빙Kyrie Irving의 경기 장면을 담은 NFT는 역시 그의 등 번호인 11번이 가장 가치가 높다. 이런 특별한 요인이 없다면 미술품과 마찬가지로 보통 1번이 가장 높은 가치를 가진다.

참고로 롭 그론카우스키나 스리 스투지스의 NFT에서 개별적
으로 번호가 매겨진 각각의 NFT는 하나씩 따로 민팅된 것이다.
그에 반해 멀티토큰 NFT의 경우에는 해당 NFT의 모든 토큰은
한 번의 민팅을 통해서 만들어진다. 롭 그론카우스키나 스리 스
투지스의 NFT 시리즈가 각각 한 장씩 따로 그린 그림을 모아놓
은 것이라면, 멀티토큰 NFT는 판화로 한꺼번에 동일한 여러 장
의 그림을 찍어내는 것과 같은 개념이라고 할 수 있다.

NFT의 종류

NFT라고 하면 보통 디지털아트나 수집품을 떠올리는 사람
들이 많다. 엄청난 가격에 판매되어 언론으로부터 집중 조명을
받는 NFT가 대부분 디지털아트나 수집품이기 때문이다. 하지
만 디지털아트나 수집품 외에도 다양한 종류의 NFT가 있다.

디지털아트는 1950년대에 시작된 비교적 새로운 형태의 예술
이다. 특히 컴퓨터가 널리 보급되기 시작한 1980년대와 1990년
대에 크게 성장했다. 예술가들이 컴퓨터나 스마트폰으로 작품을
창작하기도 하지만 디지털이라는 특성 자체가 하나의 매체가 되
기도 한다.

디지털아트는 디지털 형태로만 존재한다. 물론 인쇄라는 방
법이 있긴 하지만 진정한 디지털아트는 디지털로 감상했을 때

빛을 발하는 법이다. 디지털 수집품은 디지털 형태를 처음부터 염두에 두고 디지털 환경에서 제작되었다는 점에서 디지털아트와 비슷하다고 볼 수 있다. 하지만 수집품은 일반적으로 대중적으로 유명한 주제와 연관성을 갖는 경우가 많다. 물론 이러한 수집품을 창작하는 데에도 상당한 예술적 창의성이 투입되었고 디지털 수집품 그 자체가 디지털아트이기도 하다.

롭 그론카우스키의 NFT는 롭 그론카우스키 본인이 제시한 방향성을 바탕으로 브라질의 미술가 블랙 마드레Black Madre가 그렸고, 스리스투지스의 NFT 중 일부는 미술가 패트릭 시어Patrick Shea가 그렸다. 하지만 단순히 디지털아트라는 점 외에도 NFT가 롭 그론카우스키나 스리스투지스와 관련이 있으므로 수집 가치가 생기게 된다. 디지털 수집품은 미식축구 카드와 같은 실물 수집품과 같은 개념이지만 오로지 디지털 형태로 존재한다는 차이가 있다. 게다가 디지털 수집품이 꼭 디지털 미술품일 필요도 없다. 파일의 형태로 스캔된 사진도 디지털 수집품이 될 수 있다.

디지털이 아닌 소재에 디지털 미술적인 요소를 추가해 디지털아트나 디지털 수집품이 될 수도 있다. 스리스투지스의 NFT 중 〈이건 내 비트코인이야That's My Bitcoin! NFT〉는 기존에 촬영된 사진에 디지털 형태로 그린 비트코인 그림을 추가했다(그림 2.3). 일반적으로 디지털아트 혹은 디지털 수집품 NFT는 다음의 형태를 띤다.

그림 2.3 스리스투지스의 〈이건 내 비트코인이야 NFT〉

- 이미지
- 동영상
- gif
- 오디오
- 3D 모델
- 텍스트

이미지

크립토펑크CryptoPunks나 비플의 작품이 그러하듯 상당수의

NFT는 한 장의 이미지인 경우가 많다. 크립토펑크는 컴퓨터가 조합한 총 1만 개의 고유한 캐릭터로 구성된 이더리움 기반의 NFT로, 1980년대 이후 등장한 과학 소설의 한 장르인 사이버펑크cyberpunk의 영향을 받았다. 이미지에는 사진도 포함되며 이 사진이 처음부터 디지털카메라로 촬영되었는지, 아니면 필름 카메라로 촬영된 이후에 스캔한 것인지는 전혀 중요하지 않다. 그림도 당연히 이미지에 포함되며 앞서 들었던 예시처럼 사진과 그림이 합쳐진 형태도 가능하다. 단 이미지에는 움직이는 요소는 포함되지 않는다.

NFT는 이미지의 크기나 해상도에 제약이 없지만, 일부 NFT 마켓플레이스에서는 NFT를 민팅할 때 파일 크기에 제한을 두기도 한다. 일반적으로 NFT를 만들 때는 큰 화면에서도 선명하게 보일 수 있도록 해상도가 높은 사진을 사용하는 것이 좋다.

이미지의 형태에는 래스터raster, 혹은 비트맵bitmap이라고 부르는 이미지와 벡터vector 그래픽이 있는데, 보통 jpg나 png와 같은 래스터 이미지가 더 흔히 사용된다. 래스터 이미지는 작은 점인 픽셀들로 이루어져 있는데, 래스터 이미지는 크기를 확대하게 되면 이미지 질이 떨어진다는 단점이 있는 반면, svg와 같은 벡터 그래픽은 수학 공식을 사용해 여러 점 사이에 직선과 곡선을 그리므로, 이미지를 아무리 크게 확대하더라도 해상도가 떨어지지 않는 장점이 있다. 래스터 이미지는 다양한 색상을 표현할 수 있다는 장점(픽셀 하나가 수백만 종류의 색상을 가질 수 있다)이 있어서 사진을 표현하는 데 더 적합하다.

동영상

동영상도 NFT의 인기 있는 형태 중 하나다. NBA의 경기 장면 하이라이트 영상을 담은 〈NBA 톱숏 NFT〉와 같이 5억 달러 넘게 판매된 프로젝트도 있다. 당연히 르브론 제임스의 NFT가 가장 인기가 높았다. 동영상에는 실제 영상뿐만 아니라 최근 인기를 더해가는 디지털아트도 포함된다. 예를 들어 롭 그론카우스키의 NFT는 정지된 이미지가 아니라 여러 가지 멋진 효과로 꾸며진 동영상이다. 롭의 사진이 카드 옆에서 나타날 뿐만 아니라 카드가 뒤집히며 카드 뒷면에 있는 에디션 번호나 그의 시즌 성적과 같은 상세 정보를 보여주기도 한다.

대부분의 동영상은 저절로 반복 재생되진 않지만 오픈시에서는 동영상이 자동적으로 반복 재생되게 해놓았다. 따라서 일부 제작자들은 동영상이 자연스럽게 반복되는 것처럼 보이게 하기 위해 동영상의 마지막 프레임을 동영상의 가장 첫 프레임과 이어지게 만들기도 한다. 만화 주인공처럼 그려진 캐나다의 유명 싱어송라이터 숀 멘데스Sean Mendes가 끝없이 빙글빙글 도는 모습을 담은 〈숀 멘데스 NFT〉가 이러한 예이다. 일부 동영상은 마지막 프레임과 첫 번째 프레임이 이어지지 않아 갑자기 건너뛰는

그림 2.4 스리스투지스의 〈법원에서의 난동 NFT〉의 첫 프레임과 마지막 프레임

것처럼 보이기도 한다. 보기가 그리 좋지는 않으므로 동영상이나 gif 파일을 만들 때는 자연스럽게 반복되는 것처럼 만드는 것이 좋다.

하지만 애초에 반복 재생을 염두에 두지 않고 만들어진 영상의 경우에는 반복 시점에 캐릭터들이 마치 순간 이동하는 것처럼 보이게 된다. 이게 나쁘다고는 할 수 없지만 자연스럽게 반복되도록 만드는 것이 보기에도 더 즐거울 것 같다. 스리스투지스의 주인공 중 한 명인 컬리Curly가 어색한 모습으로 증인석에 서는 장면을 담은 〈법원에서의 난동Disorder in the Court NFT〉도 이런 경우 중 하나다. 옛날에 촬영된 영상은 손쓸 방도가 마땅치 않으므로 시작과 끝이 거의 같은 짧은 장면을 찾는 수밖에 없다. 다음 그림은 〈법원에 불복하라 NFT〉의 첫 프레임과 마지막 프레임인데 두 프레임이 거의 같음을 확인할 수 있다. 영상 시작시점에 소개 화면을 넣거나, 영상의 시작과 끝이 비슷하게 이어지도

록 전환 효과를 넣음으로써 '순간이동' 효과를 최소화하는 방법
도 있다.

gif

gif 파일은 짧고 단순하며 자동으로 반복되는 동영상을 만드
는 데 주로 사용되는 파일 포맷이다. 이는 Graphic Interchange
Format의 약자로, 정지된 이미지도 지원한다. 원래 이 파일 형식
은 정지된 이미지를 위해 개발되었지만 하나의 gif 파일에 여러
개의 이미지를 저장할 수 있는 특성을 이용해 짧은 영상이나 애
니메이션을 담는 용도로도 사용하게 되었다. 동영상이나 애니메
이션 gif를 애니메이티드 gif(animated gif)라고 부르는 사람도 있지만,
대부분의 경우에는 그냥 gif라고 해도 충분하다. 영상이나 애니
메이션의 형태가 아니라면 굳이 이 파일 포맷을 쓸 필요는 없다.

일반 동영상 파일과 비교했을 때 별도의 조작 없이 자동으
로 반복 재생되며 심지어 재생 버튼조차 필요 없다는 게 장점이
다. 오픈시에서는 NFT 소개 페이지에 한해 일반 NFT 동영상
(mp4 포맷 등)도 자동으로 재생되고 반복되게 해놓았다. 오픈시의
NFT 컬렉션 페이지에 들어가면 각 NFT의 미리 보기(섬네일) 이
미지와 재생 버튼이 표시되며, 재생 버튼을 눌러야 동영상이 재
생된다. gif는 처음부터 자동으로 반복되도록 만들어져 있으므로
NFT 소개 페이지나 컬렉션 페이지 모두에서 재생 버튼을 누를

필요 없이 자동으로 반복 재생된다. gif 파일에는 켜고 멈추는 개념이 없으므로 재생 버튼이 아예 존재하지 않는다.

다만 gif는 제법 오래된 기술이라 한 파일에 담을 수 있는 색상의 종류가 최대 256가지밖에 되지 않는다. 대부분의 애니메이션에서는 문제가 되지 않거나 문제가 되더라도 알아차리기 어려운 경우가 많지만 고화질 동영상을 gif 형태로 전환하면 차이가 확연하게 드러난다. 만약 동영상 NFT의 품질과 해상도가 중요하다면 mp4와 같은 동영상 전용 포맷을 이용해야 한다. gif는 오디오를 지원하지 않는 점도 특징이라면 특징이다.

gif는 일반 동영상보다 파일이 큰 편이다. gif의 압축 알고리즘(데이터의 크기를 줄이기 위한 방법. 사용 목적에 따라 다양한 압축 알고리즘이 존재한다)이 동영상 전용 포맷의 알고리즘에 비해 덜 효율적이기 때문이다. 따라서 gif를 만들 때는 동영상의 크기를 줄이거나 프레임 레이트(Frame Rate, 동영상의 1초를 구성하는 프레임의 수)를 낮출 필요가 있다. 동영상의 길이를 몇 초 정도로 짧게 하는 것도 도움이 되는데, 이러한 이유로 인해 gif는 보통 짧은 동영상이나 애니메이션에 많이 사용된다.

gif를 만드는 방법에는 여러 가지가 있다. gif를 직접 만들 수 있는 소프트웨어도 있고, 동영상을 변환해주는 소프트웨어도 있다. 다양한 종류의 동영상 파일을 gif로 변환해주는 온라인 변환 서비스도 있다. 이 온라인 변환 서비스를 이용할 때 하나 한 가지 주의할 점은, 업로드한 동영상이 어떻게 사용될지를 전혀 알수 없다는 점이다. 만약 온라인 변환 서비스를 사용하면 사용자들의 평가가 좋은 곳을 이용하도록 하자. gif는 한마디로 훌륭하다. 짧은 애니메이션을 만든다면 gif는 디지털아트나 수집품 NFT에 매우 적합한 포맷 중 하나다.

오디오

오디오도 당연히 NFT로 만들 수 있다. 킹스 오브 레온Kings of Leon은 유명 가수 중 최초로 NFT 앨범을 발매했는데 이 NFT 앨범은 200만 달러 넘게 판매됐다. 유명 가수뿐만 아니라 인디 뮤지션들도 자신의 음악을 판매하거나 팬을 늘리기 위해 오디오 NFT나 다른 형태의 NFT를 활용한다.

오디오 NFT를 만들 때는 mp3 파일보다는 wav 오디오 파일을 사용할 것을 권한다. mp3 파일은 음원을 압축하는 반면 wav 파일은 압축되지 않은 음원을 그대로 사용하므로 음질이 더 좋은 편이다. 오픈시와 같은 NFT 마켓플레이스에서는 오디오 NFT를 판매할 때 미리 보기 이미지가 필요한데 앨범 재킷이나 다른 이미지, gif를 사용하면 된다.

3D 모델

3D 모델이란 사물이나 디자인을 3차원의 형태로 표현한 것

이다. 3D 모델은 가상현실, 증강현실, 비디오게임, 영화, 건축, 의료 등 다양한 산업 분야에 필수적이다. 디지털아티스트 사이에서도 3D 모델링은 점차 인기를 얻고 있다.

3D 모델은 가상현실 또는 증강현실 헤드셋을 활용하면 3차원의 형태로 볼 수 있다. 2차원인 평면에서도 마우스나 손가락으로 3D 모델을 잡고 움직임으로써 회전시키거나 확대, 축소해서 자유롭게 감상할 수 있다. 3D 프린터를 사용하면 3D 모델을 간단하게 실물로 만들어낼 수도 있다.

오픈시와 같은 일부 NFT 마켓플레이스에서는 3D 모델도 NFT로 만들 수 있다. 그중에서도 베브Veve와 같이 3D 모델 NFT에 특화된 NFT 마켓플레이스도 있다. 베브는 챕터 5에서 살펴볼 수 있는데, 유명 브랜드의 3D 이미지 NFT만을 판매한다.

텍스트

시나 단편 소설, 혹은 책 전체와 같은 글(텍스트)도 NFT가 될 수 있다. 텍스트 NFT가 그리 흔한 편은 아니지만, 시장이 있기는 하다. 직접 쓴 글로 수익을 낼 방법을 찾고 있다면 NFT를 시도해보는 것도 좋다.

인게임in-game 아이템

전 세계적으로 게임을 즐기는 사람의 수는 28억 명에 달하며,

2023년에는 30억 명을 넘어설 것이라고 한다. 전 세계 인구를 생각하면 상당한 숫자가 아닐 수 없다. 카운터 스트라이크: 글로벌 오펜시브Counter-Strike: Global Offensive(CS:GO)나 도타2Dota 2와 같은 유명한 게임에서는 무기, 옷, 스킨(옷이나 장비에 입히는 디자인)과 같은 인게임 아이템을 게임 안에서 살 수 있다.

자신이 키우는 캐릭터가 빠르게 성장하기를 원하는 게이머들 중에서는 게임 안에서 아이템을 얻는 대신 돈을 내고 장비를 사기도 한다. 게임 아이템의 재료는 몇 줄의 프로그래밍 코드가 전부이기에 게임 개발사는 인게임 아이템 판매로 높은 수익을 올린다. 블록체인 트레이딩카드 게임으로 유명한 갓즈 언체인드Gods Unchained 웹사이트에 따르면 2019년 한 해에만 전 세계 게이머들이 인게임 아이템 구입에 870억 달러를 썼다고 한다.

한 게임을 오래 하다 보면 게임에서 얻은 아이템들이 쌓이는 경우가 많다. 게다가 게이머들은 언젠가는 새로운 게임을 찾아서 떠나게 되는데 이런 경우 예전에는 게임 안에서 구입한 아이템들을 처분할 방법이 마땅치 않았다. 그러던 중 필요 없는 아이템을 판매하고자 하는 기존 플레이어들과 저렴한 가격에 아이템을 갖추고자 하는 신규 플레이어들을 이어주는 인게임 아이템 마켓플레이스가 생겨났다. 입수할 방법이 없거나 수량이 제한된 희귀 아이템은 비싼 가격에 거래되었다. 몇몇 뉴스에 따르면 희귀한 '카운터 스트라이크 글로벌 오펜시브 스킨', 일명 '카스 글

옵'을 구입하는 데 10만 달러 넘는 가격을 지불한 게이머도 있다고 한다.

문제는 인게임 아이템이 게임 개발자의 마음대로 가치가 변할 수 있다는 점이다. 만약 게임 이용자가 줄어들면 게임 개발자는 게임 서비스를 중단할 수도 있으며 이 경우 이용자가 보유한 아이템은 휴짓조각이 된다. 만약 게이머들이 엄청난 금액을 들여 장만한 희귀 아이템을 게임 개발자가 수천 개를 더 만들어 유통시킨다면? 혹은 어느 날 갑자기 플레이어의 계정이 영구 정지라도 당한다면? 실제로 일부 게임은 인게임 아이템의 판매를 허용하지 않으며 발각될 경우 해당 플레이어의 계정을 정지시키기도 한다. 다른 산업도 그렇듯이 인게임 아이템의 중고시장은 늘 각종 거래 사고가 끊이지 않는다.

한편으로는 인게임 아이템 NFT를 만드는 게임 개발자도 늘어나고 있다. 애니모카 브랜즈Animoca Brands에서 개발한 레이싱 시뮬레이션 게임인 F1 델타 타임F1 Delta Time, www.f1deltatime.com은 인게임 아이템이 NFT이다(그림 2.5). 플레이어가 경기에 참여하기 위해서는 자동차, 운전자, 그리고 타이어 NFT가 필요하다. 그외에도 헬멧, 레이싱 수트, 신발, 장갑과 같은 운전자용 장비는 물론이며 바퀴, 트랜스미션, 서스펜션, 브레이크와 같이 차의 성능을 높일 수 있는 부품들도 모두 NFT로 되어 있다.

각 NFT는 해당 장비의 특성과 능력치(차량의 가속력, 그립, 최

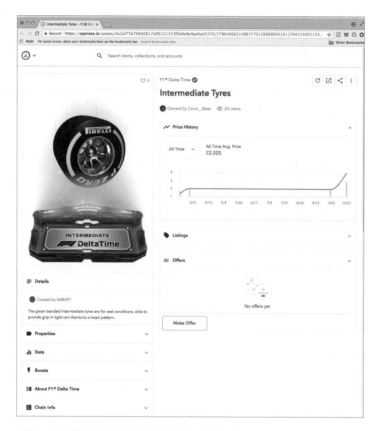

그림 2.5 오픈시에서 판매 중인 F1 델타 타임의 〈중급 타이어〉 NFT

고 속도 등을 높여줄 수 있는 효과) 정보를 담고 있다. 모든 아이템이 NFT이므로 각 아이템의 소유권과 진품 여부는 블록체인을 통해 검증할 수 있다.

디지털 트레이딩 카드

트레이딩 카드라는 말을 들으면 종이팩에 포장된 야구 카드를 떠올리는 사람도 있을 것이다. 유명한 트레이딩 카드로는 매직 더 개더링Magic: The Gathering, magic.wizards.com과 같은 수집형 디지털 게임 트레이딩 카드도 있다.

매직 더 개더링은 고유의 능력을 가진 카드를 조합한 덱을 만들어 플레이어들끼리 서로 겨루는 카드 게임이다. '세계에서 가장 많이 팔린 트레이딩 카드 게임'으로 기네스북에 오른 카드 게임인 '유희왕'의 원조격이기도 하다. 위키피디아에 따르면 매직 더 개더링은 전 세계 3,500만 명의 플레이어가 즐기는 카드 게임이며, 2008년부터 2016년까지만 해도 200억 장 이상의 카드가 발매되었다고 한다. 매직 더 개더링의 각 카드는 다양한 종류의 힘이나 마법 주문을 담고 있다. 매직 더 개더링 카드는 이베이와 같은 웹사이트나 거래소에서 활발하게 거래된다.

1세대 비트코인 거래소이자 대형 해킹 사건으로 더 유명한 마운트곡스Mt. Gox에 대해 들어본 사람도 있을 것이다. 마운트곡스는 도쿄를 기반으로 한 암호화폐 거래소로, 한때 세계 최대 규모의 암호화폐 거래소 중 하나였으나 2014년 2월 해킹으로 비트코인 85만 개를 도난당한 뒤 파산을 신청했다. 마운트곡스는 원래 '매직 더 개더링 카드'를 교환하는 웹사이트로 시작했다. 마운트곡스라는 이름 자체가 매직 더 개더링 온라인 익스체인지Magic:

The Gathering Online eXchange에서 유래한 것이다.

디지털 트레이딩 카드 게임의 진화는 온라인으로 이어진다. 블리자드(Blizzard, 스타크래프트, 디아블로, 월드 오브 워크래프트, 오버워치 등으로 유명한 게임 업체)에서 개발한 하스스톤Hearthstone이 그중 하나다. 위키피디아에 따르면 2018년 말 현재 전 세계에서 하스스톤을 즐기는 플레이어는 1억 명이 넘는다. 하지만 엄밀하게 따지면 하스스톤은 트레이딩 카드 게임이 아니다. 매직 더 개더링처럼 카드로 플레이하는 게임이 맞기는 하지만 하스스톤 카드는 거래가 불가능하기 때문이다. 플레이어들의 요청에도 불구하고 블리자드는 이 게임에 거래 기능을 넣지 않았다.

이것이 NFT 트레이딩 카드, 특히 그중에서도 매직 더 개더링이나 하스스톤과 같은 디지털 수집형 카드 게임이 최근 떠오르고 있는 이유다. 갓즈 언체인드Gods Unchained라는 게임에서 얻거나 살 수 있는 카드는 이더리움 네트워크상에서 민팅된 NFT이다. 이 카드를 게임에서 이용할 수 있는 것은 물론 NFT 마켓플레이스에서 거래하는 것도 가능하다. 카드가 NFT라는 것은 플레이어가 실제로 그 카드를 소유하며 원하는 대로 처분할 수 있음을 의미한다. 갓즈 언체인드 웹사이트는 "팔 수 없는 아이템은 내 것이 아니다"라며 NFT 카드의 매력을 어필하고 있다.

디지털 부동산

인게임 아이템과 마찬가지로 디지털 부동산이나 가상 부동산 역시 NFT의 형태로 거래될 수 있다. 디지털 부동산은 실재하지 않으며 가상의 환경에서 존재한다는 점에서 모순된 단어다. 하지만 가상 환경이라도 그것이 실제 세계에서 가치를 갖는 땅이나 건물이라는 점에서 부동산은 부동산인 셈이다.

디센트럴랜드(Decentraland, 블록체인 기반의 가상현실 플랫폼이며 decentraland.org에서 확인할 수 있다)와 같은 가상세계는 현실 세계를 모방해 만들어졌으며, 수많은 사람이 자신의 아바타avatar를 통해 세상을 탐험하고 다른 사람들과 소통할 수 있는 온라인 환경이다. 마치 서부시대 개척자들처럼 가상세계의 사람들은 가상세계의 좋은 땅을 사서 정착하고자 하는 욕구가 있다. 혹은 현실처럼 땅값 폭등을 노리는 투기꾼들이 땅을 사 모을 수도 있다. 『로이터 Reuters』에 따르면 디센트럴랜드에서는 땅, 아바타, 사용자 이름, 가상 의상이 5,000만 달러 넘게 판매되었다고 한다. 2021년 4월 11일에는 41,216의 가상 평방미터 넓이의 땅이 57만 2,000달러에 판매되며 판매 기록을 경신하기도 했다.

NFT는 땅의 소유권과 진위여부가 블록체인을 통해 검증되므로 가상의 땅을 사고파는 데 최적의 방법이다. 온라인 게임 샌드박스The Sandbox, www.sandbox.game도 모든 자산과 땅이 NFT로 되어 있는 가상세계 중 하나다. 가상세계의 땅을 NFT 형태로 거래하면 땅의 등기 내역이 블록체인을 통해 검증되게 되고, 투명하게 공개된다. 샌드박스 안에 자체 마켓플레이스가 있지만 오픈시와 같은 외부 마켓플레이스에서도 거래가 자유롭다. 샌드박스는 오픈시에서 직접 가상 땅 컬렉션을 운영하고 있다. 현실세계의 부동산 등기부등본이 해당 부동산의 주소 정보를 담고 있듯 디지털 부동산 NFT도 가상세계 안에서의 땅의 위치 정보를 담고 있다. 부동산 소유권 이전등기는 일반적으로 관할 등기소에 기록되는데, 디지털 부동산 NFT의 이전은 블록체인에 기록된다.

디지털 부동산 열풍은 진짜일까? 적어도 가상세계의 인기가 점점 높아지는 것만큼은 사실이다. 에픽게임즈Epic Games에서 개발한 3인칭 슈팅 게임인 포트나이트Fortnite만 하더라도 전 세계적으로 3억 5,000만 명의 플레이어가 이용하고 있다(하지만 아직 포트나이트의 땅은 살 수 없다). 샌드박스는 7만 6,000개가 넘는 〈LAND NFT〉를 판매했으며 그 금액은 2,000만 달러에 달한다. 게임 속 땅을 NFT로 만들어 판 것이다. 가상현실을 이용하는 사용자가 늘어날수록, 특히 메타버스metaverse의 시대가 온다면 더욱 가상 땅에 대한 수요도 늘어날 것이다. 하지만 메타버스의 시대가 오기 전에도 이미 사람들은 가상의 땅에 돈을 쓰고 있다. 2021년 4월에는 가상의 집 NFT가 50만 달러가 넘는 가격에 팔린 바 있다.

도메인 이름

오픈시 NFT 마켓플레이스에는 도메인 이름만을 위한 별도 카테고리가 있다. 블록체인 도메인도 어엿한 NFT가 될 수 있다. 하지만 지금 말하는 블록체인 도메인이란 인터넷 브라우저에서 사용하는 일반적인 도메인 이름과는 전혀 다른 것이다.

우리는 인터넷에서 웹사이트를 방문할 때 .com, .net, .org, .tv 등 다양한 확장자가 붙은 도메인 이름을 이용한다. 최상위 도메인top-level domain이라고도 부르는 이와 같은 도메인 확장자는 민간 비영리 조직인 국제인터넷주소관리기구ICANN, Internet Corporation for Assigned Names and Numbers에서 관리 감독한다. ICANN은 글로벌 도메인 네임 시스템(DNS, 사람이 이해하고 기억하기 쉽게 만든 도메인 이름을 네트워크상의 특정 컴퓨터의 주소인 IP로 변환해주는 시스템)의 정책을 정하며 도메인 이름의 소유자 정보를 관리한다.

암호화폐나 NFT의 소유권이 블록체인에 의해 관리되듯이 블록체인 도메인의 소유권 또한 ICANN이 아닌 블록체인에 의해 관리된다. 암호화폐나 NFT와 마찬가지로 블록체인 도메인도 암호화폐 지갑에 보관한다. 결론적으로 블록체인 도메인은 블록체인 자산의 한 종류이자 NFT이다.

블록체인에서의 도메인 이름은 .crypto나 .eth와 같은 확장자를 가지며 웹사이트를 방문하기 위한 용도로는 사용하지 않는다. 대신 블록체인 도메인 이름은 암호화폐 결제를 간단하게 하기 위한 목적으로 사용된다. 암호화폐 주소는 무작위 숫자와 알파벳으로 구성된 긴 문자의 나열이다. 암호화폐 주소는 퍼블릭 주소 또는 퍼블릭 키public key라고도 하는데, 이것은 암호화폐 지갑을 보호하기 위해 사용하는 프라이빗 키private key의 반대 개념이다. 자세한 내용은 챕터 6에서 확인할 수 있다(퍼블릭 키는 계좌 번호, 프라이빗 키는 비밀번호와 같은 역할을 한다).

비트코인의 주소는 '18ZW9AQGdsYcCUYrrp1NDrtjAnTn TX4zRG'와 같이 보통 34개의 문자로 이루어져 있다. 이더리움 주소는 '0x969Bbaa8473180D39E1dB76b75bC89136d90BD84' 와 같이 42개 문자로 구성된다. 그리고 .crypto 도메인이 있으면 도메인 이름을 암호화폐 주소와 연결시킬 수 있다. 'example. crypto'라는 도메인 이름이 있다고 해보자. 이 도메인 이름을 비트코인, 이더리움, 그 외의 다른 암호화폐의 주소와 연결함으로써 암호화폐를 주고받을 때 길고 어려운 주소 대신 도메인 이름을 쓸 수 있게 된다. 누군가가 당신의 암호화폐 주소를 묻는다면 암호화폐 주소 대신 블록체인 도메인 이름을 알려주면 된다. 이 도메인 이름 앞으로 전송된 암호화폐는 도메인 이름에 연결된 블록체인 주소로 전송될 것이다. 한 가지 단점은 만약 암호화폐를 보내는 사람이 받는 사람의 도메인 이름을 한 글자라도 틀리게 되면 정상적으로 암호화폐를 받을 수 없다는 점이다. 심지어 다른 사람의 지갑으로 전송될 수도 있다.

아직은 일반적이지 않지만, 블록체인 도메인이 일반 최상위 도메인처럼 웹사이트의 주소로 사용될 수도 있다. 블록체인 도메인을 웹사이트의 주소로 활용하기 위해서는 웹브라우저가 블록체인 도메인 이름을 해석할 수 있도록 도와주는 브라우저 확장기능(browser extensions, 웹브라우저에서 기본적으로 지원하지 않는 기능을 추가해주는 프로그램)을 이용하면 된다. 언젠가 가까운 미래에는 브라우저 확장기능 없이도 웹브라우저에서 블록체인 도메인을 이용할 수 있는 날이 올지도 모른다.

NFT로 만든 블록체인 도메인의 장점은 한 번만 돈을 내면 평생 소유할 수 있다는 점이다. 일반적인 최상위 도메인의 등록 대행업체들은 매년 갱신 비용을 청구한다. 갱신 비용을 지불하지 않으면 그 도메인에 대한 소유권을 잃게 된다. 그에 반해 블록체인 도메인은 한번 사면 그 이후에 별도의 갱신 비용이 들지 않는다.

지난 수십 년간 이루어져 온 일반 최상위 도메인 거래는 투기꾼들에게 큰 사업이었다. 초기 인터넷 시절 호텔스닷컴hotels.com과 같은 일반 명사 도메인을 손에 넣은 얼리어댑터들은 큰돈을 벌었다. 2001년에 호텔스닷컴은 1,100만 달러에 팔렸으며 2019년에는 보이스닷컴voice.com이 3,000만 달러에 팔렸다.

블록체인 도메인은 아직 초기 단계로 아직 최상위 도메인과 같은 주류가 되지는 못했다. 그런데도 NFT 블록체인 도메인 시장은 벌써부터 달아올라 〈윈 크립토win.crypto 블록체인 도메인 NFT〉가 10만 달러에 팔리기도 했다. 일반 명사 블록체인 도메인을 살 기회는 여전히 남아 있는데, 블록체인 도메인의 도입이 늘어날수록 블록체인 도메인의 가치도 함께 상승할 것이다. 물론 그렇게 되기까지 얼마나 걸릴지, 아니면 그런 일이 과연 일어나기는 할지조차 아무도 보장할 수 없다. 사람들이 이를 투기라고 부르는 이유이기도 하다.

행사 입장권

입장할 때 입장권을 꺼내서 보여주는 행사에 다녀온 경험이 있을 것이다. 여전히 실물 입장권이 널리 사용되고 있긴 하지만 디지털 입장권도 빠르게 늘어나는 추세다. 디지털 입장권은 바코드로 되어 있어서 출력한 후 실물 입장권처럼 사용하는 경우도 있다. 그러나 콘서트나 스포츠 경기와 같은 대형 이벤트에서는 여전히 많은 문제가 벌어지고 있다.

때로는 이벤트에 참석할 수 없게 되어서 입장권을 팔아야 할 때가 있다. 게다가 입장권을 미리 사서 웃돈을 붙인 후 다시 판매하는 암표상들도 있다. 뉴욕 양키스 스타디움 주위를 맴돌며 일찌감치 매진된 보스턴 레드삭스와의 경기 입장권을 구하던 시기, 현장에서 파는 입장권 중에는 위조된 것도 많았다. 한 번은 뉴욕 매디슨스퀘어가든에 뉴욕 닉스의 NBA 플레이오프 경기를 보러 갔을 때 바로 앞에 있던 일행이 위조된 입장권을 구입하는 바람에 경기장 입구에서 퇴짜를 맞는 모습을 보기도 했다. CNBC 기사에 따르면 온라인에서 입장권을 구매한 경험이 있는 사람 중 12%가 가짜를 받은 경험이 있다고 한다.

그럼에도 2차 입장권 시장은 150억 달러 규모로 성장했다. 2차 입장권 시장의 성장을 이끈 중심에는 스텁허브StubHub와 같은 입장권 거래 전용 마켓플레이스가 있었다. 스텁허브는 입장권의 진위를 검증해주는 서비스를 제공하는 데 이 비용이 적지 않다. 게다가 입장권을 우편이나 택배로 주고받아야 하는 불편함도 있다. 더욱 중요한 것은 2차 시장에서 판매되는 수익이 행사 기획자나 콘서트 프로모터, 창작자에게는 돌아가지 않는다는 점이다. 그런데 NFT 입장권을 사용하게 되면 이 모든 문제를 해결할 수 있다.

첫째, NFT 입장권은 사실 여부를 검증해줄 중앙화된 기관이 필요 없다. NFT의 진위는 블록체인이 검증해주기 때문이다. 둘째로 NFT 입장권은 재판매된 수익 중 일부가 입장권을 발급한 기관에 자동으로 지급되도록 프로그램할 수 있다. 미국 NBA 팀인 댈러스 매버릭스Dallas Mavericks의 구단주이자 신기술 도입에 적극적인 것으로 알려진 마크 큐반Mark Cuban은 댈러스 매버릭스의 입장권을 NFT로 바꾸는 것을 검토하는 중이다. CNBC와의 인터뷰에서 마크 큐반은 "팬들이 입장권을 사거나 재판매할 때 구단도 지속적으로 로열티 수익을 올릴 수 있는 방법을 찾고 있다"
고 밝힌 바 있다.

트위터의 트윗

2021년 3월, 트위터Twitter의 설립자이자 최고경영자인 잭 도
시Jack Dorsey가 자신의 첫 번째 트윗을 NFT로 만들어 290만 달러
에 팔았다. 트윗을 NFT로 만들 수 있을 거라고 누가 상상이나
했겠는가? 이처럼 NFT 콘텐츠가 가진 가능성은 생각보다 훨씬
클지도 모른다.

NFT의 구성

모든 NFT는 프로그램 코드의 조각이다. 이 조각이 이더리움
블록체인에 올라가면 스마트 컨트랙트Smart Contract가 된다. 스마
트 컨트랙트란 블록체인 기반으로 체결하고 이행하는 다양한 형
태의 계약을 의미하는데 일정 조건이 충족되면 계약 당사자 간
합의한 내용이 자동으로 실행되도록 프로그래밍할 수 있는 점이
특징이다. 스마트 컨트랙트에는 NFT의 코드에 어떤 정보가 꼭
포함되어야 하며, 그 외에 어떤 정보가 더 추가될 수 있는지 등
표준 규격이 정해져 있다.

NFT는 일반 '대체 가능 토큰'과 구별되는 몇 가지 특징이 있
다. 우선 이더리움 네트워크상의 대체 가능 토큰을 'ERC20 토

큰'이라고 부른다. 이더리움 네트워크상의 대체 불가능 토큰 NFT은 ERC721 또는 ERC1155 토큰이라고 불린다. ERC721 과 ERC1155 표준은 NFT로 하여금 다양한 기능과 특성을 갖게 하며, 다양한 종류의 마켓플레이스나 지갑이 이더리움 네트워크상의 어떤 NFT와도 호환될 수 있게 한다. 즉, ERC20 토큰, ERC721 토큰, ERC1155 토큰 모두 이더리움 블록체인 상에 존재하는 토큰이다. 이더리움 블록체인은 현재 NFT에 가장 널리 쓰이는 블록체인이라는 점을 참고하자.

이더리움 외에도 WAXWorld Asset eXchange 같은 NFT 블록체인도 있다. NFT에 WAX를 사용하는 주요 기업으로는 MLBMajor League Baseball 등 유명 스포츠 리그의 라이선스를 얻어 실물 및 디지털 수집품을 제작, 판매하는 탑스Topps가 있다. 그 외의 NFT 블록체인으로는 NBA 톱숏 NFT의 블록체인 기반인 FLOW, 바이낸스 스마트 체인 등이 있다. 다양한 NFT 마켓플레이스와 각 마켓플레이스가 사용하는 블록체인에 대해서는 챕터 5에서 자세히 살펴보기로 한다. NFT의 소유나 이전과 관련한 규격 외에도 ERC721과 ERC1155 표준은 다음과 같이 NFT 구성을 규정한다.

- 이름name
- 메인 콘텐츠main content

- 미리 보기 콘텐츠preview content

- 설명description

- 속성attributes

- 잠금 해제 콘텐츠unlockable content

- 지속적 로열티ongoing royalty

- 공급량supply

이름과 메인 콘텐츠, 공급량(보통 1)은 반드시 필요하다. 공급량은 해당 NFT가 몇 개 존재하는가를 뜻한다. 설명, 잠금 해제 콘텐츠, 지속적 로열티는 선택 사항이다. 속성은 NFT의 메인 콘텐츠의 핵심 속성이거나 NFT의 메인 콘텐츠 그 자체가 될 수도 있다. 미리 보기 콘텐츠는 일부 환경에서 반드시 필요할 수도 있다.

이름

모든 미술품과 마찬가지로 모든 NFT는 이름을 갖는다. 경우에 따라서는 이름 끝에 (2/10)이나 '25 중 17'과 같은 에디션 번호가 붙기도 한다. 전자는 총 10개의 에디션 중 2번이라는 의미이며, 후자는 총 25개의 에디션 중 17번이라는 의미다.

메인 콘텐츠

NFT의 메인 콘텐츠는 NFT에 담고자 하는 콘텐츠를 뜻한다. 혹은 NFT를 만든 목적이라고도 할 수 있다. 다음과 같은 디지털 미술품 NFT의 메인 콘텐츠는 이미지, 동영상, gif, 또는 3D 모델이다. 도메인 이름 NFT의 메인 콘텐츠는 도메인 이름인데, 보통 이미지로 표현되는 경우가 많고 일부 추가 특성을 포함하기도 한다.

다음 페이지의 왼쪽 그림은 디지털 미술품 NFT의 메인 콘텐츠인 반면, 오른쪽 그림은 도메인 이름 NFT의 메인 콘텐츠가 아니며 메인 콘텐츠인 도메인 이름을 시각적으로 표현한 것에 불과하다. 디지털 게임 트레이딩 카드의 경우, NFT의 메인 콘텐츠는 이미지(또는 gif)와 특정한 속성(마법 주문의 세기나 이미지가 나타내는 다른 아이템 등)이 된다. 디지털 땅의 경우, 메인 콘텐츠는 특정 가상세계 안에서의 땅의 위치이며 이것은 보통 XY(X, Y) 좌표로 표현한다.

NFT의 메인 콘텐츠가 비주얼 콘텐츠인 경우 콘텐츠의 파일 포맷에는 거의 제약이 없다. 다만 NFT를 특정 마켓플레이스에서 만들게 된다면 마켓플레이스마다 허용하는 파일 포맷이나 크기가 다를 수 있다. 오픈시에서 NFT를 만드는 경우, 허용되는 파일 포맷은 다음과 같다. jpg(이미지), png(이미지), gif(이미지/동영상), svg(벡터 그래픽), mp4(동영상), webm(동영상), mp3(오디오),

그림 2.6 디지털아트 NFT와 도메인 NFT

wav(오디오), ogg(오디오), glb(3D 모델), gltf(3D 모델) 등이 여기에 속한다. 오픈시에서 허용되는 최대 파일 사이즈는 100MB이다(빠른 로드 시간을 위해 40MB 미만을 추천하고 있다).

미리 보기 콘텐츠

오디오 NFT처럼 메인 콘텐츠가 이미지가 아닌 경우라면 메인 콘텐츠를 미리 보기 콘텐츠를 통해 시각적으로 표현하는 방법도 있다. 미리 보기 콘텐츠로는 대부분 이미지나 gif를 사용한다. 그 외 앨범 표지 이미지를 쓸 수도 있고 아예 다른 그림이나 사진, 혹은 노래를 표현할 수 있는 이미지를 쓸 수도 있다.

NFT를 만들 때 미리 보기 이미지가 반드시 필요한 것은 아니다. 미리 보기 이미지는 마켓플레이스나 컬렉션에서 해당 NFT가 시각적으로 더욱 돋보이게 하려는 것이다. 달랑 음표가 두 개 그려져 있다거나 미리 보기 이미지가 없는 경우를 상상해보자.

딱히 매력적으로 느껴지지 않을 것이다.

미리 보기 이미지와 섬네일 이미지의 사이에는 중요한 차이가 있다. 섬네일은 마켓플레이스나 컬렉션에서 한 페이지에 여러 개의 NFT가 표시될 때 각 NFT를 대표하는 데 사용하는 작은 크기의 이미지나 동영상이다. 일반적으로 섬네일을 클릭하면 해당 NFT의 상세 페이지로 이동하거나 섬네일이 나타내는 큰 사이즈 이미지 혹은 동영상을 보여준다. 동영상 섬네일에 플레이 버튼이 있다면 그 버튼을 클릭하면 NFT 상세 페이지로 가는 대신에 동영상이 재생된다.

설명

설명에는 NFT에 대한 설명 외에도 에디션 번호나 잠금 해제 콘텐츠에 대한 정보, 저작권이나 상표 정보, 경매 낙찰자가 받게 될 특전 등을 포함할 수 있다. 잠금 해제 콘텐츠는 NFT를 소유한 사람만이 확인할 수 있는 콘텐츠를 의미하며, 특전은 NFT 제작자가 특정 조건을 만족하는 NFT의 소유자에게 제공하는 다양한 형태의 혜택이다. 다음은 스리스투지스의 공식 NFT인 〈크립토 모Crypto Moe NFT〉의 설명이다.

"스리스투지스가 2비트보다 4배나 더 좋은 8비트로 돌아왔다."
"이토록 희귀한 〈크립토 모 NFT〉 수집품은 하나밖에 없는 시리즈 중 하나밖에 없는 1번이다."

"이번 경매의 최고가 입찰자는 스리스투지스의 가족 중 한 명을 만날 수 있다."

"스리스투지스®는 C3엔터테인먼트 주식회사의 등록 상표다. 스리스투지스® 캐릭터, 이름, 초상권 및 모든 관련 표시는 C3 엔터테인먼트 주식회사의 상표 및 재산이다.

© 2021 C3 엔터테인먼트 주식회사 판권 소유"

NFT에 특전이 있는 경우 설명에 특전 내용도 포함되는 것이 보통이다. 특전은 NFT가 경매로 판매되는 경우 낙찰자가 받게 되는 추가 아이템이나 경험을 뜻한다. 롭 그론카우스키의 〈(1-of-1) 그롱크 커리어 하이라이트 카드GRONK Career Highlight Card NFT〉의 특전은 다음과 같이 설명되어 있다.

"이번 경매의 최고가 입찰자는 〈커리어 하이라이트 NFT〉 카드를 획득하는 동시에 롭 그론카우스키를 만나고 그의 경기 중 하나에 참석할 기회를 얻는다(2021년 시즌 중 상호 합의한 경기의 티켓 2매 제공). 또한 롭 그론카우스키가 미국 플로리다주 마이애미 해변에서 개인적으로 주최하는 이벤트인 그롱크 비치Gronk Beach에 입장할 수 있는 VIP 무제한 입장권을 얻을 수 있다."

그롱크 비치가 어디인지, 거기에서 무슨 일이 일어나는지 잘 모르겠지만 뭔가 재미난 일이 있음에 틀림없다. 이 NFT에는 "특전을 이용하기 위해서는 2021년 4월 30일에 이 NFT를 소유해야 한다"고도 덧붙여져 있다. 이처럼 특전을 이용하기 위한 특별한 조건이 있다면 이에 대한 언급도 함께 있을 것이다. 이렇게 NFT에 특전을 더하면 NFT의 가치도 높아진다. 롭 그론카우스키의 팬이라면 그를 만날 수 있다니, 얼마나 멋진 일인가? 결국 이 NFT는 이더리움 229개를 살짝 넘는 가격에 판매되었는데 당시 가격으로 무려 43만 3,000달러에 해당하는 금액이었다.

NFT의 설명을 통해 NFT와 실물 자산을 연계할 수도 있다. 슬랩스Slabs는 디지털 트레이딩 카드를 구매하면 나중에 원하는 시점에 실물 카드로 교환할 수 있는 NFT인데, 오픈시의 〈슬랩스Slabs NFT〉 컬렉션에는 다음과 같은 설명이 붙어 있다.

실물 카드가 따라오는 디지털 NFT 트레이딩 카드, 슬랩스!
토큰화된 실물 스포츠 카드와 트레이딩TCG 카드를 수집하고 투자하세요. 모든 토큰은 PSA/BGS와 같은 전문 업체가 개별적으로 등급을 매긴 실물 카드를 포함하고 있습니다. PSA 10은 BGS 9.5와는 별개의 등급입니다. 카드는 PWCC Vault와 같은 별도의 장소에 안전하게 보관됩니다. 고유한 디지털 컬렉션을 만들고 배송과 보관에 관련된 수고로움은 잊으셔도 좋습니다. 게다가 NFT를 교환해 실물 카드를 받을 수 있습니다. NFT를 소유한 사람만이 확인할 수 있는 잠금 해제 콘텐츠에 자세한 설명이 포함되어 있습니다. 실물 카드와 교환한 토큰은 폐기되며, 카드의 새로운 소유자는 모든 운송료, 발송 수수료 및 보험료를 부담합니다. 더 자세한 내용을 확인하시려면 저희 링크를 방문하세요.

슬랩스와 비슷하게 NFT의 소유자는 종이에 직접 그린 NFT 이미지 원본을 받게 된다는 내용을 NFT 설명에 담는 것도 가능하다. 이처럼 NFT는 실물 자산을 직접 갖고 있지 않고도 NFT를 소유하는 것만으로 실물 자산을 '소유할 수 있는' 흥미롭고도 편리한 수단이다.

이런 NFT의 사용은 앞으로도 더욱 늘어날 것으로 보이지만 다음과 같은 의문이 남는다. 만약 NFT를 교환했는데 NFT의 창작자가 실물 자산을 보내주지 않는다면? NFT는 실물 자산을 받을 수 있다는 약속의 증표일 뿐 기술적으로 실물 자산의 전달을 보장하는 방법은 없다. 이 경우 안전한 거래를 위해서는 신뢰할 수 있는 제3자가 필요한데, 이는 제3자의 개입 없이도 거래의 신뢰성을 확보하고자 하는 블록체인의 기본 원칙에 모순되는 것이기도 하다.

속성

NFT에는 특정한 속성을 담을 수 있다. 이는 인게임 아이템 NFT나 디지털 게임 트레이딩 카드 NFT에서 특히 중요하다. 속성이란 아이템의 종류와 같이 그 NFT가 속하는 카테고리가 될 수도 있고 게임에서 '추가 능력치'로 부르는 힘이나 혜택, 혹은 그 혜택의 내용이 될 수도 있다. F1 델타 타임의 인게임 아이템 NFT 중 하나인 '레이싱용 장갑'의 속성을 다음 페이지의 그림에서 살펴보기로 하자.

'특성Properties'이라고 적힌 첫 번째 영역은 NFT가 어떤 카테고리에 해당하며 전체 NFT 중 몇 퍼센트나 해당 카테고리에 속하는지를 보여준다. 우선 장갑이 '장비Gear 카테고리'에 해당하고, 장비 유형Gear Type이 장갑Gloves임을 확인할 수 있다. 이 아이템은 2020년 시즌에 속한 것이고 희귀 등급에 속한다는 것도 알 수 있다. 이와 같은 카테고리는 게임 개발자가 설정한 것으로 각 장비의 희귀한 정도는 게임마다 다르다. 이 카테고리를 다음 그림의 카테고리와 비교해보자. 게임마다 사용되는 특성 카테고리는 모두 다르다.

〈레이싱 장갑 NFT〉의 희귀도는 4/9다. 아마도 4/9는 중간 정도 희귀한 아이템이 아닐까 싶다. 게다가 게임 플레이에 더 큰 영향을 미치는 것은 추가 능력치다. 이 장갑은 공격성aggression +395, 집중concentration +433, 체력stamina +357만큼의 추가 능력치

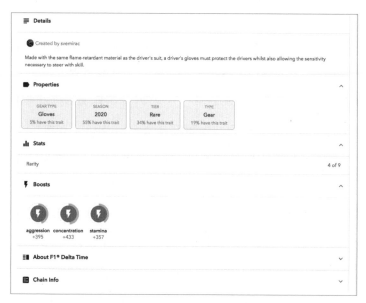

그림 2.7 F1 델타 타임 〈레이싱 장갑 NFT〉의 속성

를 제공한다.

갓즈 언체인드 게임에서 제공하는 탐욕의 흔적Sign of Avarice이라는 카드는 공격Attack 레벨 3, 체력Health 레벨 3, 마나Mana 레벨 4의 특성을 갖고 있다. 이처럼 NFT가 가질 수 있는 속성의 수는 이론적으로 무한하다. NFT가 얼마나 다양한 속성을 가질 수 있는지는 게임 개발자, NFT 창작자, 그리고 마켓플레이스의 표시 한도에 달렸다.

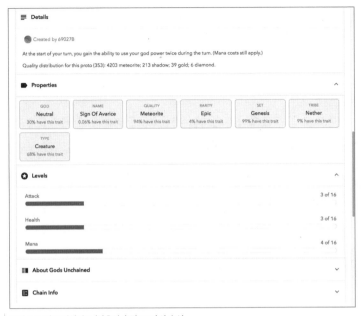

그림 2.8 갓즈 언체인드 〈탐욕의 흔적 NFT〉의 속성

잠금 해제 콘텐츠

잠금 해제 콘텐츠는 NFT의 소유자만이 보거나 접근할 수 있는 콘텐츠다. 이는 NFT에 콘텐츠를 더해줄 뿐만 아니라 호기심을 유발해 NFT의 가치를 높인다. 잠금 해제 콘텐츠의 정체는 NFT 설명에 보여줄 수도 있고, 아니면 꽁꽁 싸두어 구매 전까지는 알지 못하도록 숨겨둘 수도 있다.

어떤 종류의 콘텐츠도 잠금 해제 콘텐츠가 될 수 있다. 이미지나 동영상 같은 실제 파일은 물론이고 실물 아이템이나 다른 특전을 받기 위한 연락처, 웹사이트나 온라인 교육 프로그램 등의 로그인 정보, 게임 활성화 키, NFT 창작자의 편지, 아니면 〈포춘 컬리 NFT〉에 포함된 스리스투지스의 컬리가 봐주는 오늘의 운세같은 것일 수도 있다.

오픈시 마켓플레이스에서는 잠금 해제 콘텐츠가 텍스트로 한정되어 있다. 따라서 이미지나 동영상과 같은 다른 형태의 콘텐츠를 제공한다면 실제 파일로 연결되는 링크가 필요하다. 또는 이메일로 보내줄 수 있도록 이메일 주소와 함께 연락 방법을 적어두는 방법도 있다.

지속적 로열티

NFT의 또 다른 혁신적인 기능 중 하나는 창작자가 지속적 로열티를 설정할 수 있다는 점이다. 이는 NFT가 판매될 때마다 판매 금액의 일정 비율이 원작자에게 되돌아온다는 것을 의미한다. 이제 NFT 창작자들은 본인들이 만든 창작물이 재판매되더라도 손 하나 까딱하지 않고도 추가 수익을 올릴 수 있다. 설정된 비율만큼의 로열티가 원작자에게 자동으로 돌아오기 때문이다.

창작자는 로열티 비율을 자유롭게 정할 수 있는데 보통 10% 정도가 적당하다. 만약 로열티 비율을 너무 높게 설정하면, NFT의 후속 판매에 부정적인 영향을 미친다. 오픈시와 같은 마켓플레이스에서는 NFT 구매 전까지는 로열티의 존재 여부나 그 퍼센티지를 알 수 없다.

오픈시에서 로열티는 컬렉션 단위로 적용되므로, 컬렉션을 처음 만들 때 설정한 로열티 비율이 그 컬렉션에 포함된 모든 NFT에 동일하게 적용된다는 점도 참고해야 한다. 또한 로열티를 받을 지갑 주소는 NFT를 생성하는 지갑 주소와 같을 수도 있고 달라도 괜찮다(NFT 컬렉션 제작에 대해서는 6장에서 자세히 다룰 예정이다). 마켓플레이스에서 NFT를 만들면서 지속적 로열티를 설정하더라도 만약 그 NFT가 다른 마켓플레이스에서 판매되는 경우에는 로열티가 지급되지 않을 수도 있다는 점에 유의하자.

공급량

NFT의 공급량은 보통, 그리고 거의 항상 1이다. 그렇기에 NFT는 고유하고 대체 불가능한 성질을 지닌다. 하지만 공급량이 1보다 크면서도 각각의 NFT가 서로 고유한 경우도 있다. 이때 NFT의 공급량과 NFT의 에디션 번호는 다른 개념이라는 것을 기억해야 한다. 다음 그림의 〈스리스투지스 NFT 장사꾼들 Hucksters NFT〉는 총 30개의 에디션 중 5번이다.

이 NFT의 공급량은 1이다. 즉, 5/30이라는 번호가 있는 NFT가 하나뿐이라는 뜻이다. 이는 〈NFT 장사꾼들 5/30 NFT〉가 세상에 단 하나밖에 존재하지 않음을 의미한다. 하지만 이 〈NFT

그림 2.9 스리스투지스 (NFT 장사꾼들 NFT) 5/30

장사꾼들 NFT〉에는 총 30개의 에디션이 있다. 각 NFT에는 각기 다른 번호가 매겨져 있으므로, NFT에는 총 30개의 에디션이 존재하나, 각 NFT의 공급량은 1이다.

NFT의 데이터 형태

NFT의 구성 요소는 블록체인상에서 한 곳에 모여 있을까? 그렇지 않다. 이더리움 블록체인에 기반한 NFT는 ERC721이라는 이더리움의 NFT 표준을 따르는 스마트 컨트랙트(프로그래밍 코드)인데, 앞서 설명한 NFT의 모든 구성 요소가 스마트 컨트랙트상에 규정되어 있다. 그중에서도 공급량과 지속적 로열티를 제외한 NFT의 구성 요소는 스마트 컨트랙트의 메타데이터 metadata 영역에 담긴다. 메타데이터란 다른 데이터에 대한 데이터로, 디지털 게임 트레이딩 카드 NFT의 메타데이터는 다음과 같은 모습을 하고 있다.

```json
{
    "name": "Elven Wizard",
    "image": "storage.googleapis.com/game-image
/0x0d7b893b3wdd389cf022530ccd1743ac1db56e4e
/0127847.png",
    "description": "Common Alpha Edition
wizard of elven descent.",
    "attributes": [
        {
            "trait type": "Strength",
            "value": 16
        },
        {
            "trait type": "Dexterity",
            "value": 20
        },
        {
            "trait type": "Wisdom",
            "value": 19
        },
        {
            "trait type": "Constitution",
            "value": 15
        }
    ]
}
```

NFT의 이미지는 스마트 컨트랙트상에 저장되지 않는다는 점에 주목하자. 이미지는 별도의 장소에 저장되어 있으며 메타데이터에는 이미지가 저장된 위치가 참조되어 있다. 이미지가 별도의 장소에 저장된 가장 큰 이유는 큰 파일들이 블록체인상에 저장되면 블록체인에 지나치게 큰 부하가 걸리기 때문이다. 그래서 이미지나 동영상 파일을 포함한 스마트 컨트랙트를 블록체인에 올리기 위해서는 엄청나게 비싼 비용을 지불해야 한다. 메타데이터를 블록체인에 올리는 것만으로도 적지 않은 비용이 든다. 그래서 대부분의 프로젝트들은 메타데이터 또한 블록체인 바깥에 보관하는 경우가 많으며 스마트 컨트랙트에는 메타데이터의 위치만을 기록한다.

파일을 블록체인 바깥에 보관하는 해결책에는 크게 두 가지가 있다. 하나는 아마존 AWS나 구글 클라우드와 같은 클라우드 저장소 솔루션이고, 다른 하나는 IPFS InterPlanetary File System다. IPFS란 전 세계의 컴퓨터가 중앙 서버를 두지 않고 서로 연결된 네트워크(블록체인과 비슷하다)를 뜻하며, IPFS에서 데이터와 파일은 여러 장소에 동시에 보관된다. 이 두 가지가 주 해결책이지만, 메타데이터와 파일은 인터넷 어디에 저장되든 무방하다. 요컨대, NFT는 기술적으로 데이터와 파일의 위치를 담은 참고문이라고 할 수 있으며, 다음 장에서는 데이터와 파일이 저장된 방식이 왜 중요한지에 대해서도 알아볼 것이다. NFT가 한 장의 그림이라고 가정하면, 그 그림이 실제로 NFT 안에 들어 있는 것은 아니다. NFT에서는 그 그림을 어디에서 받을 수 있는지에 대한 정보만 담겨 있다.

NFT는 스토리가 중요하다

이 챕터에서 다룬 NFT 자체의 구성 요소 외에도, NFT는 외적 요소의 영향도 받는다. NFT에도 각자 사연이 있다. 사연이 무엇인지 드러나는 경우도 있고 아닌 경우도 있다.

이 책을 읽는 이유는 NFT를 제대로 이해하고, 또 자신만의 NFT을 만들어 성공하고 싶기 때문일 것이다. NFT에 발을 담그고자 하는 수많은 브랜드, 인플루언서, 기업, 개인은 극히 소수에 불과한 성공 사례만 보고 자신들이 제공할 수 있는 가치, 자신들이 만들어낼 수 있는 경험, 자신들이 지금까지 쌓아 올린 브랜드만으로 자신들도 성공적으로 NFT를 판매할 수 있을 것이라 믿곤 한다. 그러나 안타깝게도 현실은 그렇지 않다. 오래 지속되는 장기적인 성공을 위해서는 NFT가 다음과 같은 외적 요소를 갖춰야 한다.

- 창작자가 '왜' NFT 시장에 뛰어들었는지에 대한 설득력 있는 이야기
- NFT로 풀어낼 수 있는 '창작자의 명성'
- NFT의 '미래 가치가 계속 지속되거나 더 높아질 것'이라는 점을 보장

별다른 준비 없이 뛰어들어 NFT를 몇 개 만들어보고 즐기기도 하면서 결과를 살필 수도 있다. 실제로 이 역시 나쁘지 않은 경험이며, 운이 좋다면 몇 번 성공을 경험할지도 모른다. 하지만 성공을 위해 인생을 바꿀 정도의 노력을 기울일 마음을 먹었다면 외적 요소를 갖추기 위해 노력해야 한다.

14년 전, 지금은 비플이라는 이름으로 더 유명한 마이크 윈켈만은 매일 새로운 디지털 그림을 하나씩 그리기로 마음먹었다. 미술에 대한 지식이 전무한 컴퓨터 과학도였던 비플은 그저 그림을 그리는 법을 배우고 싶었을 뿐이었다. 그는 매일 하나씩 작품을 올리다 보면 SNS에서 존재감을 드러낼 수 있을 것이라고 생각했고, 이러한 꾸준함은 5,100점이 넘는 〈에브리데이즈 Everydays NFT〉 컬렉션으로 이어지게 되었다.

비플의 목표가 처음부터 14년 후에 5,000여 편의 작품을 NFT의 형태로 모아 6,900만 달러에 파는 것이었을까? 아마도 아니었을 것이다. 하지만 결과적으로는 그렇게 되었다. 도대체 왜 이 엄청난 결과가 일어나게 되었을까. 이 이야기의 처음을 살펴보아야 한다.

NFT에는 스토리가 그 무엇보다 중요하다

이제 NFT를 만들고자 결심했다면 그 이유가 무엇인지 깊게 고민해야 한다. 당신이 내놓을 답에 옳고 그름은 없다. 다만 깊이 생각해봐야 한다. NFT를 왜 만들려고 하는가? 동기는 무엇이었나? 무언가 계기가 된 사건이 있었나? 그 이유를 NFT에 어떻게 녹여낼 것이며, 대중에게는 또 어떻게 설명할 것인가? 이 이유를 잘 이용해서 존재감을 높여야 한다.

비플의 이야기는 설득력이 있었다. 비플의 브랜드 전체가 NFT 아티스트와 자연스럽게 맞아떨어졌다. 작품을 처음 NFT로 판매하기 전까지 비플은 자신의 작품을 인쇄해 개당 100달러 이하의 금액에 판매하기도 했는데, 비플의 작품들이 처음부터 디지털 환경에서 창작된 점을 고려하면 인쇄본보다는 디지털 매체를 통한 감상이 더 적합하다는 점도 설득력을 얻었다. 게다가 〈에브리데이즈 NFT〉의 취지는 매일 꾸준하게 성장하는 창의성을 담는 것이었으므로, 비플의 작품을 소유한다는 것은 비플의 오랜 꾸준함의 일부를 소유한다는 의미를 지니기도 했다. 만약 수집가들이 당신의 NFT에 흥미를 갖게 하려면 과연 어떤 이야기를 보여주어야 할지 잘 생각해봐야 한다.

NFT와 명성

비플의 명성은 자연스럽게 쌓인 것이다. 비플은 14년 동안 인터넷을 통해 작품을 공유해왔다. 그가 디지털 그림을 그리는 데 쓴 소프트웨어인 시네마4DCinema 4D나 옥테인렌더OctaneRender를 배우는 것이 됐든, 매일매일 꾸준히 노력하며 성장하는 것이 됐든, 비플은 다른 사람들 역시 더 노력하게끔 자신감을 불어넣어 주었다. 한번 쌓인 명성은 오래 간다. NFT를 제작한다면 무엇이 그 NFT를 유명하게 해줄 것인지, 각자의 이야기와 어떻게 맞닿아 있는가를 고민해야 한다.

NFT는 미래에도 그 가치가 보장될까

사람들이 비플의 NFT를 구입하는 것은 장래성에 대한 확신이 있기 때문이다. 우리는 비플이 앞으로도 〈에브리데이즈〉를 계속 그릴 것임을 믿어 의심치 않으며, 수집가들도 비플이 오랫동안 작품 활동을 이어갈 것을 알기에 안심하고 비플의 작품을 구매한다. 이처럼 NFT의 장래성을 시장에 각인시키는 것은 매우 중요하다. 비플의 큰 성공과 그래피티아티스트 장 미셸 바스키아Jean Michel Basquiat NFT의 실패를 비교해보면 외적 요소의 중요성을 다시금 깨닫게 된다.

2021년 4월 말, 데이스트롬DayStrom이라는 회사는 장 미셸 바스키아의 작품 〈프리 콤 위드 파고다Free Comb with Pagoda〉의 NFT 버전을 경매에 올렸다. 경매 낙찰자에게는 NFT의 소유권은 물론이고 작품 원본을 폐기할 권리가 있었다. 물리적인 매체에서 작품의 존재를 완전히 지우고 오로지 디지털 버전만 남기면 NFT의 가치가 더욱 오를 것이라는 구상이었다. 그런데 수일이 지났지만 입찰하는 사람이 아무도 없었다. 그러는 사이 〈프리

콤 위드 파고다 NFT〉는 저작권 분쟁으로 인해 경매 자체가 취소됐다. 쉬는 시간에 그린 디지털 그림(〈에브리데이즈〉를 포함해)을 7,500만 달러에 판 컴퓨터 과학도와 단 한 명의 입찰자도 나오지 않은 전설적인 아티스트의 이야기에 대해서 어떻게 생각하는가?

원본을 폐기하고 NFT만 남긴다는 아이디어 자체는 제법 흥미로웠지만, 바스키아의 작품을 경매에 올린 회사는 수집가들이 미국 역사상 가장 영향력 있는 예술가 중 한 명이 그린 작품을 망가뜨리지 않기를 원할 수도 있다는 사실을 간과했다. 또한 만약 데이스트롬이 바스키아의 다른 작품들도 NFT로 만들어서 경매에 올릴 계획을 갖고 있다 하더라도 과연 모든 작품을 폐기할 기회가 주어졌을지 확실하지 않았다. 요컨대, 데이스트롬의 전략은 미래 가치를 전혀 보장하지 못했다. 이처럼 모든 성공한 NFT가 앞서 언급한 외적 요소를 충족하는 것은 아니다. 그리고 NFT를 판매함에 있어서 꼭 따라야 할 원칙은 더더욱 아니다.

2005년 1월, 데이브 로스Dave Roth라는 남성이 의도치 않게 찍은 사진 한 장이 인터넷에서 화제가 되었다. 당시 네 살이던 그의 딸 조에Zoë가 불타고 있는 집 앞에서 뒤를 돌아보며 장난스러운 표정을 짓고 있는 사진은 '재앙의 소녀Disaster Girl'라는 이름의 밈(meme, 온라인 유행어나 온라인에서 유명한 사진 등을 합성해서 만든 창작물)으로 순식간에 퍼져 나갔으며 이 사진은 지금까지도 인터넷 역사상 가장 유명한 밈 중 하나로 남아 있다.

그로부터 16년이 지난 2021년 4월, 조에가 웃고 있는 원본 사진은 NFT로 만들어져 180ETH에 낙찰되었다. 약 70만 달러에 이르는 금액이다. 낙찰자인 @3FMusic이 왜 이 NFT를 샀는지는 알 수 없지만 미래 가치나 설득력 있는 사연보다는 밈의 명성이나 역사적 중요성 때문에 구매하지 않았을지 짐작해본다. NFT의 가치는 여전히 수수께끼처럼 보이기도 한다. 무작정 부른 값이 아닐까 싶을 정도다.

이처럼 사람들이 왜 NFT를 수집하며, NFT에는 무엇이 중요하며, NFT에는 어떤 종류가 있으며, NFT는 어떤 요소들로 구성되며, 주목받는 NFT가 되기 위해 갖춰야 할 외적 요소를 알아보았다. 이제 왜 NFT가 가치를 갖는지에 대해 좀 더 깊게 들어가보려 한다. NFT의 가치에 관한 이야기로 넘어가보자.

Chapter 3

NFT는 가치가 있을까

　우리는 언젠가부터 인터넷상의 콘텐츠는 무료라는 개념을 당연시하게 되었다. 사실 광고 기반의 인터넷 모델에서는 광고를 보는 조건으로 모든 콘텐츠를 무료로 이용할 수 있다. 트윗, 밈, 동영상, 뉴스 기사 등이 무료가 아니라면 인터넷 사용자들은 근처에 얼씬도 하지 않을 것이다. 따라서 일반인들이 가뜩이나 공짜처럼 생긴 NFT와 같은 디지털 상품에 돈을 쓸 생각을 하기란 쉬운 일이 아니다.

　"아무나 온라인에서 볼 수 있고, 스크린캡쳐도 뜰 수 있는 것을 왜 굳이 사서 '소유권'을 주장해야 하나요?"라는 질문에 대한 답은 결코 단순하지 않다. 앞에서는 사람들이 수집하는 이유에 대해서 살펴봤듯이, 여기서는 NFT가 가치를 갖는 이유에 대한 기본적인 이해를 위해 '가치'가 무엇인지 살펴보고자 한다.

왜 수집품은 가치를 지니는가

제2차 세계대전은 중요한 자원의 기준을 바꿨다. 전쟁 기간 중 미국 전역에서 설탕, 고기, 휘발유, 타이어, 종이에 대해서 배급제가 실시되었다. 그런데 그 외에도 부족한 자원이 하나 더 있었으니 그것은 바로 구리다. 구리는 발전기, 모터 권선은 물론 무전기 회로나 탄약을 만드는 데 필수적인 재료다. 제2차 세계대전 당시 육해공을 불문하고 전투가 벌어졌기 때문에 구리 권선(구리로 감아놓은 선)을 필요로 하는 기계가 많을 수밖에 없었다. 전쟁에서 싸우기 위한 탄약조차 늘 부족한 상태였다. 당시 미국에서 생산되는 구리는 전시 수요를 충족시키기에는 역부족이었다. 그렇다면 당시 미국에서 구리를 가장 많이 소비하는 곳은 어디였을까? 바로 미국 조폐국이었다. 1센트 동전을 구리로 만들었기 때문이다.

1942년 12월, 미국 의회는 미국 조폐국이 1센트 동전에 구리가 아닌 다른 금속을 사용할 수 있게 하는 법안을 통과시킨다. 이에 1943년부터는 1센트 동전의 합금 조성이 구리 95%, 아연 4%, 주석 1%에서 철 100%에 부식을 방지하기 위한 아연 도금이

더해지는 형태로 바뀌었다. 약 11억 개의 철제 1센트 동전이 주조되었을 무렵 미국 시민들은 갈색에서 은색으로 바뀐 1센트 동전의 외형에 반감을 표했고, 동전의 무게가 가벼워짐에 따라 자판기에서도 문제가 발생하기 시작했다. 그 결과 철제 1센트 동전은 1943년에 생산이 중단되고, 다시 구리 95%와 아연 5%의 합금 형태로 돌아가게 된다. 그리고 1982년에 다시 구리 도금된 아연으로 바뀌었다.

이처럼 1년 사이에 합금 조성이 여러 번 변경되다 보니 여분의 구리제 화폐 판금(화폐를 찍어내기 전의 둥근 금속판)과 철제 화폐 판금 재고가 이듬해까지 넘어가게 된다. 그 결과 1943년에는 존재해서는 안 되는 구리제 1센트 동전, 1944년에는 존재해서는 안 되는 철제 1센트 동전이 의도치 않게 일부 발행되었다. 1943년에 발행된 구리제 1센트 동전은 대략 40여 개, 1944년에 발행된 철제 1센트 동전은 35개라고 한다. 2년간 생산된 수십억 개의 1센트 동전에 비하면 합쳐서 75개 남짓에 불과한 이 동전들은 순식간에 희귀품이 되었다.

이 외에도 전쟁 중 미국 조폐국은 전 세계의 화폐학자들을 위한 희귀 수집품을 제작하기도 했다. 수십 년이 지난 현재, 1943년 발행된 구리제 1센트 동전은 15만 달러에서 20만 달러 사이의 가치를, 1944년 발행된 철제 1센트 동전은 7만 5,000달러에서 11만 달러 사이의 가치를 인정받고 있다. 물론 동전의 상태에 따라서 가치는 천차만별이기는 하다. 하지만 예술이란 돈을 내는 사람이 내고 싶은 만큼의 값어치를 갖기 마련이다. 이것은 수집품도 마찬가지다.

2010년, 미국 프로야구 텍사스 레인저스 구단의 공동 구단주 중 한 명인 빌 심슨Bill Simpson은 1943-D 구리제 1센트 동전을 역대 최고가인 170만 달러에 구매했으며, 7년 뒤 1943-S 구리제 1센트 동전에 100만 달러를 더 썼다. D는 덴버 조폐국, S는 샌프란시스코 조폐국을 의미한다. 이 두 건의 거래를 통해 총 세 곳의 미국 조폐국에서 1943년에 발행된 구리제 1센트 동전이 한 자리에 모임으로써 빌 심슨의 컬렉션이 완성되었다. 참고로 다른 하나는 1943-P인데, P는 필라델피아 조폐국을 의미한다.

이름 그대로 액면가 1센트에 불과한 1세트 동전이 100만 달러가 넘는 가격에 팔린다는 것이 놀랍기만 하다. 하지만 수집품의 가치 상승이나 수집품이 원래 의도된 가치보다 훨씬 큰 가치를 갖는 점에 있어서 위에서 예로 든 1센트 동전보다 더 적절한 비유를 찾을 수는 없었다. 그렇다고 해서 모든 희귀한 물건이 다 값진 것은 아니다. 수집품의 가격에 영향을 미치는 요소는 다음과 같다.

프로비넌스 증명 Proof of Provenance

프로비넌스Provenance란 어떠한 물건의 기원에 관한 기록을 의미한다. 수집품에 있어서 프로비넌스란 진품 여부나 품질을 보증하기 위한 소장 기록을 의미한다. 따라서 프로비넌스 증명은 해당 수집가의 물건이 진품임을 공인하는 것이다. 미술에 있어서 프로비넌스란 작가에서부터 현재 소유자에 이르기까지의 일련의 문서화된 소장 기록을 의미한다. 예술품이나 수집품의 거래에서는 프로비넌스가 거래를 성사를 좌우하기도 한다.

역사적 중요성

수집품이 제작된 시기, 혹은 제작에 이르는 역사적 배경이 그 수집품의 가격에 영향을 미칠 수 있다. 제2차 세계대전으로 인해 의도치 않게 희귀한 1943년제, 1944년제 1센트 동전이 만들어졌다는 사실이 그 동전만이 가진 이야기가 된다. 이야기는 존재에 의미를 더하며, 인류의 역사에서 얼마든지 만들어졌을 많고 많은 다른 불량 동전과 극명한 대조를 이루게 한다.

정서

수집가와 수집품 사이의 감정적인 유대도 간과되어서는 안 된다. 그리고 이러한 감정적인 유대로 인해 수집가가 수집품에 지나치게 큰 비용을 지불하기도 한다. 그 수집품이 그 수집가에게만 갖는 의미가 너무나도 각별하기 때문이다.

상태

당연히 수집품의 상태도 가격에 큰 영향을 미친다. 모든 수집품은 평가를 거쳐 손상 정도에 따라 등급을 부여받는다. 만약 세상에 하나밖에 존재하지 않는 수집품이라면 상태는 가격에 별다른 영향을 미치지 않는다. 하지만 여러 개가 동시에 존재하는 수집품이라면 상태가 좋을수록 더 높은 가격을 받게 된다. 이것이 수집가들이 오랜 세월 동안 자신의 컬렉션의 상태를 보존하려 노력하는 이유다.

컬렉션 완성 여부

해당 수집품의 전체 세트나 다른 종류를 함께 보유하고 있는지도 가격에 영향을 미친다. 빌 심슨과 같은 대형 수집가의 경우에는 완성된 컬렉션을 갖고자 하는 욕구가 너무나도 컸다. 수집품이 더 희귀할수록 세트를 완성하기는 어려워진다. 따라서 수집품의 전체 세트를 얻는다는 것은 개별 수집품의 합보다도 더 가치를 높일 수 있다. 이를 달리 말하면 개별 수집품보다 세트 형태의 수집품이 더욱 마케팅하기에 유리하다는 의미가 된다.

수집품의 가치란 문외한에게는 수수께끼와도 같다. 앞서 언급했던 1센트 동전을 들고 수백만 달러짜리 집을 사러 갔다고 생각해보자. 그 1센트 동전의 가치를 모르는 사람들에게 비웃음거리가 되기 딱 좋을 것이다. 이처럼 수집품의 가치는 그 세계의 바깥에 있는 사람들로서는 이해하기가 대단히 어렵다. 하지만 그게 중요한 부분이기도 하다. 수집품의 수집가들이 있기에 가격이 상승하는 것이다. 수요와 공급은 수집품의 가치를 결정하는 중요한 장치다. 그 외에도 다양한 요소들이 수집품의 가치를 움직이지만, 만약 수요가 없어진다면 그 수집품은 아무런 가치가 없게 된다. 가격을 움직이는 원리를 이해하는 또 다른 수집가 집단은 미술품 수집가들이다. 그리고 모든 수집가들이 중요하게 생각해야 할 단 하나의 요소가 있다면, 그것은 바로 진품 여부다. 따라서 NFT와 NFT의 가치를 이해하려면 먼저 기존 미술계 및 수집품 업계를 괴롭히는 몇 가지 문제를 살펴보도록 하자. 미술계 및 수집품 업계 모두 위작, 위조, 기타 각종 속임수로 오랜 기간 골머리를 앓고 있다.

기존 미술계의 문제

미술계의 숨겨진 비밀은 위조 문제가 수 세기 동안 미술계를 어지럽혀왔고 아직도 해결되지 않았다는 점이다. 스위스의 FAEIFine Art Expert Institute의 2014년 보고서에 따르면, 전 세계 시장에서 유통되는 미술품의 50%(5%가 아니다, 50%다)가 위작이거나 다른 작가의 작품으로 속인 것이라고 한다.

50%라는 수치에 대해서는 논란이 있지만, 실제로 위작은 개인 컬렉션, 갤러리, 박물관에서 끊임없이 발견되고 있다. 2019년

한 해에만 전 세계적으로 640억 달러가 넘는 미술품이 거래되었고, 미술품 위조의 역사가 1,000년을 넘음에도 불구하고 진품 확인 방식은 지금도 전혀 변하지 않았다. 위작 사건 사례를 살펴보며, 작품의 진품 여부를 확인하기 위해 사용되는 방법이 얼마나 불완전한지 알아보자.

초상화 위작 사건

17세기에 그려진 것으로 알려진 네덜란드 화가 프란스 할스 Frans Hals의 초상화는 2011년에 1,000만 달러에 판매됐다. 그런데 2016년에 캔버스에서 현대 재료가 발견되면서 위작으로 판명되었다. 이 스캔들에는 2,550만 달러 상당의 거장의 초상화 작품 25점이 연루되었다고 한다.

노들러 갤러리 위작 사건

1994년에서 2008년 사이에 노들러 갤러리Knoedler Gallrey는 도합 800만 달러 어치의 위작 수십여 점을 판매했다. 미국 뉴욕주 롱아일랜드에 거주하는 한 미술상이 남자친구와 짜고 무명 화가를 통해 잭슨 폴록Jackson Pollock, 마크 로스코Mark Rothko, 로버트 마더웰Robert Motherwell과 같은 유명 화가들의 작품을 위조했다고 한다. 이들은 작품의 위조된 프로비넌스 문서를 만들기까지 했다.

알베르토 자코메티 위작 사건

스위스 작가 알베르토 자코메티Alberto Giacometti의 위작 사건도 있다. 30년 넘게 총 900만 달러어치의 위작 조각품과 가짜 동상이 팔리다가 2011년에야 전모가 드러났다. 조각품이나 동상을 새로 찍어내는 것은 그림을 베끼는 것보다 쉬우므로 조각품 시장은 미술품 시장보다도 훨씬 수상한 부분이 많다. 위작 수가 너무나도 많았던 탓에 여전히 시장에서 위작이 거래되고 있다고 한다.

이베이 위작 유통 사건

2016년, 미국 미시간주의 한 미술품 거래상은 10여 년 동안 이베이에서 여러 개의 가명을 사용해 수십여 점의 위작을 판매해온 혐의로 체포되었다. 위조 대상 작가는 빌렘 데 쿠닝Willem de Kooning, 프란츠 클라인Franz Kline, 조안 미첼Joan Mitchell 등이었다. 이 거래상은 위작에 대한 프로비넌스를 제공하기 위해 영수증, 판매청구서 등도 위조했다. 미국 최초의 국립박물관인 스미스소니언미술관도 이 사기의 피해자로 알려졌다. 미술관은 총 여섯 점의 위작을 구매했다고 한다.

이러한 사례들은 최근에 가장 유명했던 위작 사건 중 일부에 지나지 않는다. 좀 더 과거로 가보면, 1985년과 1995년 사이에 위작의 대가로 일컬어지는 영국인 존 마얏John Myatt은 샤갈, 피카

소, 모네와 같은 유명 화가의 작품 200점 이상을 수백만 파운드에 판매하며 당대 유명 갤러리, 수집가, 경매소를 감쪽같이 속였다. 위작에 관한 한 오늘날의 미술계도 더 낫다고 보기는 어려우며, 좀처럼 나아질 기미가 보이지 않고 있다.

감정사의 불완전성

미술계에서 그림이나 다른 작품의 진품 여부를 판정하는 것은 감정사의 몫이다. 감정사란 작품을 검토하며 작가의 화법을 검증하는 전문가들이다. 작품 검증이 끝나면 감정사들은 본인의 전문성과 경험에 기반한 주관적인 의견을 낸다. 이 시스템의 명백한 문제점은 전체적인 과정이 아주 주관적이라는 데 있다. 전문가들은 완벽하지 않으며, 편견을 가질 수 있고, 부정행위에 연루될 가능성도 있다. 가치가 수억 달러에 달할지도 모를 미술품을 다루면서 이러한 유혹에 빠지지 않기란 매우 어렵다.

상류 미술계는 고등학교 패거리와 비슷한 데가 있다. 상류 미술계 사람들이 받아들여 주지 않는다면 그 안에 들어가고 싶은 사람은 고된 시간을 보낼 것이다. 입이 거친 73세의 트럭 운전사 테리 호튼이 한 중고 할인 판매점에서 단돈 5달러를 주고 산 그림을 예로 들어보자. 2006년에 제작된 다큐멘터리 영화《잭슨 폴록이 대체 누군데?Who the #$&% Is Jackson Pollock?》는 테리 호튼이 산 싸구려 그림이 미술계에서 잭슨 폴록의 작품으로 인정받기까지의 과정을 따라간다. 프로비넌스가 없는 작품인 만큼 전문가들은 당연하게도 그 그림이 명백한 위작이라고 판정했다. 하지만 테리 호튼은 포렌식 과학자까지 동원해 캔버스 뒷면에 찍힌 지문이 잭슨 폴록의 화실에 있는 그림에서 발견된 지문과 같다는 것을 밝혀낸다. 그 지문은 잭슨 폴록의 다른 진품 그림에 있는 지문과도 일치했다. 게다가 크로마토그래프 분석 결과, 테리 호튼의 그림에 사용된 물감의 성분과 잭슨 폴록의 화실의 바닥에서 채취한 물감의 성분이 일치하는 것으로 밝혀지기도 했다. 포렌식 증거에도 불구하고 전문가들은 여전히 자신의 주관적인 결론이 옳다고 주장한다. 심지어 그중 한 명은 그림이 "폴록의 그림 같지 않다"고 선언하기도 했다. 미술계에서 수십억 달러의 가치가 전문가들의 주관적인 판단에 좌우된다는 사실은 놀랍지 않을 수 없다. 전문가들이 진품으로 판정한 위작들이 시장에서 아직 얼마나 돌아다니고 있는지는 아무도 모를 일이다.

프로비넌스 이슈

미술품이 진짜인지 확인하는 또 다른 방법은 프로비넌스를 확인하는 방법이다. 프로비넌스는 작가에서부터 현재 소유자에 이르기까지의 소장 기록을 문서화한 것을 의미한다. 위조 미술품의 경우 새로 발견했다는 핑계 하에 프로비넌스 문서가 없거나 빈약한 편이다. 아니면 완벽하게 조작하는 경우도 있다. 더욱 심각한 점은 위조꾼들이 테이트갤러리Tate Gallery, 빅토리아 앤드 앨버트 박물관Victoria and Albert Museum, 영국문화원British Council과 같은 유서 깊은 기관의 기록 보관소에 가짜 프로비넌스를 몰래 넣고 있다는 사실이다. 오염된 기록 보관소를 어떻게 신뢰할 수 있겠는가? 이러한 사례가 얼마나 널리 퍼진 것인지조차 아직은 제대로 파악되지 않았다. 일부 기록 보관소는 가짜 프로비넌스가 있는지, 있다면 얼마나 보관하고 있는지 아예 파악조차 못 하고 있을 수도 있다. 또한 일부 위조꾼들은 가짜 카탈로그를 인쇄하여 박물관 도서관에 비치하기도 한다. 수억 달러가 오가는 미술계에서 진품 검증에 있어 얼마나 부정이 만연한지, 그리고 그 부정이 앞으로 얼마나 지속될지 예측 불가하다. 어떻게 하면 미술품이 진짜라고 신뢰할 수 있을까?

수집품 시장의 문제

전 세계 수집품 시장의 규모는 3,700억 달러(한화 약 443조 원) 수준으로 추산된다. 이 수치는 스포츠카드나 다양한 기념품에서부터 골동품, 만화책, 기념주화, 우표를 포함한 다양한 수집품을 모두 포함한 것이다. 그런데 모조품이나 위조 문제가 만연하기로는 수집품 시장도 미술품 시장과 별반 다를 바가 없다. 온라인에서 판매되는 골동품의 최대 80%는 장물이거나 모조품일 것으로 추정되며, 20년 전에는 미국에서 거래되는 사인볼과 같은 스포츠 기념품의 최대 90%가 모조품일 것으로 추정된 바 있다. 심지어는 FBI가 위조 비니 베이비스 유통 단속 업무에 투입되기도 했을 정도다. 이처럼 수집품 시장의 위조 유형은 매우 다양하다. 다음의 사례는 빙산의 일각에 불과하다.

가짜 사인

1990년대에 미국 FBI는 불펜 작전Operation Bullpen이라는 작전을 통해 미국 전역의 가짜 기념품 시장에 잠입해 스포츠 기념품 및 유명인 기념품에 들어가는 사인을 위조하는 데 관여한 위조 조직과 개인을 붙잡았다. 전문가들은 이들이 만든 위조 기념품이 연간 1억 달러를 넘을 것으로 추정했다. 불펜 작전이 거둔 성과는 다음과 같다.

- 63건의 기소 및 유죄 판결
- 490만 달러가 넘는 위조 물품 압수
- 18개 위조 조직 해체
- 1,000명이 넘는 피해자들에게 30만 달러 이상의 보상금을 지급
- 75건의 수색영장과 잠복 수사를 통한 100건 이상의 증거 구입을 통해 수만 개에 달하는 위조 기념품을 압수함으로써 1,525만 달러 상당의 경제적 손실을 방지

세계 최대의 위조상으로 유명한 그렉 마리노Greg Marino도 불펜 작전을 통해 유죄 판결을 받았다. 후일 미국의 스포츠 프로그램 전문 방송 채널인 ESPN은 그렉 마리노와 불펜 작전에 관한 이야기를 《위조범The Counterfeiter》이라는 다큐멘터리 영화로 제작하기도 했다. 마리노는 위조 사인의 천재였다. 메이저리그 야구선수 베이브 루스Babe Ruth, 미키 맨틀Mickey Mantle, 타이 콥Ty Cobb부터 과학자 알베르트 아인슈타인Albert Einstein, 영화감독 알프레드 히치콕Alfred Hitchcock, 미국 전 대통령인 에이브러햄 링컨Abraham Lincoln에 이르기까지 그렉 마리노가 베끼지 못하는 사인은 없었다. 그는 하루에 수백 개의 위조 사인을 만들었다고 한다. 그 외에도 수많은 위조 사례가 적발됐다.

불펜 작전 이후 기념품 업계는 '진품인증인'이 사인 현장을 직접 확인한 후 인증 스티커나 다른 형태의 진품 인증 서류를 발급하는 정품 인증 제도를 도입했다. 하지만 너무나 당연하게도 미술계에서 위조 프로비넌스가 등장했듯이 위조 기념품에 가짜 인증 스티커나 가짜 진품 인증서가 첨부되는 일들이 비일비재했다.

필적분석가가 조잡한 위조 사인 정도는 쉽게 간파할 수 있다고 하지만, 그렉 마리노가 만든 것과 같은 정교한 위조 사인은 어떨까? 필적 감정은 미술 감정보다는 조금 더 과학적일 것 같지만, 사인된 기념품이 진품인지 아닌지 여부를 과연 정확하게 판별해낼 수 있을까?

카드 변조 및 모조

불펜 작전은 사인 위조 조직 외에도 두 개의 카드 위조 조직을 적발해냈다. 가장 유명한 카드 변조 사건은 『뉴욕데일리뉴스 New York Daily News』의 기자 마이클 오키프Michael O'Keeffe와 테리 톰슨 Teri Thompson이 쓴 『카드: 수집가, 사기꾼, 그리고 역대 최고 인기 야구 카드의 실화The Card: Collectors, Con Men, and the True Story of History's Most Desired Baseball Card』라는 책의 주제가 되기도 했다.

이 책은 전 세계에서 가장 비싼 야구 카드 중 하나인 '1909 T206 호너스 와그너(Honus Wagner, 20세기 초반 미국 메이저리그 피츠버그 파이리츠에서 활약한 최고의 유격수)'를 다룬다. 이 카드는 전 세계에 약 50장 정도가 남아 있는 것으로 알려져 있는데, 이 중 대부분은 100여 년에 걸친 세월의 흔적이 고스란히 남아 있다. 그런데 어느 날 세월의 흔적을 이겨낸 깔끔한 카드 한 장이 등장했고 이 카드는 2007년에 280만 달러의 가격에 판매된다. 하지만 결국 이는 한 스포츠 기념품 딜러가 카드가 잘 보존된 것처럼 보이게 하기 위해 카드 모서리를 자른 것임이 밝혀지게 된다.

최근 이런 위조범들이 전문적으로 조작한 것으로 추정되는 140만 달러 상당의 위조 스포츠 트레이딩 카드 수백 장이 유통된 정황을 포착한 FBI는 스포츠 트레이딩 카드 위조 범죄 전반을 조사 중이다. FBI의 조사는 전 세계 최대 스포츠카드 등급 평가 업체인 PSAProfessional Sports Authenticator에도 초점이 맞춰졌다. 수집가들이 카드의 상태를 결정할 때 PSA가 평가한 등급에 크게 의존하는 만큼, PSA는 카드의 시장가를 결정하는 데 막대한 영향력을 행사한다. 현재 수집가들은 PSA를 피고로 하는 집단 소송을 진행 중이다.

선수들이 착용했다고 속이는 경기 용품

선수들이 실제로 경기에서 착용하거나 사용한 운동복이나 장비도 수집품 시장에서 모조 범죄가 활발하게 발생하는 분야 중 하나다. 2012년, 미국 플로리다주에 거주하는 한 남성은 운동복 복제품을 실제 경기에서 착용한 것이라고 속여 판 혐의로 유죄 판결을 받았다. 운동복에 조각을 덧대거나 다른 흔적을 남겨 프로 운동선수가 실제로 경기에서 입었던 것처럼 보이도록 꾸몄다.

비교적 최근인 2018년에는 미국 미식축구팀 뉴욕 자이언츠의 쿼터백인 일라이 매닝Eli Manning이 경기에서 착용하지 않은 장비를 경기에서 착용한 장비로 속여 판매한 혐의로 민사소송에 피소된 건이 합의로 마무리되기도 했다. 경기에서 착용한 헬멧이나 운동복은 희소성이나 역사적인 중요성으로 인해 월등히 높은 값을 받을 수 있다. 매닝은 스포츠 기념품 회사로 유명한 스타이너 스포츠Steiner Sports와 경기에서 착용한 두 벌의 헬멧과 운동복을 제공하는 계약을 맺었는데, 매닝은 자이언츠의 장비 담당자에게 이메일을 보내 '경기에서 착용한 것처럼 보일 만한 헬멧 두 개'를 스타이너 스포츠 측에 보내달라고 했던 것으로 전해졌다.

수집품의 노화

대부분의 수집품은 세월을 이기지 못하고 시간이 지날수록 노화가 진행된다. 스포츠 트레이딩 카드나 만화책 수집 시장의 경우에는 수집품의 노화 정도를 전문적으로 평가하는 업계가 별도로 존재할 정도다. 수집품의 보관 방식이나 불의의 사고는 물론, 자외선, 습기, 심지어는 산소까지도 수집품의 보존 상태에 나쁜 영향을 미칠 수 있다. 수집품의 노화 속도를 늦추거나, 손상을 방지할 수 있는 몇 가지 방법이 있긴 하나, 새것과 같은 상태를 유지하는 수집품을 만나기란 여간 어려운 일이 아니다. 수집품이 노화할수록 가격도 낮아진다.

NFT 이전의 디지털아트

디지털아트란 이미지나 동영상처럼 디지털 매체상에 존재하는 미술을 의미한다. 음악 업계가 뼈저리게 경험했듯이 디지털 파일은 아무런 품질의 손상 없이 사이버상에서 자유롭게 복제되거나 전송될 수 있다. 오랜 고민 끝에 음악 업계는 디지털 음악의 무분별한 복제를 막기 위해 DRMDigital Rights Management 기술을 개발했다. 새로운 음악 유통 기술을 수익화하기 위한 새로운 형태의 로열티 방식이 탄생함은 물론, 스포티파이와 같은 스트리밍 서비스가 등장하기도 했다.

대형 스톡포토, 영상, 클립아트 업체도 자사의 저작물을 보호하기 위해 다양한 시도를 하고 있다. 주로 웹을 샅샅이 훑어서 스톡 업체가 보유한 이미지와 같은 이미지를 사용한 웹사이트를 찾는 기술을 가진 업체와 협업하는 형태다. 인터넷에서 찾은 사진을 각자의 소셜미디어에 올렸다면 이러한 회사들로부터 라이선스 비용을 요구하는 경고성 이메일을 받아본 적이 있을 것이다. 이 방식이 얼마나 효과적인지 알 수는 없지만, 누군가는 돈을 낼 수도 있고 누군가는 문제가 된 이미지를 웹사이트에서 내릴 수도 있다.

하지만 개인으로 활동하는 디지털아티스트들은 어떻게 대처해야 할까? 디지털아티스트들은 인터넷상에서 저작권을 행사할 마땅한 방법이 없다. 개인이 하기에는 너무 벅찬 일이다. 아무나 복사해서 공유할 수 있다면 누가 과연 디지털아트 작품을 사려할까? 물론 인쇄본을 판매하는 방법도 있다. 하지만 그렇게 되면 더 이상 디지털아트가 아닐 뿐더러, 가짜가 판을 치는 미술계를 버텨내야 한다.

NFT는 전통 미술계와 수집품 업계를 괴롭히는 핵심 문제인 작품의 진품 여부 및 프로비넌스 이슈를 해결할 수 있으며 그 외에도 몇 가지 추가적인 이점이 있다.

진품 여부 증명

미술계와 달리 NFT는 작가의 영혼을 소환해 작품을 직접 그렸는지 물어볼 감정사와 같은 전문가를 필요로 하지 않는다. NFT의 진위는 블록체인을 통해 검증된다. NFT는 스마트 컨트랙트의 일종이며, 각각의 스마트 컨트랙트(블록체인 지갑 등)는 자신만의 주소를 갖는다. 앞에서도 언급했듯, 스마트 컨트랙트란 블록체인 기반으로 체결하고 이행하는 다양한 형태의 계약을 의미하며, 일정 조건이 충족되면 계약 당사자 간 합의한 내용이 자동으로 실행되도록 프로그래밍할 수 있다. 이처럼 스마트 컨트랙트는 NFT보다 넓은 개념이다.

이더리움 기반 NFT의 경우 NFT의 스마트 컨트랙트는 42자리 이더리움 주소를 갖는다. 아무나 블록 익스플로러(블록체인에서 일어나는 모든 거래 내역을 볼 수 있는 온라인 도구)에 가서 NFT의 주소를 검책 창에 넣으면, 그 NFT의 스마트 컨트랙트를 쉽게 찾을 수 있다. 또한 블록 익스플로러는 NFT가 처음 만들어진 주소도 보여줄 것이다. 만약 스마트 컨트랙트의 주소가 작가의 주소와 일치한다면 그 작품은 진품이다. 만약 일치하지 않는다면 그 NFT는 진품이 아니며 NFT에 설명된 작가가 그린 것이 아니다. 이게 전부다. 불확실성은 일절 없으며 전문가도, 말장난도 필요 없다.

오픈시 마켓플레이스에서도 누가 NFT를 만들었는지를 확인할 수 있다. NFT 페이지를 내려보면 거래이력Trading History 란에서 NFT를 만든 사람을 확인할 수 있다. NFT의 작가가 인증받은 계정이거나 NFT의 거래 이력 상의 주소가 작가의 주소와 일치한다면 그 NFT는 진품이다.

프로비넌스

NFT는 작가에서부터 현재 소유자에 이르기까지의 일련의 소장 기록인 프로비넌스를 내장하고 있다. 일련의 소장 기록이라 함은 블록체인 검증의 근간이기도 하며, 모든 암호화폐에 적용되는 내용이기도 하다. 블록체인상의 모든 거래는 검증을 거쳐야 한다. 검증이 어떠한 과정을 통해 이루어지는지 좀 더 상세히 살펴보기로 하자. 블록체인은 탈중앙화 네트워크다. 탈중앙화되었다 함은 네트워크상에서 주인 역할을 하는 존재가 없음을 의미한다(그림 3.1).

블록체인 기반의 거래기록은 전 세계 곳곳의 여러 대, 때로는 수천 대에 이르는 컴퓨터에 복사되어 존재한다. 각 블록체인

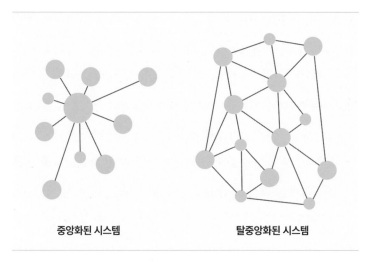

중앙화된 시스템   탈중앙화된 시스템

그림 3.1 중앙화된 시스템 대 탈중앙화된 시스템

에 기록된 데이터의 사본은 노드node라 불리는 네트워크상의 개별 컴퓨터에 의해 거래기록이 검증되고, 보관된다. 모든 노드는 거래 데이터의 무결성을 유지하기 위해 탈중앙화 P2P(Peer-to-peer. 중앙의 서버를 거치지 않고 개인과 개인이 직접 연결되어 파일을 주고받는 방식) 네트워크를 통해 지속적으로 동기화된다. 즉, 같은 네트워크상의 모든 개별 컴퓨터에 존재하는 블록체인에 기록된 데이터의 사본의 내용은 늘 동일하게 유지된다.

채굴자(miner, PoW(작업증명) 방식에서 거래를 검증하고 블록을 직접 생성해 보상을 받는 존재)나 검증자(validator, PoS(지분증명) 방식에서 거래 정보를 승인하는 존재)는 블록 내 거래를 검증할 권리를 얻는다. 이는 작업증명PoW 또는 지분증명PoS을 통해 결정된다. 작업증명과 지분증명은 뒤에서 설명할 예정이다.

검증자는 암호화폐를 보내고자 하는 주소가 실제 그만큼의 암호화폐를 갖고 있는지 검증해야 한다. 이 과정은 블록체인을 거꾸로 거슬러 올라감으로써 진행된다. 암호화폐를 보내는 주소가 지갑 B로부터 암호화폐를 받았고, 이것은 지갑 C로부터 받은 것이며, 이것은 다시 지갑 D로부터 받은 것인지 확인해야 한다. 가장 최근 검증된 블록부터 확인한다. 그 블록체인의 가장 첫 블록은 '제네시스 블록'이라고 부르는데, 이 모든 거래를 확인함으로써 현재 암호화폐 잔고를 확인할 수 있다.

NFT의 모든 역대 소유자(창작자, 중간 소유자, 현재 소유자) 및 거래 내역도 블록체인에 기록된다. 그러므로 NFT의 주소를 블록익스플로러에서 검색해보거나, 마켓플레이스에서 해당 NFT의 거래 이력을 확인해보면 NFT의 창작자, 그 이후의 소유자, 각 거래의 일자와 금액을 암호화폐 단위로 확인할 수 있다. 블록체인의 특성상, 거래 내역은 한 번 블록체인에 기록된 이후로는 수정이 절대 불가능하므로 논란의 여지가 없는 훌륭한 프로비넌스가 된다.

영원성

블록체인은 NFT에 영원성을 부여하기도 한다. 실제 수집품과 달리 NFT는 시간이 지나도 노화가 일어나지 않으며, 불의의 사고로 손상되거나 파괴될 염려도 없다. 이론적으로 NFT는 영원히 새것과 같은 상태로 유지될 수 있다.

하지만 실제 미술품이나 수집품과 마찬가지로 NFT의 소유자가 의도적이고 영구적으로 NFT를 파괴할 수도 있다. 암호화폐 업계에서는 이것을 소각(버닝, burning)이라고 부른다. 본인 소유의 작품을 왜 불태우려 하는지 그 이유는 알 수 없지만, 그런 일이 일어날 수도 있다는 점은 알아두자.

희소성

내 지갑에 들어 있는 비트코인을 복사에서 비트코인을 두 배로 만들 수 있다면 정말 좋지 않을까? 물론 그런 일은 절대 벌어지지 않는다. 아무나 마음대로 복사할 수 있다면 비트코인을 비롯한 암호화폐는 물론 실제 화폐도 순식간에 무의미해질 것이다.

어렸을 적 쇼핑몰에 있는 오락실에서 한 아이가 복사기로 복사한 달러 지폐를 동전 교환기에 넣어서 동전으로 바꾼 일이 있었다. 그 아이는 결국 크게 혼났는데, 화폐의 무결성을 유지하기 위해서는 위조 화폐 제작 및 유통은 중대 범죄로 다뤄져야 한다.

비트코인이나 다른 암호화폐를 복사할 수 없듯이 NFT도 복사할 수 없다. NFT는 공급량이 1인 암호화폐이기 때문이다.

따라서 NFT의 희소성은 블록체인을 통해 보장된다. 작가들은 NFT의 희소성과 진품 여부 증명 기능을 활용해서 불법 복제 우려 없이 디지털 작품을 판매할 수 있다. 디지털아티스트와 디지털 수집품 창작자들에게 NFT 이전에는 존재하지 않았던 수십 수백억 원 규모의 새로운 시장이 열린 것이다.

창작자를 위한 로열티

화가가 그림을 팔 때 얻을 수 있는 수익은 그림이 팔린 금액이 전부다. 그 그림이 나중에 다른 구매자에게 원래 가격의 10배, 아니, 100배 이상의 가격에 판매되더라도, 2차 판매나 그 이후의 판매에서 발생한 수익은 화가에게 단 한 푼도 돌아가지 않는다. 그림이 한 번 팔리고 나면 작품의 값어치가 올라가더라도 추가로 로열티를 받거나 새 그림을 그리는 방법 외에는 이익을 얻을 방법이 없다.

디지털아트 및 수집품 시장을 새롭게 여는 것 외에도, NFT는 지속적 로열티 기능을 통해 작가나 창작자들이 그들의 작품이 미래에 거래될 때에도 추가 이익을 얻을 수 있는 방법을 제공한다. 심지어 작가들은 청구서를 발송할 필요도 없고, 새로운 구매자를 일일이 확인할 필요도 없으며, 이익을 얻기 위해 제 3자를 거치거나 6개월씩 기다릴 필요도 없다. 자동으로 작가의 암호화폐 지갑으로 입금되기 때문이다. 다만 지속적 로열티는 처음 만들어진 마켓플레이스에서 거래되는 경우에만 지급이 보장된다. NFT가 다른 마켓플레이스에서 판매되면 지속적 로열티가 지급되지 않을 수도 있다.

탈중앙화 시스템 - 단일장애지점이 존재하지 않음

블록체인 기술에 기반을 둔 NFT는 탈중앙화 시스템의 장점도 누릴 수 있다. 중앙화 시스템은 한 지점의 중앙기관을 거치는 데이터베이스와 검증 절차로 구성되어 있다. 은행은 중앙화 시스템의 대표적인 사례 중 하나다. 은행은 자사의 데이터베이스를 통제하고 자사의 모든 계좌에서 발생한 거래를 직접 검증한다.

그러나 중앙화 시스템의 문제는 보안 사고가 터졌을 때 극명하게 드러난다. 해커가 해킹에 성공해 데이터베이스의 모든 기록에 접근할 수 있게 되며 민감한 데이터를 훔치거나 데이터 기록을 마음대로 바꿔놓을 수도 있다. 2019년에는 미국 버지니아주에 본사를 둔 미국 10대 금융지주회사인 캐피털원Capital One을 누군가 해킹해 1억 명의 개인정보를 훔쳤다. 이처럼 한 곳만 해킹하면 바로 데이터베이스에 접근할 수 있었던 시스템 구조가 문제로 지적되었다.

탈중앙화 시스템에서는 해커가 한 곳만 해킹한 후 장부를 조작할 수 있는 단일장애지점Single Point of Failure이 없다. 단일장애지

점이란 이중화되지 않은 시스템에서 장애가 발생할 경우 서비스 전체 혹은 일부가 중단되는 시스템 자원을 뜻한다. 만약 해커가 비트코인 노드 중 한 곳을 해킹하여 과거 거래 내역을 바꾸려 하거나 허위 거래 정보를 블록체인에 더하려 하면, 네트워크상의 다른 노드들이 이를 비정상 행위로 인지하고 변경 사항을 거부함으로써 해커의 시도는 물거품으로 돌아간다.

탈중앙화 시스템 - 단일 통제기관이 존재하지 않음

은행과 같이 단일 통제기관이 존재하는 경우 은행은 정부의 관련 규정을 준수하는 동시에 자사의 데이터베이스 및 데이터베이스의 관리 운영 방침에 대한 모든 권한을 갖는다. 또한 은행은 법 규정을 준수하면서 고객들의 거래에 대한 처리 방식도 직접 결정할 수 있다. 인출을 시도한 수표가 일정 기간 지급 보류되었다면 보류 기간을 정하는 것은 은행이며, 기간을 더 연장할 수도 있다.

이처럼 탈중앙화 시스템에서는 통제기관이 존재하지 않는다. 모든 거래는 같은 방법으로 검증되고 처리되며 통제기관의 변덕에 휘둘릴 일도 없다. 더 중요한 것은 통제기관 없이 자금을 100% 통제할 수 있다는 점이다. 암호화된 프라이빗 키를 잘 관리만 한다면 누구의 통제도 받지 않고 지갑 간에 자산을 보내거나 받을 수 있다.

탈중앙화 시스템 - 신용이 필요 없는 거래

옛날의 거래는 물물교환 형태로 이루어졌다. 물건의 교환이 동시에 이루어지고 교환 전에 상대의 물건을 살필 기회가 있었으므로 상대방을 신뢰할 필요가 별로 없었다. 이후 화폐가 발명되고 신용이란 개념이 등장했다. 화폐로 물건을 구매할 때 벌어지는 과정 자체는 구매할 물건에 상응하는 돈을 낸다는 점에서 물물교환과 별반 다르지 않다. 하지만 이제 판매자는 건네받은 화폐가 위조된 것은 아닌지, 그만큼의 가치가 있는지, 가치를 유지할지(최소한 판매자가 다른 재화나 서비스를 사기 위해 화폐를 쓰기 전까지)를 고민해야 하는 상황에 놓이게 된다.

화폐가 진짜인지에 대해서는 일단은 구매자를 믿는 수밖에 없다. 나아가서는 판매자가 스스로 위폐를 감별할 수 있는 능력을 갖추고, 정부나 관련 당국이 화폐위조방지 관련 법을 확실하게 집행하여 위폐 유통 시도를 근절해줄 것으로 믿는 수밖에 없다. 그러다 보니 신뢰할 수 있는 제 3자인 관리기관이 거래에 관여하게 된다.

상거래가 늘어남에 따라 원격 거래도 생겨났는데, 돈을 지불하기 위해서는 신뢰할 수 있는 중개자를 한 단계 이상 거쳐야 했다. 최초의 신뢰할 수 있는 중개자는 직접 돈을 전달하는 운반원이었으며, 현재는 은행과 같은 선진 금융 시스템이 그 역할을 대신하고 있다.

이번에는 온라인으로 무엇이든 구매한다고 해보자. 이 경우 신뢰할 수 있는 중개자는 당신의 신용카드 회사, 판매자의 머천트 뱅크(신용카드 거래를 승인하는 은행), 그리고 판매자의 은행이 된다. 신뢰할 수 있는 중개자의 문제점은 의도적이든 아니든 신뢰가 배신당하는 경우가 발생한다는 점이다. 신뢰할 수 있는 중개자는 어디까지 신뢰할 수 있을까? 은행을 예로 들어보자. 수수료 문제와는 별개로, 은행은 얼마든지 실수를 할 수 있다. 거의 그럴 일은 없겠지만 승인하지 않은 거래가 이루어진다던가, 발생해서는 안 되는 추가 수수료가 발생할 수도 있다.

모노폴리Monopoly라는 보드게임을 하다가 뽑게 되는 카드 중에 '은행이 실수를 했습니다. 200달러를 받으세요'라고 적힌 카드가 있다. 하지만 실제로 이런 일이 벌어졌을 때 만약 이 돈을 쓴다면 '감옥으로 가시오!' 카드를 받을 수도 있다. 은행의 실수가 손해로 이어지는 경우라면 은행에 이 사실을 알릴 시간은 그리 넉넉하지 않으며, 골치를 앓지 않고 문제를 해결하기란 결코 쉬운 일이 아니다.

2016년에 일어난 웰스파고Wells Fargo 스캔들은 미국의 대형 은행인 웰스파고의 임원들이 공격적인 목표를 달성하기 위해 직원들에게 실적을 올리라는 압박을 가한 결과 발생한 사건이다. 웰스파고의 직원들은 고객들 몰래 개인정보를 도용하여 수백만 개의 신규 계좌를 개설했으며, 그 결과 웰스파고의 고객들에게 정작 고객들은 알지도 못하는 수수료가 청구됐다.

은행에 있는 돈은 얼마나 안전할까? 부분지급준비제도 하에서 은행은 고객의 예금 중 고객의 인출을 충당하기 위한 일부 금액을 제외한 나머지 금액을 대출에 활용할 수 있다. 보통은 문제가 없는 방식이지만, 여러 고객이 동시에 인출을 시도하면 은행이 예금을 지급할 수 없을 것으로 우려한 고객들에 의한 집중적 대규모 예금 인출 사태인 뱅크런Bank Run이 발생할 수 있다. 이를 방지하기 위해, 각 은행은 인출 금액과 회수에 제한을 두기도 한다.

대형 은행과 관련해서는 '대마불사too big to fail'라는 말이 있다. 하지만 이것은 정부의 구제금융 때문에 가능한 것이다. 2008년과 같은 금융위기는 언제든지 다시 찾아올 수 있다. 그때도 대마불사는 여전히 적용될까? 그렇다 해도 다행히도 미국연방예금보험공사FDIC가 25만 달러까지는 대신 지급해주게 되어 있다(한국의 예금자보호법은 예금보험공사를 통해 원금과 이자를 포함해서 1인당 5,000만 원까지 보장해준다). 하지만 25만 달러를 받기까지 시간이 얼마나 걸릴지 모르는 일이며, 은행에 25만 달러가 넘는 예금을 맡긴 경우에는 25만 달러를 초과하는 금액을 돌려받을 가능성은 높지 않다. 25만 달러를 초과하는 예금액은 채권자 손실분담제도Bail-in의 대상이 된다. 그 말인즉슨, 은행의 부실을 정리하는데 정부의 구제금융 대신에 고객의 예금을 사용할 수 있다는 뜻이다. 2013년 유럽의 키프로스에서 실제로 이러한 사례가 발생하여, 키프로스 은행에 돈을 맡긴 예금자들이 큰 손해를 입었다. 이처럼 은행 계좌에 들어 있는 돈은 유치권 행사나 압류의 대상이 될 수 있으며, 계좌가 동결되거나 아예 몰수될 수도 있다. 아무런 잘못을 하지 않았더라도 은행은 거래 행위가 수상하다는 이유로 계좌를 동결시킬 수 있다.

이러한 점들을 모두 고려하면 우리는 과연 우리의 예금에 대해 얼마나 권한을 갖고 있을까. 물론 은행은 가치 있는 서비스를 제공해주며 우리 경제를 움직이게 한다. 단지 중앙화 시스템이 갖는 문제를 지적하기 위해 은행의 예를 들었을 뿐이다.

이번에는 중개자가 필요 없는 원격 거래를 떠올려보자. 이제 블록체인을 통해 화폐를 직접 보낼 수 있다. 이 경우 상대를 믿을 필요가 없으며, 이는 상대방도 마찬가지다. 중요한 것은 중개자를 믿을 필요가 없으며 중개자 자체가 필요하지 않다. 채굴자와 검증자가 블록체인 거래를 승인해야 하는 것은 사실이지만, 이 승인 과정은 사람의 개입 없이 블록체인의 특정 소프트웨어에 규정된 규칙과 프로토콜을 따라 이루어지게 된다. 언뜻 보기에는 별것 아닌 것 같아 보이지만, 운반자나 은행, 중개자 없이 돈을 보낼 수 있다는 것은 상당한 혁신이다.

또한 각자의 블록체인 지갑에 담아 블록체인상에 보관하는 돈에 대해서는 각자가 모든 통제 권한을 갖는다. 부담스러운 법

규의 대상이 되지 않고, 수수료가 발생하지 않고, 오류가 발생하지 않고, 실수를 하지 않는 이상 언제든지 100% 인출이 가능하고, 강제로 압류당하지 않고, 채권자 손실분담제도의 대상도 될 수 없다. 지갑과 프라이빗 키를 잘 관리하는 이상 당신 돈은 100% 당신 것이다.

다만 한 가지 주의할 것이 있다. 암호화폐나 NFT와 같은 암호 자산을 직접 관리하고자 한다면 암호화폐 거래소의 지갑이 아닌 독립적인 지갑을 이용해야 한다. 이더리움이 코인베이스 지갑에 들어 있다면, 이것은 은행에 돈을 맡긴 것과 크게 다르지 않다. 또 암호화폐는 정부의 규제를 받거나 아예 금지될 수 있다는 점이다. 중국이나 터키와 같은 나라에서는 다양한 유형의 암호화폐 거래를 금지한다. 2021년 9월 24일, 중국 정부도 모든 암호화폐 관련 활동을 불법으로 규정하고 강력히 단속하겠다고 밝혔다. 볼리비아나 네팔처럼 암호화폐 자체를 완전하게 금지한 나라도 있다.

탈중앙화 시스템 - 속도

이탈리아에 사는 사람이 미국에 사는 사람에게 돈을 보낸다고 해보자. 수표를 사용한다면 우선 수표가 전달되기까지 시간이 걸리고, 수표가 실제로 처리되는데도 상당한 (몇 주가 걸릴 수도 있다) 시간이 걸릴 것이다. 다른 방법으로는 SWIFT를 통해 해외

송금을 하는 방법이 있다. SWIFT_{Society for Worldwide Interbank Financial} Telecommunications는 전 세계 1만 1,000개 은행과 금융기관의 네트 워크다. 보통 해외송금은 1~2 영업일 안에 처리된다. 전산으로 처리될 텐데 왜 이틀씩이나 걸리는 걸까? 돈이 대서양을 가로지 르는 크루즈선이라도 타는 걸까? 게다가 해외송금은 수수료도 상당한 편이다.

수표나 해외송금 대신에 암호화폐를 전송하면 사실상 바로 이탈리아에서 미국으로 돈을 보낼 수 있다. 암호화폐 전송에 소 요되는 시간은 사용된 암호화폐의 종류나 거래 규모에 따른 네 트워크 혼잡도 등 몇 가지 요인에 따라 달라지며, 이더리움 같은 경우에는 지불하는 '가스피_{gas fee}'에 따라서 소요되는 시간이 달 라지기도 한다. 가스피는 이더리움 네트워크 상에서 거래를 하 고자 할 때 지불하는 비용이며, 가스피에 대해서는 뒤에서 더욱 자세하게 다루기로 한다.

일반적으로 암호화폐 거래에 소요되는 시간은 짧게는 몇 초, 길어야 몇 분을 넘기지 않는다. 암호화폐를 받는 쪽에서 거래를 확정하기 위해서는 시간이 조금 더 걸릴 수도 있다. 코인베이스 는 비트코인 거래를 확정하기 위해 총 세 번의 컨펌을 필요로 한다. 컨펌이란 거래가 개시된 이후 블록체인에 추가된 블록의 숫자를 의미한다. 더 많은 블록이 추가될수록 거래는 더 안전해 진다. 비트코인은 10분마다 블록체인에 블록이 추가로 생성되므로, 코인베이스로 전송된 비트코인 거래가 확정되는 데는 약 30분 정도가 걸릴 것이다.

탈중앙화 시스템 - 비용

블록체인 거래에 소요되는 비용도 해외 송금보다 저렴하다. 비트코인 기술에 기반한 라이트코인Litecoin은 그중에서도 특히 수수료가 저렴한 편이다. 반대로 이더리움 가스피는 최근 많이 상승해 가끔씩 부담스러운 정도의 수수료가 발생하기도 한다. NFT 덕에 이더리움의 인기가 높아진 결과이기도 하다. 더 많은 거래건이 승인될수록 가스피의 수요와 가격도 함께 높아진다. 이더리움 가스피나 다른 암호화폐 네트워크피는 거래를 승인하는 검증 노드의 운영자인 검증자에게 지급된다.

탈중앙화 시스템 - 익명성

많은 사람이 블록체인의 장점으로 익명성을 들곤 한다. 블록체인에서 거래를 할 때에는 거래자의 이름이나 다른 개인정보를 사용하지 않고 주소만을 이용하므로 익명성이 보장되는 것처럼 보이기는 한다. 하지만 블록체인은 공공 거래장부와도 같다. 주소만 알면 누구나 그 주소에서 일어나는 모든 거래 내역은 물론 그 주소의 잔고 내역도 확인할 수 있다.

이더리움 주소를 다른 사람이 알고 있다면 그 사람은 당신이 보유하고 있는 토큰의 종류, 수량, 거래 이력을 모두 확인할 수 있다. 암호화폐 주소란 암호화폐 지갑에 포함된 것으로서, 암호화폐 지갑은 암호화폐나 NFT를 보관하거나 주고받을 수 있게 하는 애플리케이션이다.

블록체인 익스플로러(블록 익스플로러) 웹사이트를 사용하면 특정 거래 내역이나 주소의 정보는 물론 블록체인에 관한 모든 종류의 데이터를 손쉽게 확인할 수 있다.

이더리움 블록체인의 데이터를 확인하기 위한 블록 익스플로러에는 이더스캔etherscan.io이나 이더플로러ethplorer.io가 있다. 주소나 거래 ID(해시값)를 블록 익스플로러의 검색창에 입력해보면 된다. 마찬가지로 누군가가 당신의 주소를 알고 있다면 블록 익스플로러에서 검색해보는 것만으로 당신이 어떤 암호화폐를 얼마나 갖고 있는지, 어떤 거래를 했는지를 쉽게 파악할 수 있다.

만약 코인베이스와 같은 암호화폐 거래소에서 암호화폐를 산다면, 거래소는 당신이 누구인지 알고 있다. 거래소에서 파생한 거래를 거슬러 올라가면 거래소 이후의 거래 내역을 포함한 정보를 추적할 수 있다. 코인베이스에서 이더리움을 사서 메타마스크 지갑으로 전송한 후 이를 WETH로 전환해서 오픈시에서 NFT를 샀다면 이 모든 거래 내역은 코인베이스에서 이더리움을 샀던 첫 거래까지 다시 거슬러 올라갈 수 있다. 그렇게 되면 코인베이스(및 정부 등 코인베이스가 정보를 공유하는 대상)는 이 모든 거래의 주체 및 NFT의 소유주가 당신이라는 것을 알 수 있게 된다. 이렇게 되면 딱히 익명성이 있다고 할 수 없지 않을까? 블록체인에서 익명성을 확보하는 방법이 있다. 자세한 내용은 챕터 7에서 다루게 된다.

탈중앙화 시스템 - 제한적인 인플레이션

한 국가의 정부와 중앙은행은 화폐의 가치를 유지할 책임을 진다. 화폐의 가치는 금이나 은 등 다른 재화의 가치에 기반해 다른 재화와 교환할 수 있거나, 달러처럼 미국 정부의 신용에 바탕을 두고 있다. 미국 달러는 발행한 정부가 가치를 보증하는 명목화폐로서 다른 재화나 귀금속과의 교환 가치를 보증하지 않는다. 명목화폐의 특성상 돈의 공급은 돈을 계속 찍어냄으로써 늘어난다. 따라서 달러의 가치는 하락해 인플레이션이 발생하게 된다. 역사를 통틀어 지나치게 많은 돈이 발행됨으로써 하이퍼 인플레이션이 발생한 사례는 독일의 바이마르 공화국, 짐바브웨 등이 있으며, 하이퍼 인플레이션의 결과로 화폐는 실질적으로 종잇조각에 불과하게 되었다(그림 3.2).

명목화폐와 달리 대부분의 암호화폐는 공급량이 한정되어 있다. 그 양은 암호화폐가 만들어질 당시 작성된 프로그래밍 코드에 지정되어 있으며 바뀔 수 없다. 비트코인의 최대 공급량은 2,100만이며, 이 수치에 도달하면 비트코인은 더 이상 생성되지

그림 3.2 짐바브웨의 100조 달러 지폐

않는다.

현재까지 약 1,869만 개의 비트코인이 생성되었다. 채굴자는 비트코인 블록체인상의 거래를 검증하여 하나의 블록을 성공적으로 생성할 때마다 블록 리워드block reward라는 보상을 받게 되는데 이것이 바로 비트코인BTC이다. 현재 블록 리워드는 6.25 비트코인BTC이다. 21만 블록마다 블록 리워드는 절반으로 줄어드는데, 21만 블록이 생성되기까지는 약 4년이 걸린다. 이를 역산하면 비트코인이 최대 공급량에 도달하는 시점, 즉 블록 리워드가 0이 되는 시점은 2140년경이 될 것으로 보인다.

앞서 말한 것처럼 모든 암호화폐의 공급량이 한정된 것은 아니다. 두 번째로 유명한 암호화폐인 이더리움이 그중 하나다. 현재 이더리움의 총유통량은 1억 1,560만 개인데, 블록 한 개마다

2ETH가 추가로 생성되고 있다. NFT 등의 용도로 인해 이더리움의 수요가 점차 높아지고 있음을 생각하면 공급량 증가로 인한 인플레이션 효과는 거의 없을 것으로 보인다. 이는 아직 최대 공급량에 도달하지 않은 다른 암호화폐도 같다. 물론 이 암호화폐들이 최대 공급량에 도달하게 되면 인플레이션은 0이 된다. 어쨌든 중요한 점은 암호화폐는 발행 주체의 결정으로 인해 인플레이션이 일어나는 상황이 발생하지 않는다는 점이다. 암호화폐의 성질을 갖는 NFT는 공급량, 최대 공급량이 모두 1이다. 다만 경우에 따라 NFT의 공급량이 1보다 커지는 때도 있다.

NFT도 완벽하지는 않다

전통적인 미술품이나 수집품과 비교했을 때 NFT가 갖는 장점을 고려하면 NFT는 앞으로도 널리 사용될 것이다. NFT는 진품 여부 및 소유권을 검증할 수 있는 훌륭한 수단을 제공할 뿐만 아니라 다양한 기능을 갖추었다. 하지만 NFT도 완벽하지는 않다.

가스피

NFT를 논할 때 자주 거론되는 가스피는 연료비와는 무관한 개념이다. 가스피는 이더리움 네트워크상에서 거래할 때 지급하는 비용이며, 줄여서 '가스'라고 부르기도 한다. 최근 유가의 움직임과 유사하게 (관계는 전혀 없다) 가스피 또한 크게 상승했는데, 비싼 가스피는 이더리움 거래 활성화에 있어 장해물이 되고 있다.

가스피는 이더리움 네트워크의 거래를 승인하는 채굴자(검증자)에게 지급된다. 하나의 거래를 승인하는 데 필요한 가스의 양은 두 가지 요소로 결정된다. 우선 가스는 거래 종류의 영향을 받는데, 거래를 실행하고 검증하는 데 더 많은 작업이 필요할수록 가스피가 높아진다. 만약 이더리움이나 다른 토큰, NFT를 한 지갑에서 다른 지갑으로 옮기는 수준의 단순한 암호화폐 전송이라면 가스피는 낮을 것이다. 반면 블록체인에 더 많은 코드를 활용해 만들어진 스마트 컨트랙트를 배포하고자 하는 경우에는 가스피가 크게 높아질 것이다.

가스피에 영향을 미치는 두 번째 요인은 네트워크 혼잡도다. 이는 종종 교통체증에 비유되곤 한다. 네트워크가 붐빌수록 수요가 높다는 뜻이므로 가스피도 자연스럽게 높아진다. 바쁜 시간대에 호출 요금이 높아지는 우버 애플리케이션을 생각해보면 된다. NFT에 대한 관심 등에 힘입어 암호화폐가 다시 떠오르면서 이더리움 네트워크의 거래량, 이더리움의 인기 및 가격 모두 상승세를 보인다. 가스피가 저렴하던 시절은 이미 막을 내린 것 같다. 상승세라고는 하나 이더리움 네트워크의 거래량이 계속 꾸준히 늘어나고 있는 것은 아니다. 네트워크의 혼잡도는 매분

Transaction Fee:	Slow	Average	Fast
	0.00794 ETH $32.93	0.00861 ETH $35.72	0.00905 ETH $37.55

그림 3.3 메타마스크 지갑에서 선택할 수 있는 가스피 옵션

매초 달라지며, 그에 따라 가스피 또한 끊임없이 변동한다. 하루는 가스피가 30달러였다가 다음날에는 60달러가 되는 경우도 있다.

어디서 거래를 개시하느냐에 따라 가스의 수준을 선택할 수도 있다. 메타마스크 지갑에서 암호화폐를 보내는 경우(메타마스크 지갑은 챕터 7에서 설명할 예정이다), 원하는 거래 속도를 '느림, 보통, 빠름' 중에서 선택하고 이에 따라 지불할 가스피를 선택할 수 있다. 어떠한 형태의 거래든 간에 채굴자는 가스피가 높은 거래를 최우선적으로 승인할 것이다. 만약 '느림'을 고르면 거래가 승인되는 데 몇 시간씩 걸릴 수도 있다(그림 3.3).

거래 속도를 고르더라도 거래에 시간이 얼마나 걸릴지는 알 수 없다. '빠름'을 선택하면 바로 거래가 처리되며, '보통'을 선택하면 거래가 처리되기까지 몇 분 정도가 걸린다. 하지만 거래에 시간이 오래 걸리다 보면 거래를 시작했을 때와 거래가 이뤄진 후 최종 가스피의 가격이 크게 차이 나는 경우도 있다. 그 경우 보통을 선택하더라도 예상보다 훨씬 긴 시간이 소요될 수도 있다.

하지만 조만간 비싼 가스피는 먼 옛날이야기가 될지도 모르겠다. 이더리움 네트워크는 Eth2 또는 Eth 2.0으로 불리는 업그레이드를 진행하는 중이다. 업그레이드가 완료되면 여러 불편한 점을 개선하는 동시에 가스피가 크게 낮아질 것으로 기대된다. 이더리움 공식 웹사이트Ethereum.org는 Eth2에 대해 다음과 같이 설명하고 있다.

"Eth2는 이더리움을 더욱 확장 가능하고, 더욱 안전하고, 더욱 지속 가능하게 하는 상호 연결된 업그레이드의 집합을 일컫습니다. 이러한 업그레이드는 이더리움 생태계에 참여 중인 여러 팀에 의해 진행되고 있습니다."

다른 블록체인

NFT를 지원하는 블록체인은 이더리움 외에도 다양하다. WAX, FLOW, Tron, 바이낸스 스마트 체인Binance Smart Chain 등의 유명한 블록체인도 NFT를 지원한다. 이들 블록체인의 거래 수수료는 이더리움의 가스피에 비해 훨씬 저렴한 편이며, 이는 이들 블록체인의 인기 요인 중 하나이기도 하다.

이러한 블록체인의 거래 수수료가 낮은 이유는 거래를 검증할 주체를 결정할 때 훨씬 자원이 덜 소요되는 방식을 채택했기 때문이다.

이더리움과 비트코인과 같은 블록체인은 작업증명Proof-of-Work 방식을 이용하는데, 작업증명 방식에서는 채굴자들이 거래 검증에 참여하기 위해 복잡한 암호 퍼즐을 풀어야 한다. 그래서 암호화폐라는 이름이 붙었다. 암호 퍼즐을 가장 먼저 푸는 채굴자가 가장 최근의 거래 내역을 검증해 블록을 생성하고 블록 리워드를 받을 기회를 얻게 된다. 이 퍼즐을 푸는 데에는 엄청나게 큰 컴퓨팅 파워를 필요로 한다. 이를 해시파워hash power라 부르는데 더 높은 해시파워를 가질수록 퍼즐을 풀 확률도 높아지게 된다. 또한 네트워크의 전체 해시파워가 커질수록 퍼즐의 난도도 함께 높아져 더 큰 해시파워를 필요로 하게 된다. 퍼즐의 난도가 높아지는 이유는 블록이 생성되는 주기를 10분 정도(비트코인의 경우)로 유지하기 위해서다.

거래 수수료가 저렴한 블록체인은 주로 지분증명Proof-of-Stake 방식을 사용하여 거래를 검증할 주체를 결정한다. 지분증명 방식은 해당 암호화폐를 많이 가진 사람이 블록을 생성할 기회를 더 많이 갖는 방식으로서, 주식회사의 주주총회에서 주식 수만큼 의결권을 행사할 수 있는 것과 유사하다. WAX를 예로 들면, 검증자가 더 많은 코인을 보유할수록 블록을 검증할 기회를 더 많이 얻게 된다. 풀어야 하는 암호 퍼즐이 없으므로 낭비되는 컴퓨팅 파워가 없으며 따라서 비용도 월등하게 낮아지게 된다. 앞서 설명한 Eth2의 일환으로 향후 이더리움은 지분증명 방식으로 변경될 예정이며 그렇게 되면 가스피 또한 크게 낮아질 것으로 기대된다.

사이드체인

가스피를 줄일 수 있는 또다른 방법은 사이드체인sidechain을 사용하는 것이다. 사이드체인은 메인 블록체인에 연결된 하위 블록체인을 의미한다. 메인 블록체인의 토큰을 사이드체인으로 옮겨와서 낮은 거래 수수료로 혹은 수수료 없이 토큰을 거래한 후에 다시 토큰을 메인 블록체인으로 옮김으로써 가스피를 크게 아낄 수 있다. 일부 NFT 마켓플레이스도 사이드체인에서 가스피 없이 여러 개의 NFT를 민팅한 뒤, NFT를 판매하거나 전송할 때에만 이더리움 블록체인을 활용함으로써 가스피를 절감하고 있다.

지금 당장은 가스피가 NFT 거래에 있어서 문제가 될 수 있으나, 가스피를 줄이는 방안이 여럿 존재하며 거래 수수료가 훨씬 저렴한 지분증명 방식의 블록체인을 사용하는 방법도 있다. 이더리움이 지분증명 방식으로 전환하게 되면 비싼 가스피는 먼 옛날이야기가 될 것이다.

콘텐츠 저장소

마음에 드는 디지털아트 NFT를 하나 구매했다고 해보자. 블록체인은 작가가 만든 NFT를 소유하고 있다는 사실을 증명해준다. 그렇다면 NFT의 콘텐츠는 대체 어디에 있으며, 얼마나 안전하게 보관되어 있을까. NFT가 어떻게 블록체인상에 기록되며 컨텐츠는 왜 블록체인상에 기록되지 않는지는 앞서 다룬 바 있다. 블록체인이 계속 존재하는 한 NFT는 영속적이지만 콘텐츠는 그렇지 않을 수도 있다. 블록체인 바깥에 콘텐츠를 저장하는 방법으로 크게 두 가지 솔루션이 있다고 했는데, 그것은 바로 신뢰할 수 있는 클라우드 저장소와 IPFS다.

IPFS는 탈중앙화 방식으로서 콘텐츠가 여러 장소에 저장된다는 점에서 더 선호되는 솔루션이다. 네트워크가 계속 운영되기만 한다면 콘텐츠는 안전하게 저장될 것이다. 알위브_{Arweave}와 같은 다른 탈중앙화 저장 솔루션도 있다.

AWS나 구글 클라우드_{Google Cloud}와 같은 클라우드 저장소도 매우 훌륭한 솔루션이다. 하지만 클라우드 저장소 요금을 내는 동안에만 콘텐츠를 보관할 수 있다는 단점이 있다. 만약 NFT가 주요 마켓플레이스 중 한 곳에서 민팅되었다면 별다른 걱정이 없겠지만, 앞일은 모를 일이다. 마켓플레이스가 파산할 수도 있다. 그럼 이때 NFT의 콘텐츠는 어떻게 될까? 한 작가가 직접 마켓플레이스를 통하지 않고 NFT를 민팅하고 NFT의 콘텐츠를 개인 서버에 저장할 수도 있다. 만약 서버의 전원이 영구히 내려 간다면 NFT의 콘텐츠도 같이 사라질 것이다.

이러한 시나리오는 앞서 논의했던 블록체인의 주요 장점 중 하나인 믿을 수 있는 제3자를 필요로 하지 않는다는 점에 정면 으로 반하는 것이다. "믿을 수 있는 제3자를 필요로 하지 않는 다"는 것은 신뢰가 필요 없는 개인 간 거래를 가능하게 하려고 만들어진 블록체인의 본질적인 토대가 되는 개념이다. NFT 대 부분의 메인 콘텐츠가 블록체인상에 보관되지 않으며, 콘텐츠의 저장과 보관을 제3자에 의존해야 한다는 점에서 NFT는 진정한 블록체인 자산이 아니다. IPFS와 같은 탈중앙화 솔루션이 블록 체인과 가장 유사하기는 하나, 마켓플레이스는 자체 IPFS 노드 를 운영하는 대신에 비용이 저렴하고 간편한 중앙화 저장소 플 랫폼에 콘텐츠를 보관하는 방법을 택할 것이다.

잠금 해제 콘텐츠의 경우에도 콘텐츠 저장소가 문제가 된다. 오픈시에서는 잠금 해제 콘텐츠에 텍스트 정보만을 입력할 수 있으며 이미지나 동영상 파일은 넣을 수 없다. 따라서 오픈시에 서 민팅된 NFT의 잠금 해제 콘텐츠가 이미지나 동영상을 포함 하고 있다면 NFT의 제작자는 인터넷 어딘가에 호스팅된 이미 지나 동영상을 다운로드받을 수 있는 링크를 함께 제공해야 한 다. NFT의 작가가 AWS 같은 클라우드 저장소나 IPFS를 사용 할 가능성은 크지 않다. 아마 이미지나 동영상은 특정 웹사이트나 클라우드 저장소인 드롭박스Dropbox에 들어 있을 것이다. 하지만 그 창작자가 웹사이트의 운영을 중단하거나 드롭박스 계정을 없애면 이미지와 동영상은 영영 사라져버린다.

사기꾼

사기꾼들이 개인정보 탈취를 위해 텔레그램 운영자 행세를 하듯 NFT 작가나 다른 NFT 출처를 사칭할 수도 있다. 마켓플레이스에서는 구매하고자 하는 NFT가 포함된 컬렉션이 인증을 받았는지를 확인하는 것이 중요하다. 인증받은 컬렉션에는 파란색 체크 마크가 붙는다. 이때 신뢰할 수 있는 누군가에게 의존해야 한다는 점이 문제다. 굳이 따지자면 문제라기보다는 누군가에게 의존하게 되면서 블록체인의 주요 장점 중 하나를 포기하는 것이라 할 수 있다.

도움이 되기는 하지만 인증 마크가 완전한 해결책은 아니다. 인증의 주체인 마켓플레이스가 실수를 하거나, 사칭범을 진짜로 오인할 수도 있기 때문이다. 게다가 마켓플레이스에서 활동하지 않는 NFT 창작자들은 인증을 받을 방법이 없다. NFT가 출처의 진위를 증명해주기는 하나 그 출처와 판매자가 일치하는지 여부는 확인할 필요가 있다.

추가 생산

NFT는 유일무이하다. 그리고 그 점이 NFT의 가치를 만든다. 하지만 NFT의 창작자가 완전히 같은 콘텐츠, 즉 같은 이미지나 같은 이름, 또는 같은 설명으로 또 다른 NFT를 다시 못 만들 이유가 있을까? 전혀 없다. 하나밖에 없는 NFT를 구매해서 기분이 무척 좋았는데 다음 날 같은 창작자가 어제 내가 산 NFT와 똑같은 NFT를 또 팔고 있는 것을 본다면 당연히 기분은 나빠질 것이다. 세상에 하나밖에 없는 NFT를 샀다고 생각했는데 이것이 사실이 아니게 되었기 때문이다.

롭 그론카우스키의 (1 of 1) 〈그롱크 커리어 하이라이트 카드 NFT〉와 같은 일부 NFT의 경우, NFT의 설명에 '이 NFT는 오직 하나의 에디션에 한정되며, 다시 민팅되지 않습니다'라고 적혀 있다. 우리는 롭 그론카우스키와 그의 NFT의 창작자들을 믿지만, 마음에 든 NFT의 창작자 모두를 믿을 수 있을까?

어떠한 상품이 하나밖에 존재하지 않는다고 주장해놓고 동일한 상품을 또 만드는 것은 사기죄에 해당한다. 마찬가지로, 마켓플레이스도 이러한 아티스트들을 퇴출할 것이다. 하지만 세상에 하나밖에 없는 줄 알았는데 알고 보니 그렇지 않은 상품을 만나게 될 가능성은 언제든지 열려 있다.

특전과 실물 상품의 전달

(1 of 1) 〈그롱크 커리어 하이라이트 카드 NFT〉처럼 NFT의 설명에는 특전을 포함할 수 있다. 우리는 롭 그론카우스키와 그의 NFT를 만든 회사가 특전을 고이 잘 보내줄 것이라 믿는다. 하지만 만약 NFT의 창작자가 특전이나 실물 상품을 보내주지 않는다면 어떻게 해야 할까? 우선은 NFT를 구매한 마켓플레이스에 신고해야겠지만 마켓플레이스로서도 해당 NFT 창작자의 계정을 차단하는 정도 외에는 취할 수 있는 조치가 많지 않다.

여기서 이슈는 특전이나 실물 상품이 NFT의 본질은 아니라는 점이다. 특전은 NFT의 가치를 높이기 위한 마케팅 기법과도 같다. 실물 상품이 NFT의 가치를 결정하는 주요 요인이 될 수도 있으나 이 역시 NFT 창작자가 약속대로 실물 상품을 보내줄 것을 믿는 수밖에 없다. 이렇게 다시 한 번 우리는 블록체인 자산의 주요 장점 중 하나인 '신뢰가 필요 없는 거래'를 포기하게 된다.

환경에 미치는 영향

가장 유명한 NFT 블록체인인 이더리움 네트워크에서 일어나는 거래는 작업증명 방식을 통해 누가 블록을 생성할지를 결정한다. 작업증명 방식은 대량의 컴퓨팅 파워를 필요로 하며, 그 과정에서 막대한 양의 전력을 소비한다(그림 3.4).

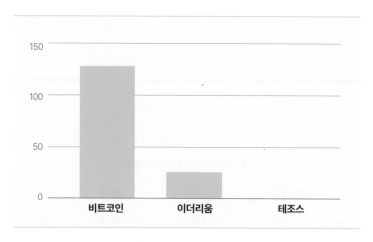

그림 3.4 비트코인, 이더리움, 테조스Tezos의 예상 연간 전력 소모량

만약 비트코인이 국가였다면 전력 소비 규모 측면에서 우크라이나와 아르헨티나의 중간 즈음에 놓일 것이다. 이더리움은 에콰도르와 비슷한 정도일 것이다. NFT와 관련해서는 비트코인은 NFT와 일절 관련이 없으며, NFT는 이더리움 네트워크의 전체 거래 중 약 1%를 차지하는 것으로 추정된다. 이더리움 거래 한 번당 평균 48kWh의 전력을 소비하는 셈인데, 이는 티셔츠 한 장을 만드는데 필요한 전력보다 적은 것이다.

또한 WAX나 테조스Tezos 등 지분증명 방식을 사용하는 NFT 블록체인은 작업증명 방식을 사용하는 블록체인보다 99% 적은 에너지를 소비한다. 비트코인 및 이더리움, 그리고 다른 작업증명 방식의 블록체인들이 어마어마한 양의 에너지를 소비함으로써 환경에 나쁜 영향을 미치고 있을 수 있으나, NFT는 전체 에너지 소비량에서 아주 작은 일부만을 차지하고 있다. 또한 이더리움 블록체인이 곧 지분증명 방식으로 전환될 것임을 고려하면, 이더리움의 업그레이드가 마무리되는 시점에는 실질적으로 모든 NFT가 최소한의 에너지만을 소비하게 될 것이다.

블록체인의 단점

탈중앙화 시스템, 그중에서도 특히 블록체인에는 여러 장점이 있지만 그렇다고 완벽한 것은 아니다. 탈중앙화 시스템에서는 모든 것을 스스로 해결해야 한다. 문제가 생겨도 연락을 취할 고객 서비스 센터는 없다. 온라인에서 신용카드로 상품을 주문했는데 판매자가 상품을 보내주지 않는다면, 신용카드 회사에 연락해 결제를 취소할 수 있다. 마찬가지로 신용카드를 분실하거나 도난당하더라도 신용카드 회사에 연락해서 분실신고를 함으로써 부정결제로부터 보호받을 수 있다.

NFT 마켓플레이스는 NFT 판매자와 구매자 사이에서 중앙화된 중개자 역할을 수행하며 거래 과정 중에 문제가 발생하면 마켓플레이스 측에 연락하여 도움을 청할 수 있다. 하지만 문제의 내용에 따라 마켓플레이스가 도움을 줄 수 있는 부분이 거의 없는 경우도 있다.

온라인에서 암호화폐로 상품을 구매했는데 판매자가 구매한 상품을 보내주지 않는다면 취할 수 있는 방법이 사실상 없다. 모든 암호화폐 전송은 최종적이고 절대적이다(이를 변제의 최종성이라 한다). 일단 암호화폐(NFT 포함)를 보내고 나면 받은 사람이 다시 보내주지 않는 이상 돌려받을 방법은 없다. 따라서 암호화폐로 지불하거나 NFT를 구입할 때는 평판이 좋은 상대와 거래하는 것이 매우 중요하다. 암호화폐 업계에는 사기꾼들이 많으니 암호화폐나 NFT를 주고받을 때 특히 주의하자.

또한 중개자가 없는 시스템을 활용하는 경우 개인의 책임이 커진다. 블록체인에서 취하는 모든 행동과 그 결과에 대한 책임은 스스로가 져야 한다. 우선 블록체인상에서 거래 상대가 믿을 수 있는 상대인지를 결정하는 것은 각자의 몫이다. 직접 조사해서 잘 알아보도록 하자. 리뷰를 검색해보고, 상대의 텔레그램이나 다른 SNS를 통해 질문도 던져보자. 당연하지만 잘 알려진, 평판이 좋은 회사나 개인과 거래를 하는 것이 가장 좋다. 사기도 매우 조심해야 한다. 만약 조건이 너무 좋다면 사기일 가능성이 높다.

암호화폐와 NFT를 안전하게 지키는 것 또한 각자의 몫이다. 누군가가 당신의 온라인 뱅킹 암호를 탈취해서 계좌에 있는 돈을 모두 빼냈다면 신속히 은행에 신고함으로써 피해를 최소화하고 돈을 돌려받을 수도 있다. 그러나 누군가가 당신의 암호화폐 지갑의 접근 권한을 탈취해서 지갑에 있는 암호화폐와 NFT

를 모두 빼냈다면, 이 경우에는 손쓸 방도가 전혀 없다. 지갑의 프라이빗 키가 도용되지 않도록 안전하게 지키는 것은 전적으로 각자의 책임이다. 지갑의 프라이빗 키를 안전하게 지키는 방법에 대해서는 챕터 6에서 자세히 다룬다.

암호화폐 업계에는 수많은 사기꾼들이 있다. 사기꾼은 그들에게 암호화폐를 보내도록 유도할 뿐만 아니라, 지갑의 프라이빗 키를 빼앗으려 하기도 한다. 암호화폐 사기에는 다양한 유형이 있는데, 그중에서 특히 조심해야 할 것들을 몇 가지 살펴보면 다음과 같다.

웹사이트 사칭

사기꾼들은 원본 웹사이트와 동일한 사칭 웹사이트를 만들기도 한다. 첫 번째로 사이트가 안전한지 확인해야한다. 주소가 https로 시작하며 주소창에 자물쇠 아이콘이 보여야 한다. 두 번째로 도메인 이름에 오타가 있거나 알파벳 O대신 숫자 0이 있지는 않은 지 확인해야 한다. 또한 웹브라우저의 주소창에 주소를 입력할 때도 주의를 기울이자. 자주 방문하는 거래소 등의 사이트는 즐겨찾기로 지정해두는 것도 좋은 방법이다.

운영자 사칭

암호화폐나 NFT 마켓플레이스가 인터넷상의 이용자들과

소통하고 새로운 소식을 전달하기 위한 용도로 가장 많이 사용하는 소셜미디어는 텔레그램과 디스코드다. 일부 암호화폐나 NFT 마켓플레이스는 이러한 소셜미디어를 고객 문의 응대 용도로 사용하기도 한다. 사기꾼들은 특정 운영자와 동일한 프로필 사진을 쓰고 사용자 이름을 살짝만 바꾸는 형태로 운영자를 사칭하기도 한다. 정상적인 운영자라면 암호화폐나 NFT를 보내달라거나 지갑의 프라이빗 키를 알려달라고 요청하는 일이 없으니 주의를 기울인다.

가짜 모바일 앱

사기꾼들은 사칭 웹사이트에 그치지 않고 애플 앱스토어나 구글플레이 스토어에 가짜 모바일 애플리케이션까지 만들어서 운영하고 있으며 많은 사람이 여전히 이 수법의 먹잇감이 되고 있다. 실제로 2021년 2월, 앱스토어에서 가짜 암호화폐 지갑 트레조Trezor 애플리케이션을 받은 사용자는 순식간에 평생 모아둔 17.1 비트코인을 모두 잃어버렸다. 애플과 구글이 가짜 모바일 애플리케이션을 근절하기 위해 노력 중이지만 사기꾼의 수법도 나날이 정교해지고 있다. 암호화폐나 NFT를 잃고 싶지 않다면 다운로드받는 앱이 회사, 거래소, NFT 마켓플레이스의 공식 애플리케이션이 맞는지 확인하도록 하자.

이메일 사기

피싱 이메일은 정상적인 이메일과 구분하기가 쉽지 않다. 심지어는 보낸 사람도 진짜처럼 보이도록 속이는 경우도 있다. 따라서 이메일의 진위를 확인하는 것이 중요하다. 메일의 내용을 확인하기 위해 회사에 전화를 걸어보거나, 회사의 소셜미디어 계정 운영자에게 질문을 보내보는 방법도 있다. 메일의 진위를 100% 확신하지 않는 이상 암호화폐나 NFT에 관련된 이메일에 포함된 링크는 절대 열어보아서는 안 된다. 이러한 사건 사고나 팁은 암호화폐 업계에만 국한된 것은 아니다. 하지만 암호화폐 세상에서는 실수의 대가가 매우 클 수 있고, 한 번 벌어진 일은 되돌릴 수 없으므로 더욱 조심하는 것이 좋겠다.

해킹 위험

다른 시스템과 마찬가지로 블록체인에 관계된 프로젝트도 언제든지 해킹을 당할 수 있다. 블록체인 보안 전문업체 슬로우미스트SlowMist에 따르면 블록체인과 관련된 해킹으로 인한 손실액이 145억 달러를 넘는다고 한다. 2020년에는 세 가지 주요 영역에서 다수의 해킹 사건이 발생했다.

- 이더리움 네트워크의 탈중앙화 앱(dApps)이 총 47회 공격을 받아 4억 3,700만 달러의 손실을 입음

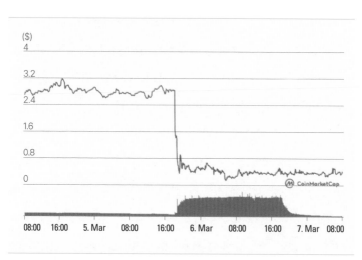

그림 3.5 해킹 당일 PAID 토큰의 가격 추이

- 암호화폐 거래소가 총 28회의 공격을 받아 3억 달러의 손실을 입음
- 블록체인 지갑이 공격을 받아 30억 달러의 손실을 입음. 손실 금액은 2021년
  1월 기준임

    NFT를 보관하는 블록체인 지갑이나 마켓플레이스의 계정도 얼마든지 해킹을 당할 수 있다. 2021년 3월에는 니프티 게이트웨이의 일부 계정이 해킹을 당해 수천 달러 상당의 NFT가 도난당했다. 이 해킹은 2단계 인증을 사용하지 않은 일부 계정에서만 발생했는데, 다행히 해킹 피해는 더 커지지 않았다. 주의를 기울이지 않는다면 블록체인 지갑도 해킹에 취약해질 수 있다.

한 번 해킹이 발생하면 회복할 수 있는 방법이 없으므로 잘 지켜야 한다.

토큰이 직접 해킹을 당할 수도 있다. 2021년 3월, 페이드PAID 토큰의 스마트 컨트랙트가 해킹을 당해 해커에게 6,000만 개의 토큰이 부정 발급되었으며, 해커는 이 중 300만 달러어치를 한꺼번에 거래소에 팔아서 큰 이득을 챙겼다. 이 결과 거래소에서 페이드 토큰의 가격은 급락했다. 다행히도 페이드 팀이 많은 투자자가 유입되도록 노력한 결과 토큰은 일정 수준을 다시 회복했으나 페이드 토큰처럼 해킹 피해를 이겨낸 프로젝트는 매우 드물다(그림 3.5).

공격 위험

블록체인은 잠재적으로 51% 공격을 받을 가능성이 있다. 51% 공격이란 특정 채굴자(검증자) 집단이 50%를 초과하는 해시 파워를 통제하는 상황을 뜻한다. 이 경우 51% 공격을 시도하는 집단은 일부 혹은 전체 사용자간의 거래를 멈추거나 최근의 거래를 되돌려 코인이 이중지불(double spending, 디지털 화폐 시스템에서 동일한 금액을 중복해서 지불할 수 있는 문제)을 유도할 수도 있다. 2018년에는 비트코인골드BTG가 51% 공격을 받아 무려 1,800만 달러 상당의 이중지불이 발생했다.

블록체인 유기

적지 않은 블록체인들이 개발자로부터 버림을 받는다. 이러한 블록체인은 '데드코인'이라고도 불린다. 블록체인 프로젝트가 버려지는 이유로는 개발 자금이 부족했거나, 거래량이 부족했거나, 거래를 승인할 채굴자나 검증자가 부족했거나, 애초에 처음부터 프로젝트의 목적이 사기였거나, 앞서 나열한 이유들이 복합적으로 작용했기 때문일 수 있다.

가격 변동성

암호화폐의 가격은 순수하게 시장의 힘에 따라 결정되므로 가격 변동성이 매우 커질 수 있다. 미국 연방준비제도처럼 가격 안정을 위해 금리를 조정하거나 여러 정책을 결정할 기관이 존재하지 않는다. 암호화폐 시장은 군중심리가 자주 작용하는 편이어서, 호재로 인해 특정 코인이나 토큰의 가격이 오르면 사람들이 따라서 매수함으로써 가격이 폭등하는 경우가 종종 발생한다. 반대로 몇몇 부정적인 뉴스로 인해서 코인이나 토큰의 가격이 내리면 투매Panic Selling로 이어져 망하기도 한다. 게다가 거래량이 낮은 코인이나 토큰의 경우, 상대적으로 적은 거래로도 가격을 한쪽으로 치우치게 할 수 있다. 코인이나 토큰의 가격을 인위적으로 조정할 수 있을 정도의 자본을 가진 고래(특정 코인이나 토큰을 대량으로 보유하고 있는 큰손)도 많다.

몇몇 사람들이 공모해 특정 코인이나 토큰을 산 후 인위적으로 가격을 끌어올리는(펌핑) 전통적인 펌프-앤드-덤프 수법pump-and-dump scheme도 있다. 개미들의 추격매수로 가격이 오르면 미리 정해둔 가격에 코인이나 토큰을 팔아(덤핑) 큰 차익을 챙기며, 뒤늦게 높은 가격에 뛰어든 투자자는 손해를 보게 된다.

만약 NFT를 만들거나 팔거나 살 계획이라면, 그것은 곧 암호화폐 세계에 발을 들이는 것을 의미하므로 암호화폐의 가격은 변동이 매우 크다는 점을 명심하자. 디지털 자산과 NFT가 왜 가치를 갖는지에 대한 기술적인 이유를 살펴보았으니, NFT의 가치를 움직이는 외부 요인에 대해서도 살펴보도록 하자.

NFT의 가치를 움직이는 외부 요인

"로건 폴의 NFT는 왜 500만 달러에 팔렸을까?"라는 질문에서부터 시작해보자. 이 이야기는 한 명의 유튜버와 평범한 동영상 한 편이 얽혀 NFT 역사상 최대 규모의 NFT 판매 건으로 기록된 사연에 관한 것이다. 유명 유튜버 로건 폴Logan Paul은 플로이드 메이웨더Floyd Mayweather와 같은 유명인과 복싱 경기를 한 것으로도 유명한데, 로건 폴은 2020년 10월에 유튜브에서 "20만 달러짜리 초회판 포켓몬 박스 언박싱Opening the $200,000 1st Edition Pokemon Box"라는 제목의 라이브 방송을 진행했다.

유튜브의 여느 동영상처럼 자극적인 제목이 시청자들을 불러

모았고, 로건 폴의 방송은 30만 명 이상의 라이브 시청자를 모았을 뿐만 아니라 지금까지 총 1,100만 회의 조회수를 기록했다. 라이브 방송 중에는 정신병에 대한 인식을 높이기 위한 모금이 진행되어 13만 달러가 모이기도 했다.

영상의 제목이 사람들의 흥미를 불러일으킨 건 확실했다. "20만 달러 포켓몬 박스에는 대체 무엇이 들어 있을까? 그리고 대체 누가 종이 카드에 그려진 그림을 그렇게 비싼 돈을 주고 샀을까?"

각 박스에는 카드 팩 36개가 들어 있으며 한 팩에는 포켓몬 카드 10장이 들어 있다. 하지만 구매자들이 원한 것은 총 360장의 카드 전체가 아니라 그들이 찾고 있는 홀로그램 포켓몬 딱 한 장이었다. 홀로그램 포켓몬은 희소성이 높으므로 다른 카드에 비해 가치가 높다. 물론 훨씬 더 멋있어 보이기도 한다. 운 좋게 홀로그램 리자몽 카드를 뽑는다면, 그 가치는 35만 달러에 이를 수도 있다. 게다가 초회판 박스는 20년도 더 전에 포켓몬 카드 게임이 처음 시작된 당시에 만들어졌으므로 더더욱 희소성을 높였다.

포켓몬 프랜차이즈가 더 잘 팔리기 위해서 로건 폴의 도움이 필요한 것은 아니다. 포켓몬 관련 상품은 전 세계에서 지금까지 1,000억 달러 넘게 판매되었으며, 포켓몬은 스타워즈, 미키 마우스, 슈퍼 마리오를 누르고 전 세계 미디어 프랜차이즈 매출 순위에서 1위를 차지했다. 포켓몬 프랜차이즈에 대한 관심은 변함이 없지만, 로건의 라이브 방송은 카드 수집 시장에 관한 관심을 높이고 수집가들의 경쟁에 다시금 불을 붙였다. 특히 로건의 라이브 방송은 초회판 상자의 재판매 시장에 큰 영향을 미쳤다.

로건의 라이브 방송 이후, 초회판 박스의 재판매 시장은 급속도로 커졌다. 수년 전 혹은 수십 년 전에 구매된 미개봉 상태의 초회판 박스는 30~40만 달러를 호가했다. 참고로, 2007년에 초회판 박스의 가격은 500달러에 불과했다. 언박싱 영상의 성공에 고무된 로건은 이번에는 경매와 NFT를 동원해 큰 규모의 초회판 박스 언박싱 이벤트를 준비했다. 4개월이 지난 2021년 2월, 로건은 새로운 초회판 포켓몬 박스 언박싱 방송을 예고했다. 이번 방송은 시청자들도 함께 참여하여 포켓몬 수집품으로 돈을 벌 기회를 얻을 수 있도록 기획되었다. 로건은 박스에 들어 있는 36개의 팩을 하나씩 경매에 부쳤으며, 낙찰자는 팩뿐만 아니라 로건의 〈1st Break NFT〉를 선물로 받았다. 경매는 순조롭게 진행되어 각 팩은 평균 3만 8,000달러에 판매되었다. 총 판매 금액이 100만 달러를 넘었는데, 박스 시세가 30만 달러인 점을 생각하면 ROI(투자자본수익률)가 나쁘지 않은 편이었다.

로건은 여기서 멈추지 않고, 총 3,000개 에디션으로 구성된 그의 〈박스 브레이커Box Breaker NFT〉를 개당 1ETH에 판매했다. 구매자는 자동으로 추첨에 참여하게 되는데, 그 중 3명의 당첨자에게는 36개 팩 중 하나와 캘리포니아 왕복 항공권 및 로건의 라이브 언박싱에 직접 참여할 기회가 제공되었다. 결과적으로 총 3,000개의 〈추첨 티켓 NFT〉 중 약 2,500개가 각각 1ETH의 가격에 판매되며 로건은 떼돈을 벌었다. 로건의 NFT의 정확한 판매 금액 규모는 확인할 방법이 없으나, 대부분 500만 달러 안 팎이었을 것으로 추정하고 있다.

사람들이 로건의 NFT를 산 이유는 로건이 유명한 유튜버이고 그의 인기가 앞으로도 점점 높아져서 NFT의 가격도 함께 높아질 것으로 믿었기 때문일까? 아니면 이 〈박스 브레이커 NFT〉의 가격이 더 유명한 수집품인 포켓몬 카드만으로도 충분히 설명될 수 있는 걸까?

로건의 NFT는 진정한 NFT가 아니라 단지 NFT의 형태로 발급되고 판매된 포켓몬 추첨 티켓에 불과하다는 의견도 있다. 로건의 NFT의 가격이 처음 판매 직후 폭락했음을 고려하면 이 의견은 더욱 설득력을 얻는다. 1ETH의 가격에 판매된 〈박스 브레이커 NFT〉는 현재 마켓플레이스에서 원래 가격의 1/10, 심지어 가끔씩은 1/100의 가격에 판매되고 있다. 우리는 여기서 무엇을 배울 수 있을까?

· 많은 창작자가 자신의 NFT의 가치를 높이기 위해서 실물 상품을 이용하고 있다. 챕터2에서 다뤘듯이, 대부분의 NFT 마켓플레이스는 잠금 해제 콘텐

츠나 특전을 통해 NFT 판매에 실물 상품을 포함하는 것을 허용하고 있다. 이러한 기능을 이용하면 이미 일정 가치가 있는 것을 NFT에 더함으로써 NFT의 가치를 높일 수 있다.

- NFT의 가치는 변동이 크다. 본 챕터에서 다뤘듯이 NFT에 사용된 기술은 사기나 위조, 공급량 조작을 방지할 수 있다. 하지만 개별 NFT에 대한 수요는 언제든지 변할 수 있다. 그리고 로건의 NFT의 사례에서 볼 수 있듯이, 잠금 해제 콘텐츠나 특전을 통해 제공된 실물 상품이 다 사용되고 나면 NFT의 디지털 부분의 가격은 실물 상품의 가치만큼 떨어지게 된다.

이 장에서는 전통적인 수집품 시장과 디지털 수집품의 결합에 대해 다뤄보고자 했다. NFT의 가치가 앞으로도 계속 인정받을 수 있을지는 명확하지 않다. 그리고 최근 NFT에 뛰어들고 있는 다수의 창작자는 과거에 수집품 시장에서 통했던 것들을 디지털 수집품과 결합하는 데 많이 의존하는 경향을 보인다.

개별 NFT는 앞으로 수요가 어떻게 변할지를 아무도 예측할 수 없으므로 그다지 수요가 높지 않은 편이다. 따라서 NFT의 가치가 오를 것이라는 보장도 전혀 없다. 그런 측면에서 포켓몬과 NFT를 결합한 로건의 NFT는 한편으로는 천재적이면서 한편으로는 디지털 자산으로서의 NFT의 존재 목적에 반하는 것이기도 하다.

본질적으로 NFT가 희소하고 가치를 갖는 것은 NFT의 밑바

탕에 있는 기술 때문이지만, 어떤 NFT, 혹은 어떤 NFT 창작자가 앞으로도 계속 높은 인기를 얻게 될지는 아무도 모른다. 앞서 살펴보았듯이, 수집품의 가치는 시장의 수요에 좌우된다. 더 많은 사람이 원할수록 가격은 더 오른다.

로건이 앞으로도 계속 훌륭한 크리에이터이자 언박싱 유저로 성장한다면, 이론적으로는 로건의 NFT 수집 카드도 로건의 브랜드의 성장을 반영하게 될 것이다. 하지만 사람들이 NFT를 만들고 모은다고 해서 NFT의 가치가 앞으로도 계속 성장할지를 단언하기에는 NFT 시장에는 여전히 미지수가 너무 많다. 결국 모든 것은 시장이 결정할 것이다.

Chapter 4

NFT의 역사

모든 역사가 그러하듯 역사가 시작된 특정한 순간을 찾기란 매우 힘든 일이다. 하지만 역사상 의미 있는 변화를 촉발한 순간은 제법 뚜렷하게 구분되는 경우가 많다. 이런 작은 순간들이 동시다발적으로 일어나고 합쳐지면서 역사를 만들어나가게 된다.

NFT의 역사는 모호한 편이다. NFT를 존재하게 한 지난 수십 년 동안의 디지털아트 역사를 생각해보면 NFT의 시작을 세계 최초의 블록체인이 만들어진 2008년으로 보는 것은 적절치 못하다. 또한 미술 수집가를 새롭게 규정하며 미술품 수집의 저변을 넓힌 디지털아트 이외의 예술 사조도 간과해서는 안 된다.

앤디 워홀과 팝아트, 마이크 윈켈만과 사이버펑크 컬렉션, 디지털 혁신가들의 행보가 NFT의 역사에서 중요한 역할을 해왔다.

팝아트와 앤디 워홀

앤디 워홀의 〈캠벨 수프 통조림Campbell's Soup Cans〉이나 〈메릴린 먼로 두 폭Marilyn Diptych〉이 창작되기 몇 년 전인 1950년대에는 미국 뉴욕시의 세렌디피티Serendipity라는 이름의 카페에서 앤디 워홀의 작품을 만날 수 있었다. 그곳에서 앤디 워홀은 뉴욕시의 유명 인사들을 구경하며 자신의 작품과 빵을 교환하곤 했다.

뉴욕 매디슨 애비뉴에서 앤디 워홀은 광고 산업에 주목했다. 가난한 슬로바키아계 이민자 가정에서 태어나 대공황을 겪은 앤디 워홀은 전후 자본주의에 매료되었다. 공장은 가난한 사람도 양질의 제품을 쓸 수 있을 만큼 많은 제품을 생산해냈다. 훗날 앤디 워홀은 이렇게 말했다.

"미국의 위대한 점은 가장 풍족한 소비자나 가장 가난한 소비자가 본질적으로 같은 물건을 소비하는 세상을 만들었다는 점입니다. TV를 보다 보면 콜라가 나오죠. 대통령도 콜라를 마시고, 리즈 테일러도 콜라를 마시고, 그 콜라를 나도 마실 수 있습니다. 콜라는 콜라일 뿐이고, 아무리 돈을 많이 준다고 한들 골목 구석의 부랑인이 마시는 콜라보다 더 나은 콜라를 마실 수도 없습니다. 모든 콜라가 똑같고 모든 콜라가 맛있죠."

　전후 미국에는 소비지상주의가 태동했고, 앤디 워홀도 여기에 동참했다. 앤디 워홀은 『글래머Glamour』나 티파니Tiffany & Co. 같은 클라이언트의 잡지나 광고에 삽화를 그리며 매디슨 애비뉴에서 큰 성공을 거뒀다. 앤디 워홀은 광고 업계 종사자나 소비자들로부터 많은 존경을 받았다. 그의 사후 〈팝아트 이전의 워홀Warhol Before Pop〉이라는 제목의 전시가 열리기도 했다. 하지만 그의 계좌 잔고가 불어날수록 그의 야망도 함께 커졌다. 앤디 워홀은 상업 일러스트레이터로서가 아니라, 미술계에서 인정받기를 원했다.

　앤디 워홀의 유명세에도 불구하고, 예술가로서의 앤디 워홀의 시작은 비교적 수수했다. 미국 캘리포니아 웨스트할리우드의 페루스 갤러리Ferus Gallery에서 열린 앤디 워홀의 첫 번째 개인전에서는 앤디 워홀의 대표작인 〈캠벨 수프 통조림〉 32점을 처음으로 선보였는데, 컬렉션 중 단 한 점이 판매되고 네 점이 예약되는 데 그쳤다. 하지만 갤러리 소유주 중 한 명인 어빙 블룸Irving Blum이 선견지명이 있었던지, 아니면 운이 좋았던지 네 건의 예약을 모두 취소시키고 이미 판매된 작품도 돈을 돌려주고 다시 회수했다. 이후 어빙 블룸은 앤디 워홀과 계약을 맺고 32점 전체 컬렉션을 1,000달러에 구매했다. 약 26년 후, 뉴욕현대미술관

MoMA, Museum of Modern Art은 이 컬렉션을 1,500만 달러에 구매했다. 전시 이후, 앤디 워홀은 더욱 실력을 쌓아가며 당시 순조롭게 진행 중이던 팝아트 사조에 발을 들였다.

팝아트는 대중의 참여와 감상을 끌어낸 첫 번째 미학이라는 점에서 그 의의가 있다. 팝아트는 엘리트주의 문화를 비판하며 엘리트주의 문화 대신 대중문화를 뮤즈로 삼았다. 만화 캐릭터, 광고, 대량생산제품이 팝아트의 단골 소재가 되었다. 팝아트는 일반인이 쉽게 접할 수 있는 첫 번째 예술 사조였다. 그리고 앤디 워홀은 이것이 어떤 의미인지를 누구보다도 잘 알았다.

앤디 워홀은 당시 부상하던 소비지상주의를 반영한 작품을 지속해서 제작했다. 앤디 워홀은 미국인에게 가장 친숙한 요소에 초점을 두고 상업예술이나 대중문화 등에서 이미지를 차용했으며, 이를 조금씩 변형해 새로운 시각을 더했다. 〈캠벨 수프 통조림〉과 〈메릴린 먼로 두 폭〉, 〈코카콜라 3Coca-Cola 3〉, 〈트리플 엘비스Triple Elvis〉, 〈브릴로 박스Brillo Box〉 등 앤디 워홀의 작품은 '다수가 쉽게 접할 수 있는' 미술이 자리 잡는 데 기여했다.

앤디 워홀은 내성적이고 신비로운 유명인으로서의 페르소나를 구축함으로써 본인과 작품의 존재감을 키워나갔다. 워홀의 주변에는 늘 예술가와 유명인들이 모여들었다. 그리고 이 모든 것은 앤디 워홀이 그 자신이 살아 있는 아이콘이자 하나의 팝아트 작품으로 성장하는 데 일조했다. 팝아트는 역설적인 접근법으로 유명하지만, 정작 앤디 워홀이 그의 작품을 통해 역설적으로 드러내고자 했던 바를 이해하는 사람은 많지 않다. 앤디 워홀은 일상적으로 접하면서도 천천히 살펴보지 않고 지나치기 쉬운 이미지를 강조함으로써 예술의 감상을 확장하고자 했다. 포장 라벨, 유명인, 재난 현장의 사진, 이 모두가 작품의 주제였다.

앤디 워홀의 스타일은 마르셀 뒤샹Marcel Duchamp의 레디메이드 readymade를 계승했다. 레디메이드는 일상적인 사물을 조금 변경한 것이나 일반적으로 예술의 소재로는 여겨지지 않는 물건으로 만든 예술 스타일을 뜻한다. 마찬가지로 앤디 워홀의 팝아트는 사회의 다양한 상품을 예술로 바라보게 함으로써 우리 주변에 존재하는 예술을 일깨워준다.

유명인이건, 가정용품이건, 뉴스에 나온 사진이건, 앤디 워홀에게는 훌륭한 작품 소재가 되었다. 앤디 워홀은 우리가 일상적으로 소비하는 물건의 이미지를 본 따고, 복제하고, 눈에 확 띄는 색을 더해 우리가 작품의 주제를 바로 알아볼 수 있을 정도로 친숙하면서도 어딘가 한 번 더 들여다보게 만드는 신선함이 있는 작품을 창조해냈다. 앤디 워홀은 소비지상주의를 강조해 마치 자본주의라는 기계의 톱니바퀴처럼 우리 모두를 작품에 집어넣었으며, 우리 눈을 가리고 있던 베일을 벗겨내고 우리가 좀 더 주변 환경을 세심히 바라보게끔 했다.

수십 년이 지난 지금도 앤디 워홀의 미학은 많은 예술 초보자들이 쉽게 예술 감상에 접근할 수 있도록 도움을 주고 있다. 앤디 워홀은 기술적인 세부나 깊이를 단순함으로 대신했으며, 이는 앤디 워홀 본인이 광고 산업에 종사하던 시절에 대한 오마주로 느껴지기도 한다. 앤디 워홀의 유산은 다양한 혁신에 영향을 미쳤다.

앤디 워홀이 제시한 예술의 본질에 대한 신선하고 새로운 방식은 NFT에도 많은 영향을 미쳤다. 앤디 워홀은 팝아트의 창시자가 아니었음에도 순식간에 팝아트의 대표주자가 되었다. 팝아트는 예술 감상을 대중화하는 데 큰 영향을 미쳤다. 팝아트 작품의 주제가 대중문화의 일부 요소를 다뤘던 까닭에 일반인들도 작품의 소재를 바로 인식할 수 있었기 때문이다. 아무런 사전 지식 없이도 소비 경험만 있다면 충분했다. 브릴로 수세미Brillo Soap Pads를 사거나, 일간 신문의 만화를 읽거나, 영화를 보는 것만으로 사람들은 팝아트를 감상할 수 있었다.

팝아트가 등장하지 않았다면 오늘날처럼 다양한 소득 수준의 수많은 미술 수집가가 존재하지 못했을 것이며, 무엇인가를 예술작품으로 인식하는 우리의 기준 또한 지금보다 훨씬 편협했을 것이다. 같은 맥락에서, 새롭게 등장한 NFT 커뮤니티나 NBA 톱숏, 로건 폴 박스 브레이커Logan Paul Box Breaker, 크립토키티, 비플의 NFT처럼 오늘날에는 팝아트로 분류될 수 있는 디지털아트 수집품도 팝아트 없이는 존재할 수 없었을 것이다.

오늘날 우리가 앤디 워홀의 아이디어와 통찰력의 혜택을 받고 있다는 점에는 의심의 여지가 없다. 앤디 워홀은 매체에 구애받지 않고 실크스크린부터, 판화, 사진, 비디오카메라, 복사기에 이르기까지 다양한 방법으로 작품을 창작했다. 하지만 앤디 워홀이 초기 디지털아트 기술에도 발을 담갔다는 사실을 아는 사람은 많지 않다. 1985년, 컴퓨터 회사 코모도어Commodore가 미국 뉴욕시 링컨 센터에서 개인용 컴퓨터 신제품인 아미가 1000Amiga 1000을 발표했다. 1984년에 공개되어 크게 화제가 됐던 애플의 매킨토시 광고를 넘어서고자 코모도어는 앤디 워홀과 데비 해리(Debbie Harry, 미국의 싱어송라이터)를 기용해 '아미가 1000 프로페인트ProPaint' 기능을 시연하는 행사를 진행했다.

행사에서 앤디 워홀은 아미가 컴퓨터 앞에 앉아 데비 해리의 디지털 사진을 찍어서 아미가에 업로드한 후 데비 해리의 초상화를 메릴린 먼로 작품과 유사한 스타일로 변형했다. 디지털 사진이 앤디 워홀의 손을 거쳐 디지털 초상화로 완성되기까지는 1분 남짓한 시간밖에 들지 않았다. 그림이 완성된 후 아미가 소속 아티스트 잭 해거Jack Hager는 앤디 워홀에게 "예전에는 어떤 컴퓨터에서 작업하셨나요?"라고 물었고, 앤디 워홀은 "다른 컴퓨터에서는 작업해본 적이 없습니다. 아미가 1000이 나오기만을 기다렸어요"라고 답했다.

연예인의 상투적인 홍보 멘트처럼 들리지만 실제로는 그렇지 않았다. 앤디 워홀은 아미가 1000을 사용해 작품을 만들기도 했다. 그는 아미가 1000으로 제작한 〈유 아 더 원You Are The One〉이라는 단편 영화를 만들었다. 앤디 워홀은 1950년대 신문 기사에 등장한 메릴린 먼로의 사진 20장을 아미가로 변형하고 여기에 음악을 입혔다.

앤디 워홀 사후, 그의 아미가 컴퓨터와 플로피 디스크는 워홀 뮤지엄의 수장고에 보관되었다. 오랫동안 잊히기는 했어도 다행히 소실되지는 않았다. 그로부터 거의 30년이 지나, 카네기미술관이 앤디 워홀의 디지털 작품을 복원하기로 했고, 작업 끝에 20여 점에 달하는 앤디 워홀의 미공개 디지털 작품이 세상의 빛을 보게 되었다. 안타깝게도 앤디 워홀은 디지털아트가 미술계의 중심을 차지하는 것을 보지 못하고 눈을 감았지만, 그의 공헌은 디지털아트의 역사에 하나의 작은 이야기로 남아 있다. 만약 앤디 워홀이 수십 년 더 늦게 태어났다면, 지난 15년간 꾸준하게 디지털아트를 창작해온 비플과 비슷한 길을 걸었을 것이다.

사이버펑크가 NFT를 만나다

예술가가 생전에 세상의 인정을 받기란 매우 드문 일이다. 하물며 입이 거친 모범생 컴퓨터공학자가 디지털아트라는 완전히 새로운 예술 사조의 대표주자가 되어 콧대 높은 크리스티 경매에서 6,900만 달러가 넘는 가격에 작품을 판매하기란 더더욱 그렇다. 마이클 윈켈만은 『더 뉴요커The New Yorker』와의 인터뷰에서 이렇게 말했다.

"사람은 컴퓨터 한 대로 무엇을 할 수 있을까요? 컴퓨터 앞에서는 모두가 평등해진다는 점에서 저는 이 질문이 참 멋진 발상이라고 늘 생각했습니다."

마이클 윈켈만은 퍼듀대학교 재학 시에는 비디오게임 개발자를 꿈꿨으나 대학 졸업 후에는 웹디자이너로 사회생활을 시작했다. 그의 컴퓨터와 예술에 대한 열정은 취미 생활에서 빛을 발했다. 그가 모션그래픽계에서 처음 경험한 성공은 디제잉을 위한 반복 영상을 제작하면서부터였다. 쉽게 얘기하면 오늘날 EDM 콘서트장에서 볼 수 있는 추상적인 모양과 빛을 떠올려보면 된다. DJ 지망생이기도 했던 그는 처음에는 취미용 영상을 제작했지만, 나중에는 다른 DJ들도 무료로 영상을 받아서 이용해볼 수 있도록 자료를 공개했다. 마이클 윈켈만은 시네마4DCinema4D와 같은 모델링, 비주얼 소프트웨어를 사용하여 만들 수 있는 가상세계와 디지털 창작에 흠뻑 빠져들었다. 그는 이러한 도구를 바로 사용해볼 수 있는 기술적인 지식을 갖추고 있었지만 예술 방면의 솜씨가 부족했다. 우선은 그림을 어떻게 그리는지부터 배워야 했다.

2007년경, 그는 스케치 아티스트 톰 주드Tom Juud로부터 아이디어를 얻었다. 매일 한 장씩 그림을 그리면 0에서 완성에 이르기까지 단계적으로 날마다 실력이 는다는 개념이 바로 마이클 윈켈만이 원했던 것이었다. 그는 비플이라는 예명으로 매일 그림을 그렸고, 비플의 〈에브리데이즈〉는 이렇게 탄생했다.

〈에브리데이즈〉의 처음 1년은 주로 스케치, 자화상, 낙서들로 채워졌다. 2년 차부터 오늘날 우리가 아는 비플의 모습을 갖추기 시작했다. 시네마4D와 같은 새로운 도구를 배우고 그 결과를 선보임으로써 비플의 실력은 하루가 다르게 성장했다. 사이버펑크는 에브리데이즈의 주된 모티프가 되었으며, 비플은 업계 최고의 모션그래픽 소프트웨어를 이용하여 유토피아와 디스토피아의 세계를 그린 작품들을 만들었다.

사이버펑크는 1960년대에 처음 등장한 이후 많은 이들의 지지를 받는 장르다. 초기 기술 지지자들이 그렸던 유토피아의 꿈에 대한 안티테제antithesis로 등장한 사이버펑크는 높은 수준의 기술적 성취와 사회 질서의 급진적인 붕괴가 뒤섞인 디스토피아적인 미래 사회의 모습을 그렸다. 멈출 수 없는 기술 발전에 뿌리를 둔 사이버펑크는 오늘날 우리 사회의 모습과 일맥상통하며, 기술이 진보할수록 더욱 현실에 가깝게 느껴질 것이다. 또한 사이버펑크는 지난 수십 년간 창작물의 소재로 많이 다뤄지며 굳건한 팬 기반을 구축했다.

필립 K. 딕Philip K. Dick의 초기작이나 아이작 아시모프Isaac Asimov
의 소설에서부터 영화 〈블레이드 러너〉, 최고의 애니메이션 중
하나로 꼽히는 〈아키라〉, 〈매트릭스〉 3부작, 〈마이너리티 리포
트〉, 넷플릭스의 〈블랙 미러〉 시리즈 및 그 외에도 수천 개의 작
품에 이르기까지, 사이버펑크는 전 세계적으로 큰 인기를 누리
고 있다. 사람들은 유토피아보다는 우리 현실과 너무나도 닮은
디스토피아의 악몽을 소비하는 것을 더 즐기는 듯하다.

비플이 〈에브리데이즈〉 주재로 사이버펑크를 고른 것은 최고
의 선택이었다. 마이클 윈켈만은 매일 꾸준히 작품을 하나씩 만
들었다. 〈에브리데이즈〉를 만들면서 사전 기획이나 사전 제작
은 없었다. 귀찮을 때 꺼내서 쓸 수 있는 비축 작품도 없었다. 오
로지 사람 한 명과 컴퓨터 한 대가 있을 뿐이었다. 미디어 브랜
드 더 퓨처The Futur의 크리스 도Chris Do는 그의 창작 과정을 1년에
365번의 마라톤을 뛰는 마이클 샤틱Michael Shattuck에 비유하기도
했다.

총 5,000개 작품이 넘는 마이클 윈켈만의 〈에브리데이즈〉는
인류 역사상 가장 방대한 디지털아트 컬렉션이다. 그는 〈에브리
데이즈〉를 공유해 엄청난 규모의 사이버펑크 팬을 만들어내기
도 했다. 늘 겸손한 마이클 윈켈만은 지금도 여전히 자신의 모션
디자인이 형편없다고 주장하지만, 그의 작품들을 살펴보면 한
명의 예술가가 성장하는 과정을 확인할 수 있다.

〈에브리데이즈〉를 통해 유명 산업 디자이너로 발돋움한 마이클 윈켈만은 스페이스X, 애플, 나이키, 루이비통과 같은 브랜드와의 협업은 물론 및 슈퍼볼이나 각종 콘서트와 같은 행사 디자인에도 참여했다. 비플은 자신이 사랑한 일을 열심히 함으로써 스스로 성공을 이뤘다. NFT가 존재하지 않던 시절, 디지털아티스트가 유명해지는 방법은 엄청난 작품을 그려 기업의 광고 캠페인에 채택되는 방법이 거의 유일했다. 그런데 최근 수년간, 비플의 에브리데이즈는 점점 해괴해지기 시작했다. '해괴'보다 더 알맞은 단어를 찾지 못했다. 그의 작품에는 젖을 주는 도널드 트럼프, 내장을 쏟아내는 미키마우스, 도지코인의 상징인 커다란 시바견을 타는 헐벗은 일론 머스크가 등장한다. 비플이 사이버펑크 노선을 벗어났다기보다는 사이버펑크와 팝컬처 인물을 결합시킴으로써 끔찍한 현실을 재창조해냈다고 보는 것이 맞을 것 같다(그림 4.1).

『뉴욕타임스』의 팟캐스트 스웨이Sway의 진행자인 카라 스위셔Kara Swisher와의 인터뷰에서 비플은 자신의 작품을 이렇게 설명했다.

"제가 표현하고자 하는 것은 세상에는 기술과 관련한 이상한 일들이 많이 벌어진다는 점입니다. 그 누구도 의도하지 않았던 결과들이죠. 제 생각에 이런 일들은 앞으로 더 많아질 것 같고요.

그림 4.1 비플의 작품 세 편.〈국가의 탄생Birth of a Nation〉, 〈디즈니월드2020Disneyworld 2020〉, 〈대체불가 일론Non-Fungible Elon〉

도널드 트럼프는 우리가 미처 파악하지 못했던, 기술이 낳은 매우 해괴하고 의도치 않은 결과였다고 생각합니다."

비플의 작품 주제였던 사이버펑크는 이제 우리가 사는 전 세계로 뻗어 나가고 있다. 앤디 워홀의 팝아트가 당시 아직 미완성 단계의 소비지상주의를 고찰했듯이 비플의 사이버펑크 작품은 우리 생활 곳곳에서 점차 모습을 갖춰가고 있는 기술지상주의를 고찰하고 있다.

암호화폐, 블록체인, NFT의 발전 과정에서 비플의 등장은 너무나 시의적절했다. 2020년 10월, 비플은 처음으로 NFT를 선보였고, 이 NFT는 66,666.66달러에 판매되었다. 그리고 몇 달 후에는 이 가격의 100배인 660만 달러에 재판매되게 되었다. 2020년 12월에는 또 다른 NFT 작품이 350만 달러에 판매되었다. 그로부터 몇 달 뒤, 비플은 크리스티 경매소와 NFT 마켓플레이스인 메이커스 플레이스MakersPlace로부터 NFT 경매를 제안받았다. 크리스티 경매소는 에브리데이즈의 첫 5,000개 작품을 한 패키지로 묶어 NFT로 판매할 것을 제안했는데, 이 NFT는 6,900만 달러가 넘는 가격에 판매되었다.

비플의 〈에브리데이즈〉는 이 정도 금액에 걸맞은 완벽한 컬렉션이다. 한 명의 디지털아티스트로서 비플이 기술을 활용해 작품을 제작하고, 작품으로 새로운 기술을 시험하며, 획기적인 기술을 통해 작품을 판매하여 성공을 거둔 점이 너무나 완벽한 하나의 이야기가 되기 때문이다. 제프 쿤스Jeff Koons와 같은 기성 화가의 NFT가 역대 최고가로 거래되었다면 과연 우리에게 비플의 〈에브리데이즈〉와 같은 놀라움을 주었을까? 전혀 그렇지 않을 것이다.

사이버펑크는 NFT를 만들고, 알리고, 판매하는 데 사용되는 다양한 기술을 직접 고찰하는 예술 방식이라는 점에서 NFT 시대를 인도할 최고의 모티프라고 할 수 있다. 우리의 거의 모든 행동이 알고리즘의 영향을 받고 있으며, 우리의 삶에 기술이 관여하지 않는 순간은 단 1분도 없음을 생각해보면 사이버펑크는 과거보다 더 큰 의의를 지니고 있다.

사이버펑크를 고수한 비플의 선견지명은 매우 적절했다. 13년이 넘는 세월 동안 창작 의지를 잃지 않고 방대한 양의 작품을 창작함으로써 비플은 마침내 성공을 거둘 수 있었다. 비플 본인이 원하는지는 알 수 없지만, 앤디 워홀이 팝아트의 상징이 되었듯이 비플도 NFT의 상징이 되었다. 비플의 지속적인 작품 활동이 광고주의 의뢰에 의존하고 있거나 물리적인 형태로 작품을 만들어 판매 중인 전 세계의 디지털 네이티브 아티스트들의 성공에 물꼬를 터줄 것을 기대해본다.

비플의 에브리데이즈가 디지털아트 역사상 가장 높은 금액에 판매된 작품이기는 하나, 디지털아트의 유구한 역사나 이 분야의 예술가들이 수십년 동안 참고 견뎌야 했던 '진정한 예술 매체'가 아니라는 멸시까지 설명하기에는 부족한 감이 있다. 디지털아트의 역사는 마이클 윈켈만이 〈에브리데이즈〉를 처음 그리기로 한 시점보다 훨씬 더 과거로 거슬러 올라간다.

디지털아트의 역사

예술이란 무엇인가? 구글에 검색해보면 130억 개에 달하는 검색결과를 접할 수 있다. 하지만 이 130억 개의 검색결과 중 어느 것 하나도 예술의 범위를 제대로 답하지는 못한다. 예술을 정의하려 할 때마다 우리는 항상 기존의 예술을 분류하려고만 할 뿐 새로운 가능성을 놓치기 때문이다. 예술을 정의한다는 것은 한 편에 문을 활짝 열어두고 누군가가 들어와서 이전에는 생각도 못 한 새로운 형태의 예술을 우리에게 보여주기를 기다리는 것과도 같다.

수백 년간 예술은 그림, 프레스코 벽화, 조각, 음악, 그리고 시를 의미했다. 조금 더 넓은 의미로는 파르테논 신전이나 기자 피라미드와 같은 건축물을 포함하기도 했다. 마르셀 뒤샹은 무언가에 대해 '저것이 예술이다$_{that's\ art}$'라고 말할 수 있는 사람이 예술가라고 주장하며 예술에 대한 세상의 인식을 근본적으로 바꿔놓았고, 변기를 갤러리에 전시함으로써 이를 직접 보여주었다. 앤디 워홀은 인간 행동의 집합이 예술의 형태라고 주장하며 다시 한 번 세상의 인식을 근본적으로 바꿨다. 그는 "할 수 있는 모든 것은 예술이다$_{Art\ is\ what\ you\ can\ get\ away\ with}$"라고 표현하기도 했다. 그리고 이제 우리가 예술의 모든 면을 빠짐없이 이해했다고 생각할 즈음, 이번엔 음식이 예술이 되었다. 미슐랭 스타 레스토랑들은 음식이 어떻게 창의적인 표현을 담는 매체가 될 수 있는지를 보여주었다.

아티스트는 시대를 불문하고 최선을 다해 장벽을 무너뜨리고, 우리가 이전에는 예술로 인식하지 못했던 새로운 영역으로 사회를 이끌었다. 힙합 문화나 스케이트 문화는 전적으로 낙서(그래피티)에서 탄생했음에도 불구하고, 아트 바젤(Art Basel, 민간 비영리 국제예술박람회. 해마다 스위스 바젤, 미국 마이애미, 홍콩에서 번갈아 개최된다)이 그래피티아티스트를 고용해 마이애미를 온통 그래피티로 뒤덮기 전까지 그래피티는 예술로 인정받지 못했다.

예술의 역사는 장벽을 허무는 역사이기도 하다. 한 명의 선지자가 남들과는 다른 행동을 하고 그것을 예술이라 부르면 예술계는 그것을 인정하거나, 따라 하거나, 무시한다. 하지만 아무리 이상한 것이라도 모든 형태의 예술적 표현은 언젠가는 팬들을 만나게 된다. 디지털아트의 경우, 팬 커뮤니티가 형성되기까지 그리 오랜 시간이 걸리지 않았다. 하지만 오늘날까지도 이들은 일반 대중에 디지털아트의 가치를 이해시키는 데 애를 먹고 있기도 하다. 그럼에도 불구하고, 디지털아트의 역사는 NFT의 역사의 토대가 된다. 디지털아티스트가 없다면, NFT가 존재할 이유도 없기 때문이다.

디지털아트의 성공

1950년대 초, 영국 맨체스터의 한 불용 군수품 창고에서 데즈먼드 폴 헨리Desmond Paul Henry라는 이름의 남자는 새것처럼 깔끔한 폭격 조준용 컴퓨터를 발견했다. 이 컴퓨터는 제2차 세계대전 중 제작된 컴퓨터로 폭격기에 탑재되어 목표물을 타격하기 위해 폭탄을 투하하는 정확한 시점을 계산하기 위한 용도로 사용되었다. 1950년대 들어서는 전쟁 용도로는 이미 한물간 기술이 되었지만, 예술계에서는 새로운 도구임이 분명했다. 적어도 헨리는 그렇게 믿었다. 그는 1950년대 내내 이 폭격 조준용 컴퓨터를 손보며 그 만듦새에 놀라곤 했다. 폭격 조준용 컴퓨터의 기능을 시각화할 방법을 찾던 헨리는 기계 팔 끝에 펜 한 자루가 달린 플로터(컴퓨터 출력 장치의 일종) 한 대를 컴퓨터에 매달고 어떤 그림을 그릴 수 있는지 다양한 실험을 했다.

그 후 1960년대와 1970년대에 등장하는 알고리즘으로 창작한 그림과 달리, 헨리의 드로잉 머신은 '기계적인 우연', 즉 플로터와 컴퓨터의 기계 부품 간의 관계에 전적으로 의존했다. 느슨하게 풀어진 나사 하나가 결과물을 크게 바꿔놓기도 했다. 헨리의 컴퓨터는 미리 프로그램을 짜두거나 정보를 저장하지 못했으므로, 모든 작품이 제각각 달랐다. 컴퓨터의 기계 부품은 얼마든지 바꿔볼 수 있었지만 그것이 그림에 어떠한 영향을 미치게 될지는 전혀 예측할 수 없었다. 이러한 부정확한 구조는 헨리의 작품을 복제하거나 대량 생산하는 것이 불가능함을 의미했으며 이렇게 만들어진 작품은 하나하나가 독특했다. 헨리의 드로잉 머신이 그린 첫 번째 작품은 다음 그림과 같다.

여느 갤러리에서 볼법한, 작가의 의도를 분석하려 애쓰는 수십 명의 감정가들에게 둘러싸인 추상화처럼 보이기도 한다. 하지만 안타깝게도 그런 일은 벌어지지 않았다. 당시에 '컴퓨터아트'로 불렸던 이러한 작품들은 예술계의 인정을 받지 못했다. 이것은 아마도 컴퓨터가 매일 숫자나 찍어대는 기계나 공장에서 코카콜라를 만들어내는 기계 정도로 여겨진 탓이었을 것이다. 어쩌면 이 작품의 창작자가 한 번쯤 말 걸어보고 싶은 특이하고

그림 4.2 헨리의 드로잉 머신의 첫 번째 작품

도 활기찬 예술가가 아니라 아무도 이해하지 못하는 사소한 것
에 집착하는 괴짜였기 때문인지도 모르겠다.

그래서 컴퓨터아트는 지난 수십 년간 예술계의 먼 친척 정도로만 명맥을 유지해왔다. '컴퓨터아트는 예술이 아니다'라는 터무니없는 반응이 대중이 컴퓨터아트에 대해 가진 일반적인 인식이었다. 세간의 미움에도 불구하고, 컴퓨터아트 지지자들은 차근차근히 자신들만의 커뮤니티를 갖춰갔다. 1966년에는 현대예술가 10명이 벨랩Bell Labs 소속의 엔지니어 및 과학자 30명과 함께 〈아홉 번의 저녁: 극장과 공학9 Evenings: Theatre and Engineering〉라는 제목의 공연을 통해 미술과 신기술의 접목을 선보였으며, 이듬해인 1967년에는 비영리 단체인 '예술과 과학 기술에 의한 실험Experiments in Art and Technology'이 결성되었다.

1968년에는 영국 런던의 현대미술학회Institute of Contemporary Arts가 초기 컴퓨터아트 전시회 중 가장 영향력 있는 전시회로 꼽히는 〈사이버네틱 세렌디피티Cybernetic Serendipity〉를 개최했다. 1968년에는 미술 창작에 컴퓨터의 사용을 장려하기 위한 목적으로 컴퓨터아트학회Computer Arts Society가 설립되기도 했다. 1960년대부터 1970년대에 걸쳐 제작된 디지털아트는 알고리즘과 수학적인 계산을 활용해서 만들어진 추상화가 대부분을 차지했다. 당시 디지털아트는 기술의 한계를 시험하고자 하는 기술자나 새로운 형태의 창작 방식을 시도하고자 했던 소수 예술가들의 전유물에 불과했다.

예술적 재능은 늘 예술의 구성뿐만 아니라 사용하고자 하는 매체에 대한 기술적인 이해를 필요로 한다. 캔버스에 파스텔화를 그리던, 종이에 목탄화를 그리던, 대리석에 조각을 새기던, 매체의 특성에 대한 기술적인 이해는 부단한 연습을 통해 습득할 수 있다. 매체를 이해해야 한다는 점에서는 초기 디지털아트도 별반 다르지 않았다. 디지털아트를 이해하려면 컴퓨터가 어떻게 동작하는지를 이해해야 했다. 따라서 초기 디지털아티스트는 컴퓨터 프로그래머 출신이 많았다.

그러던 중 1984년 컴퓨터아트를 창작하는 방법뿐만 아니라 컴퓨터아트를 창작하는 주체에 대대적인 변화를 불러일으킨 사건이 발생했다. 스티브 잡스의 애플 컴퓨터는 GUI(Graphic User Interface, 그래픽 기능을 활용한 조작체계)를 핵심 기능으로 하는 매킨토시 컴퓨터를 처음 선보였다. GUI는 컴퓨터를 아이콘과 창 형태로 표현함으로써 일반인도 쉽게 컴퓨터를 사용할 수 있게 했다는 점에서 대단히 중요한 기술적 진보였다. 게다가 매킨토시 컴퓨터 사용자들은 단돈 195달러에 맥페인트MacPaint 소프트웨어를 구입해 디지털아트 작품을 그릴 수도 있었다. 개인용 컴퓨터는 모든 예술가게 디지털아트를 창작할 수 있는 능력을 주었다. 이듬해 코모도어는 아미가 1000 컴퓨터와 딜럭스페인트Deluxe Paint 소프트웨어를 내놓으며 애플에 도전장을 던졌다.

이후 10년간, 1988년에 출시된 어도비 포토샵Adobe Photoshop, 1990년에 출시된 코렐 페인터Corel Painter 등 디지털아트 창작 용도로 개발된 상징적인 소프트웨어들이 차례차례 나타났다. 그리고 1992년에는 일본 와콤Wacom에서 모든 디지털아티스트의 꿈이기도 한 무선 펜을 활용해 컴퓨터로 그림을 그릴 수 있는 태블릿을 출시했다. 소프트웨어를 바탕으로 디지털아트 창작이 손쉬워졌기 때문에 더욱 많은 예술가가 작품 창작에 컴퓨터를 활용하기 시작했으며 커뮤니티를 형성해 경험을 공유했다. 디지털아트의 유행에 비해 정작 디지털아트 작품을 전시할 마땅한 장소가 없던 1997년, 디지털아트 작품의 전시와 홍보만을 목적으로 하는 오스틴디지털아트미술관Austin Museum of Digital Art이 문을 열었다. 몇 년 뒤에는 디지털아트뮤지엄Digital Art Museum이 디지털아트를 위한 세계 최초의 온라인 미술관을 열었으며, 십수 년 후 뉴욕현대미술관은 4,000개 이상의 디지털아트 작품을 담은 디지털아트 보관실을 별도로 만들었다. 이러한 디지털아트 커뮤니티의 부상 및 영화에 사용되는 시각 효과나 비디오게임 내 가상세계의 증가 추세를 고려하면, 1980년대와 1990년대를 거치는 동안 우리도 모르는 사이에 우리는 디지털아트에 노출되었다.

헨리가 1950년대에 헨리 드로잉 머신을 만들었을 때, 헨리는 미술계가 그의 작품을 미술로 인정해줄지에 대해서는 전혀 신경을 쓰지 않았다. 헨리는 자신의 작품이 예술이라고 믿어 의심치 않았다. 초기 디지털아티스트들은 장벽을 부수고 온몸으로 멸시를 받아냈다. 그로부터 몇십 년이 지난 지금 디지털아트는 세상을 장악하고 있다. 그리고 사람들도 비로소 디지털아트의 가치를 알아보기 시작했다.

디지털아트가 돈이 된다

디지털아트의 성장을 이끈 주역은 인터넷이다. 2005년 론칭한 비핸스Behance.net는 디지털아티스트들이 자신의 포트폴리오를 공유하는 사이트로 이제는 디지털아티스트들이 상업 프로젝트를 수주하는 필수 사이트로 자리매김했다. 비핸스에서 많은 팬을 확보한 에미 해이즈Emi Haze는 애플이나 와콤의 프로젝트를 수주함은 물론 어도비의 25주년 기념식에서 소개된 몇 안 되는 디지털아티스트 중 한 명이기도 하다.

2013년에는 디지털아트 역사상 가장 기념비적인 사전건이 일어났다. 필립스 옥션하우스와 텀블러Tumblr가 공동 주최한 세계 최초의 디지털아트 경매가 총 9만 600달러에 16개 작품을 판매하는 성공적인 성과를 거둔 것이다. 이미 여러 가지 블록체인 기술이 존재했지만, 디지털 작품의 저작권 보호를 위해 블록체인이 사용되지는 않았다. 판매된 작품의 전달은 작품 파일이 담긴 하드디스크를 각각의 낙찰자에게 전달하는 형태로 이루어졌다.

그로부터 1년 뒤, 블록체인과 예술이 만나 최초의 NFT가 탄생하게 된다. 당시에는 이것을 NFT라는 명칭 대신 '수익화된 그래픽monetized graphic'이라고 불렀다. 2014년에는 미국 뉴욕에서 '세븐 온 세븐Seven on Seven'이라는 행사가 열렸다. 이 행사는 해커톤 (Hackathon. 개발자, 기획자, 디자이너 등이 함께 모여 마라톤을 하듯 긴 시간 동안 기획에서부터 프로토타입 구현에 이르기까지의 결과물을 만들고 겨루는 대회)과 유사하게 아티스트와 기술자가 함께 협력하고 아이디어를 모으는 자리로서, 행사에서 우연히 만난 사람 중에는 케빈 맥코이Kevin McCoy와 애닐 대시Anil Dash도 있었다. 대시는 옥션하우스의 컨설턴트였으며, 맥코이는 뉴욕대학교의 교수이자 디지털아티스트였다.

당시는 텀블러의 전성기로서 모든 종류의 디지털 콘텐츠가 인터넷을 통해 공유되었지만, 대부분 창작자들은 아무런 보상이나 명성을 얻을 수 없었다. 맥코이도 자신의 작품이 텀블러에서 입소문을 타고 성공적인 바이럴을 만들어 널리 퍼진 경우였는데, 결과적으로 어떠한 명성이나 보상도 얻지 못했다. 너무나 당연하게도 맥코이는 당시 이미 블록체인을 디지털아트에 적용하는 방법을 연구하고 있었다. 『애틀랜틱The Atlantic』과의 인터뷰에서 대시는 당시 행사를 이렇게 설명했다.

"한밤중이 되어서야 우리는 블록체인을 이용해서 디지털아트의 원본에 대한 소유권을 주장할 수 있는 도구의 첫 번째 버전을 완성했습니다. 피곤하고 비몽사몽인 상태에서 우리는 여기에 '수익화된 그래픽'이라는 이름을 붙였습니다. 그리고 이 디지털아트를 처음으로 라이브로 시연한 곳은 뉴욕 뉴뮤지엄New Museum of Contemporary Art이었는데, 기업스러운 개념이 창작 예술에까지 침투하는 것을 염려하던 관객분들은 '수익화된 그래픽'이란 단어만으로도 웃음을 터뜨리곤 했습니다. 맥코이는 네임코인Namecoin이라는 블록체인을 사용해 자기 아내와 함께 만든 동영상 클립을 등록했고, 저는 그 작품을 4달러에 구입했습니다. 하지만 해커톤에서 하룻밤 만에 저희가 만들었던 NFT 프로토타입은 단점도 많았습니다. 우선 기술적인 제약으로 인해 실제 디지털아트 작품을 블록체인상에 보관할 수 없었습니다. 이미지 전체를 올리기에는 블록체인에 기록할 수 있는 공간이 너무 작았죠. 그로부터 7년이 지났지만 오늘날의 유명한 NFT 플랫폼들도 여전히 당시와 동일한 해결책을 쓰고 있습니다."

맥코이와 대시가 그 이후로 더 프로젝트를 진행하지는 않았지만, 그들은 충분한 가능성을 보여주었다. 그리고 당분간은 그 가능성만으로도 충분했다. 그로부터 1년 후, 큐해리슨 테리와 라이언 카우드리는 비트코인 블록체인을 활용해 진품 인증서를 발급하고 관리하는 세계 최초의 디지털아트 마켓플레이스 23VIVI를 설립했다. 카우드리는 당시를 이렇게 회상한다.

"2015년에 디지털아트를 판다는 건 쉬운 일이 아니었습니다. 그래서 우선 우리는 비트코인 블록체인을 써서 소유권에 대한 증명을 만들었습니다. 오늘날 대부분의 NFT에 사용되는 이더리움 블록체인과 비교하면 굉장히 시간이 오래 걸렸죠. 또 다른 장애물은 시장이었습니다. 사람들의 디지털아트를 구입할지 여부는 차치하고, 일단 디지털아트 자체를 이해하지 못했습니다. 그래서 우리는 지인들에 의존해야 했습니다. 우리가 판매한 작품의 절반 이상이 우리의 친구나 가족에게 판매됐습니다. 이때도 디지털 파일 하나에 20달러를 지급하도록 친구들을 설득하는 건 결코 쉬운 일이 아니었죠."

초기 디지털아트 딜러들을 만난다면 다들 하나같이 그들의 첫 작품을 친구들이나 가족들에게 판 얘기를 꺼낼 것이다. 〈크립토키티 NFT〉의 공동창업자인 믹 나옘은 이렇게 말했다.

"〈크립토키티 NFT〉를 만들었을 때 제 친구들에게 빠짐없이 사게 할 생각이었습니다. 그런데 그럴 수 없었죠. 다들 저를 한 번 쳐다보고, 〈크립토키티 NFT〉를 한 번 쳐다본 후 '잘 모르겠는데'라는 표정을 짓더군요."

〈크립토키티 NFT〉가 인기를 끌고 NFT 사상 최초의 상공사례 중 하나가 될 것을 예측한 사람은 거의 없었다. 그런데 크립토키티는 대체 무엇일까.

고양이와 인터넷, 그리고 NFT

인터넷과 고양이는 특별한 관계다. 그럼피 캣(Grumpy Cat, 찡그린 얼굴로 인기를 얻은 고양이), 릴 법(Lil Bub, 늘 혀를 내민 모습을 한 고양이), 냥 캣(Nyan Cat, 2011년 4월에 유튜브에 업로드되어 밈으로 인기를 끈 고양이), 먀우 대령(Colonel Meow, 전 세계에서 가장 긴 털을 지닌 고양이로 2014년에 기네스북에 올랐다) 등의 고양이가 인터넷을 통해 명성을 얻었으며, 2015년 CNN은 인터넷상에 65억 장이 넘는 고양이 사진이 있을 것으로 추정했다. 유튜브가 대중적이지 않던 시절 사람들이 유튜브를 이용했던 이유 중 하나는 귀여운 고양이 동영상을 보기 위해서였다. 오늘날 고양이를 주제로 하는 유튜브 동영상의 시청 수를 모두 합치면 260억 회가 넘을 것이라고 한다. 밀레니얼을 위한 웹 매거진 『소트카탈로그ThoughtCatalog』는 이 고양이들을 인터넷의 공식 마스코트로 임명하기도 했다.

따라서 대중적인 인기를 얻은 최초의 NFT가 디지털 고양이 그림을 담은 NFT 컬렉션이라는 점은 그리 놀랄 일은 아닌 것 같다. 블록체인 전문기업 대퍼랩스Dapper Labs가 2017년 11월에 런칭한 크립토키티는 사용자들이 가상의 고양이를 사고, 모으고, 기르고 팔 수 있는 이더리움 블록체인 기반의 게임이다. 게임의 출시와 동시에 총 100마리의 '원조 고양이'가 공개되었으며, 이

그림 4.3 〈크립토키티 NFT〉 세 마리: #1 제네시스, #222 코쉬캣 #1992771 홀리

후 15분마다 0세대 고양이가 한 마리씩 새롭게 등장했다. 〈크립토키티 NFT〉는 출시되자마자 큰 인기를 끌었다.

미국의 유명 IT 언론 『테크크런치TechCrunch』는 〈크립토키티 NFT〉가 런칭한 후 며칠 지나지 않아 벌써 130만 달러가 넘게 거래되었다고 보도했으며, 2017년 말에는 〈크립토키티 NFT〉 거래로 인한 이더리움 네트워크 트래픽이 이더리움 전체 네트워크 트래픽의 15% 이상을 차지할 정도로 〈크립토키티 NFT〉는 선풍적인 인기를 끌었다. 위의 그림에서도 세 마리의 크립토키티를 확인할 수 있다.

하지만 〈크립토키티 NFT〉는 비니 베이비스와 같은 일반적인 수집품에는 없는 요소를 갖고 있었는데 그중 하나가 독특한 교배 기능이었다. 교배는 크립토키티의 소유주가 일정 금액의 이더리움ETH에 교배 신청을 받는 형태로 이루어진다. 다른 누군가가 해당 이더리움 금액을 승락하면 두 마리의 크립토키티가 교배를 해 새끼를 낳게 된다. 교배 신청을 받은 소유주는 이더리움을 얻으며, 교배 신청을 한 소유주는 새로운 크립토키티를 얻는다.

각 크립토키티에는 다른 크립토키티와 교배했을 때 발현될 수 있는 다양한 종류의 조합에 대한 정보가 256비트 유전자의 형태로 코딩되어 있다. 배경색, 쿨다운 시간, 수염, 줄무늬 등이 크립토키티가 가질 수 있는 유전자에 해당한다. 크립토키티의 일부 특성은 수집가들 사이에서 많은 인기를 끌기도 한다. 대퍼랩스는 크립토키티의 서로 다른 특징에 대해 별도의 희소성을 설정하지 않았으므로, 일부 특성의 인기는 수집가들 사이에서 자연적으로 발생한 것이라 할 수 있다.

크립토키티로 인터넷 전자상거래 분야에서 큰 업적을 달성한 대퍼랩스는 〈크립토키티 NFT〉 론칭 후 4개월도 채 지나지 않아 유니언 스퀘어 벤처스Union Square Ventures, 안드레센 호로위츠Andreessen Horowitz와 같은 저명한 투자사로부터 총 1,200만 달러를 투자받았다. 이후 대퍼랩스는 자체 개발한 플로FLOW 블록체인에 기반한 〈NBA 톱숏 NFT〉을 선보였으며 현재는 UFC를 주제로 한 디지털 수집품을 준비 중이다. 〈NBA 톱숏 NFT〉는 미국 프로농구 NBA의 명장면을 동영상 NFT로 만든 것인데, 지금까지 수집가들 사이에서 거래된 금액이 2억 3,000만 달러를 넘는다고 한다.

크립토키티가 디지털 자산을 소유에 대한 대중의 인식을 넓히는 데 혁혁한 공을 세웠다는 점에는 의심의 여지가 없다. 만약 〈크립토키티 NFT〉가 없었다면 과연 지금처럼 NFT의 저변이 넓어질 수 있었을까?

성공한 디지털아트를 논할 때는 큐리오카드(Curio Cards, https://curio.cards/)와 크립토펑크(CryptoPunks, https://www.larvalabs.com/cryptopunks)를 빼놓을 수 없다. 〈큐리오카드 NFT〉와 〈크립토펑크 NFT〉는 이더리움 블록체인상에 소유권 증명을 기록한 첫 번째, 그리고 두 번째 NFT 프로젝트다. 2017년 5월 9일에 런칭한 〈큐리오카드 NFT〉는 7명의 작가가 그린 총 30개의 NFT 카드로 구성되었다. 〈큐리오카드 NFT〉의 기획의도는 다른 프로젝트들에 본보기가 될만한 새로운 형태의 디지털아트 소유권을 선보이기 위함이라고 한다. 〈큐리오카드 NFT〉는 오늘날 오픈시 마켓플레이스에서 사용되는 표준 규격인 'ERC-721 NFT 표준'이 제안되기 전에 만들어졌을 정도로 오래된 프로젝트다. 큐리오카드 자체는 현재의 NFT 표준과 호환되지 않지만, 〈큐리오카드 NFT〉 최초 설계 당시 큐리오카드를 다른 토큰이 감쌀 수 있게 설계함으로써 오늘날 널리 사용되는 NFT 마켓플레이스에서도 거래되고 있다.

예술적인 측면에서는 큐리오카드는 블록체인이라는 혁신적인 기술과 예술의 만남을 기념하기 위해 각각의 카드가 인류의 태초에서부터 디지털아트 시대로 이어지는 이야기를 담도록 디자인했다. 인류의 시작을 의미하는 사과 그림이 담긴 #1부터 시작해서 마지막 #30에는 세계 최초의 gif 이야기를 담았다.

〈크립토펑크 NFT〉도 빼놓을 수 없다. 라바랩스가 2017년 6월에 런칭한 크립토펑크는 스페이스 인베이더나 팩맨과 같은 고전 게임에서 차용한 픽셀아트 스타일로 창작된 총 1만 개의 독특한 캐릭터로 구성되어있다. 런칭 당시 희망하는 사람들에게 무료로 배포되었던 〈크립토펑크 NFT〉는 2021년 현재 오픈시에서 추정하기로만 누적 17만 2,000ETH 상당의 거래가 발생했으며, 2021년 5월에는 9개의 크립토펑크가 총 1,700만 달러에 판매되기도 했다.

최근 수년간 많은 디지털아티스트와 수집가들이 NFT로 성공을 거뒀고, 연일 뉴스의 꼭지를 장식하는 거래액의 규모가 나날이 말도 안 되게 커지고 있긴 하지만, NFT 이전 디지털아티스트의 긴 역사가 없었다면 이 모든 성공은 가능하지 않았을 것이다. 디지털아트를 창작하기 위해 다양한 기술을 실험했던 선구자들, 디지털아트를 널리 알리기 위해 각종 행사와 갤러리를 열었던 얼리어댑터들, 블록체인 기술을 기반으로 디지털아트의 소유권에 대한 개념을 정립한 혁신가들 모두가 비플과 크립토키티의 성장의 토대를 만들었다.

"내가 멀리 내다보았다면, 그것은 거인의 어깨에 서 있었기 때문이다"라는 아이작 뉴턴의 말이 있다. 디지털아트의 거인들은 디지털아트가 '진정한 예술'이 아니라는 사람들의 비아냥을 견뎌야 했다. 비록 그들이 받아 마땅한 찬사나 대가를 받는 날이 오지는 않겠지만, 그들 덕분에 그리고 그들의 바람대로 오늘날 여러 방면의 디지털아티스트는 디지털 매체에 그린 디지털 작품으로 돈을 벌 수 있게 되었다.

Chapter 5

NFT 마켓플레이스

　NFT를 만들거나 판매하거나 사고자 할 때 가장 좋은 방법은 수많은 NFT 마켓플레이스 중 한 곳을 이용하는 것이다. 마켓플레이스에서 NFT를 만들고 '민팅(블록체인상에서 NFT를 발행하는 것을 의미한다)'할 수 있으므로 어려운 스마트 컨트랙트 코드를 직접 프로그래밍하거나 전문적인 기술 지식을 갖출 필요가 전혀 없다. 누구나 NFT를 만들고 민팅할 수 있다는 것은 대단한 혁신이 아닐 수 없다.

　NFT는 블록체인 자산이므로 NFT를 블록체인상에 올리는 작업을 할 필요가 있다. 이제 NFT를 블록체인상에 어떻게 올리는지를 포함해, NFT를 만들고, 민팅하고, 판매하고 구매하는 방법에 대해서 설명하려 한다. 설명과 실습을 진행할 마켓플레이스로는 전 세계적으로 가장 크고 유명한 NFT 마켓플레이스인 오픈시를 선정했다. 그래도 가능하면 여기서 소개하는 모든 마켓플레이스를 둘러볼 것을 권한다. 각각의 마켓플레이스는 각자만의 특징, 목적, 커뮤니티를 갖고 있다. 여러 마켓플레이스를 두루 살펴봄으로써 NFT 시장 전반을 이해할 수 있을 것이다. 이제 전 세계에서 가장 유명한 몇몇 NFT 마켓플레이스를 살펴보자.

오픈시 OpenSea » Opensea.io

오픈시는 전 세계적으로 가장 크고 유명한 NFT 마켓플레이스이며 자신들이 NFT 마켓플레이스의 원조임을 자처한다. 2021년 기준으로 오픈시에서는 1,550만 개의 NFT가 거래되고 있으며, NFT의 누적 거래액만도 3억 5,400만 달러(한화 약 4,000억 원 상당)에 이른다.

오픈시는 NFT 상품을 둘러보기에 가장 편리할 뿐만 아니라 NFT를 만들거나 거래할 때에도 사용자 친화적인 환경을 제공하는 것으로 유명하다. NFT에 이제 갓 입문한 초보자들에게 매우 적합한 마켓플레이스다. 오픈시에서는 다음과 같이 다양한 종류의 NFT를 찾을 수 있다.

- 디지털아트

- 수집품

- 음악

- 도메인 이름

- 가상 부동산

- 디지털 트레이딩 카드

- 인게임 아이템

NFT를 판매할 때에는 영국식 경매(낮은 가격에서 시작하여 가격
이 점차 높아지는 경매 방식)나 네덜란드식 경매(높은 가격에서 시작하여
가격이 점차 낮아지는 경매 방식)를 포함한 다양한 방식을 선택할 수
있다. 오픈시는 누구에게나 추천할만한 마켓플레이스이며, 같은
이유로 실제로 경험해볼 마켓플레이스로 오픈시를 골랐다.

장점

- 전 세계 최대 규모 NFT 마켓플레이스

- NFT의 제작과 거래가 매우 간편함

- NFT 민팅 비용이 들지 않음

- NFT를 최초로 판매할 때 두 종류의 일회성 가스피만 지불하면 됨

- 판매수수료가 2.5%로 저렴한 편임

단점

· 암호화폐로만 NFT를 거래할 수 있음

· 이더리움 블록체인을 이용하여 거래에 소요되는 가스피가 비싼 편임

라리블Rarible » Rarible.com

라리블도 오픈시와 같이 사용자 친화적이고 탐색이 편리하기에 NFT를 만들거나 NFT를 거래를 쉽게 할 수 있다. 라리블은 팔로우와 같은 소셜미디어적인 요소를 사이트에 도입해 사용자들이 NFT 창작자들을 팔로우하거나 새로운 NFT가 출시되었을 때 알림을 받을 수 있게 했다.

라리블은 라리블의 기본 거버넌스 토큰(governance token, 블록체인과 관련한 의사결정 시 투표에 사용하는 토큰)인 라리RARI 토큰을 만들기도 했는데, 라리 토큰은 플랫폼에 적극적으로 참여하는 사용자들에 대한 보상으로 제공될 목적으로 설계되었다. 라리블은 판매 금액의 5%를 수수료로 요구하는데, 구매자와 판매자 모두에게 2.5%씩을 부과한다.

장점

· NFT의 제작과 거래가 간편함

· 커뮤니티가 활성화되어 있음

단점

· 암호화폐로만 NFT를 거래할 수 있음

· 이더리움 블록체인을 이용해 거래에 소요되는 가스피가 비싼 편임

· NFT를 민팅할 때마다 가스피를 지불해야 함

니프티 게이트웨이 | NIfty Gateway » Niftygateway.com

니프티 게이트웨이에서는 NFT를 '니프티'라고 부른다. 니프티 게이트웨이는 유명 디지털아티스트, 유명 셀러브리티와 유명 브랜드의 니프티만을 판매한다. 비플, 데드마우스(Deadmau5, 캐나다 출신의 일렉트로닉 뮤직 프로듀서 겸 DJ), 에미넴Eminem, 패리스 힐튼Paris Hilton과 같이 유명인들의 니프티가 니프티 게이트웨이를 통해 판매되었다.

니프티 게이트웨이는 고급 아트 갤러리와 같은 고급 NFT 마켓플레이스를 지향한다. 창작자들이 니프티 게이트웨이에서 자신들의 NFT를 판매하기 위해서는 까다로운 심사 과정을 거쳐야 한다. 니프티 게이트웨이는 신용카드로 NFT를 구매할 수 있는 몇 안 되는 마켓플레이스 중 하나로 암호화폐에 익숙하지 않은 수집가들에게도 손쉽게 니프티에 접근할 수 있는 길을 마련해주고 있다.

장점

· 신용카드로 NFT를 구입할 수 있음

· 사용 방법이 쉽고 직관적임

단점

· 판매수수료가 15%로 높은 편임

· 현금을 인출하기 위해서는 제미니(Gemini, 미국의 암호화폐 거래소) 계정을 만들어야 함

· 니프티를 판매하기 위해서는 마켓플레이스의 자체 심사를 거쳐야 함

· 이더리움 블록체인을 이용하여 거래에 소요되는 가스피가 비싼 편임

슈퍼레어 **SuperRare** » Superrare.com

슈퍼레어는 오로지 싱글 에디션 NFT((1/1) NFT)만을 취급한다. 다른 마켓플레이스에서 판매되지 않는 독점 디지털아트 NFT만을 판매한다. 슈퍼레어는 스스로를 "크리스티와 인스타그램이 만났다! 인터넷에서 예술, 문화, 수집과 소통하는 새로운 방법!"이라고 설명한다.

슈퍼레어에는 활성화된 커뮤니티가 있으며 유명 수집가나 현재 뜨고 있는 예술가들에 대한 정보를 다루기도 한다. 슈퍼레어 웹사이트는 고급스럽게 구성되어 있다. 디지털아트와 관련된 기사들이 매일 몇 건씩 실리는 별도의 편집 섹션도 운영하고 있는

데 마치 멋진 예술 잡지를 보는 것 같은 느낌이다.

장점

- 희귀한 싱글 에디션 NFT
- 사용 방법이 쉽고 직관적임
- 커뮤니티가 매우 활성화되어 있음

단점

- 판매수수료가 15%로 높은 편임
- NFT를 판매하기 위해서 마켓플레이스의 자체 심사를 거쳐야 함
- 이더리움 블록체인을 이용하여 거래에 소요되는 가스피가 비싼 편임

왁스 Wax, Atomic Hub » Wax.atomichub.io

애터믹 허브Atomic Hub는 이더리움과는 전혀 별개의 블록체인인 왁스 블록체인에 기반한 마켓플레이스이다. 왁스는 이더리움만큼 유명하지는 않지만 이더리움의 가스피에 비하면 거래 비용은 매우 저렴하다. 또한 왁스는 지분증명 검증 방식을 사용하므로 환경에 미치는 부담이 적은 편이라고 할 수 있다.

애터믹 허브는 야구 카드 팩과 같이 팩 안의 내용물을 알 수 없는 NFT 팩을 파는 것으로 유명하다. 팩에 들어 있는 NFT들은 희귀한 정도가 모두 다르다. 탑스(Topps, 미국의 제과 및 수집품 전

문 기업)는 미국 프로야구 리그인 MLB NFT 팩을 판매하는데, 팩에 들어 있는 NFT들은 2차 시장에서도 활발하게 거래된다.

장점

- 이더리움 가스피가 들지 않음
- 환경에 미치는 부담이 적음
- 판매수수료가 2%로 낮은 편임

단점

- NFT를 제작하는 과정이 복잡함
- 왁스 블록체인의 인지도가 이더리움 블록체인에 비해 현저히 낮음
- 왁스 블록체인상의 NFT를 이더리움 블록체인으로 옮길 수 없음

파운데이션Foundation » Foundation.app

파운데이션은 스스로를 '예술가, 큐레이터, 수집가를 위한 놀이터'라고 부른다. 파운데이션의 디자인은 소셜미디어, 특히 인스타그램의 영향을 강하게 받은 것으로 보인다. 파운데이션은 사용자들의 파운데이션 계정을 각자의 소셜미디어에 연동할 것을 권장한다. 누구나 회원으로 가입할 수 있지만, NFT를 판매하고 싶다면 다른 커뮤니티 이용자의 투표를 받아야 한다. 커뮤니티를 통한 큐레이션은 NFT 판매를 더욱 어렵게 하기도 하지

만 예술품의 질을 일정 수준으로 유지할 수 있게 한다.

장점

· 양질의 다채로운 예술품 NFT

· 예술가와 수집가들이 활발하게 참여하는 커뮤니티

단점

· 판매수수료가 15%로 높은 편임

· 검색결과를 세부 분류할 방법을 제공하지 않음

· 이더리움 블록체인을 이용하여 거래에 소요되는 가스피가 비싼 편임

NBA 톱숏 NBA Top Shot » NBAtopshot.com

NBA 톱숏은 역사적인 NBA 경기 장면을 담은 동영상 NFT를 구입할 수 있는 마켓플레이스로 〈크립토키티NFT〉를 개발한 대퍼랩스가 개발했다. 최근 인기가 높아지며 거래액 규모는 벌써 수억 달러에 달한다. 애터믹 허브와 마찬가지로 수집가들은 희귀한 정도가 모두 다른 정체불명의 NFT를 모아놓은 팩을 구매하며, 이렇게 구매한 NFT를 2차 시장에서 팔 수도 있다. 또한 이벤트에 참여하면 무료 NFT를 얻을 기회도 있다.

NBA 톱숏은 블록체인 중 한 종류인 플로 블록체인을 이용한다. 이 플로우 블록체인은 왁스 블록체인처럼 지분증명 검증 방

식을 사용한다.

장점

· 멋진 NBA 영상이 담긴 NFT를 구매할 수 있음

· 환경에 미치는 부담이 적음

· NFT를 신용카드로 구매할 수 있음

단점

· 플로 블록체인상의 NFT를 이더리움 블록체인으로 옮길 수 없음

· 현금을 인출하는 데 수 주일이 소요됨

· 새로운 팩이 정기적으로 출시되므로 시장에 풀리는 NFT가 많은 편임

베브 VeVe » Veve.me

베브는 애플 앱스토어와 구글플레이에서 다운받을 수 있는 모바일 앱이다. 베브는 유명 브랜드의 3D 이미지 NFT만을 판매한다. 〈고스트버스터〉, 〈배트맨〉, 〈백 투더 퓨쳐〉, 〈쥬라기 공원〉, 〈스타트렉: 더 넥스트 제너레이션〉 등 유명 영화의 NFT가 베브에서 판매된 바 있다. NFT에 들어 있는 3D 이미지는 크기나 각도를 자유롭게 조절할 수 있으며, 다른 애플리케이션에 올리거나 사진으로 만들거나 다른 소셜미디어에도 공유할 수 있다.

장점

· 고품질 3D 파일

· 유명 브랜드의 NFT

· 암호화폐 없이도 NFT를 구입할 수 있음

단점

· NFT를 베브 앱 밖으로 옮길 수 없음

· 베브 NFT는 판매가 불가능하며 다른 NFT와의 교환만 가능함

· 유저 인터페이스가 다소 투박함

노운오리진 Known Origin » Knownorigin.io

노운오리진은 디지털아트 NFT만을 취급하는 마켓플레이스로 예술가 중심의 마켓플레이스를 표방한다. 노운오리진은 신규 미술 작품의 NFT를 취급하는 마켓플레이스를 중심으로, 수집가들이 서로의 NFT를 거래할 수 있는 2차 마켓플레이스도 운영하고 있다. 노운오리진에서 NFT를 만들고 판매하기 위해서는 심사를 거쳐야 한다. 노운오리진은 '매우 높은 수준의 심사 기준'을 바탕으로 플랫폼에 참여할 예술가를 선정한다고 한다.

장점

· 고품질 미술 NFT

- 우아하고 유저 친화적인 인터페이스

단점

- 판매수수료가 15%로 높은 편임
- 현재 새로운 예술가의 참여를 받지 않고 있음
- 이더리움 블록체인을 이용하여 거래에 소요되는 가스피가 비싼 편임

미스마켓 Myth Market » Myth.market

미스마켓은 트레이딩카드 NFT 전문 마켓플레이스로서 다섯 개의 하위 마켓으로 구성되어 있다. 애터믹 허브와 마찬가지로 미스마켓과 그 하위 마켓은 왁스 블록체인을 사용한다.

- GPK.Market(가비지 페일 키즈(Garbage Pail Kids) 트레이딩카드 전문 마켓플레이스)
- GoPepe.Market(페페(Pepe the frog) 밈이 들어있는 트레이딩카드 전문 마켓플레이스)
- Heroes.Market(블록체인 히어로즈 트레이딩카드 전문 마켓플레이스)
- KOGS.Market(KOGS 트레이딩카드 전문 마켓플레이스)
- Shatner.Market(윌리엄 샤트너 트레이딩카드 전문 마켓플레이스)

장점

· 이더리움 가스피가 들지 않음

· 환경에 부담을 주지 않음

단점

· 각 하위 마켓에서 제공되는 NFT만 거래할 수 있음

· 왁스 블록체인의 인지도가 이더리움 블록체인에 비해 현저히 낮음

· 왁스 블록체인상의 NFT를 이더리움 블록체인으로 옮길 수 없음

요약하자면

시중에는 이미 수십 개의 NFT 마켓플레이스가 성업 중이다. NFT 시장이 빠르게 성장 중인 만큼 새로운 마켓플레이스가 등장하기도 하며 어떤 마켓플레이스는 사람들의 기억에서 잊히거나 사업을 중단하기도 한다. 앞에서 다룬 마켓플레이스와 그 외의 마켓플레이스에 대한 정보는 공식 홈페이지의 리소스 페이지 (TheNFThandbook.com/Resources)에서 확인할 수 있다. 자, NFT 마켓플레이스에 대한 감을 잡았으니 이제 첫 NFT를 만들어보기로 하자.

Chapter 6

NFT 만들고 민팅하기

이제 단계별로 블록체인상에서 NFT를 발행하는 작업인 민팅을 해보자. NFT가 무엇인지 잘 모르는 초보자더라도, 블록체인을 모르는 문외한이거나 기술적인 경험이 전혀 없더라도 의외로 누구나 쉽게 따라할 수 있다. 최대한 간단하게 진행하기 위해 여러 NFT 중에서도 가장 인기 있는 유형인 디지털아트 NFT를 만드는 데 초점을 맞춰보도록 하자. 이제 NFT의 구성요소를 알아보고, 계정을 만든 다음, 직접 만드는 과정까지 진행하게 된다. 그 과정은 다음과 같이 구성된다.

- NFT의 메인 콘텐츠 및 기타 구성 요소 만들기

- 암호화폐 메타마스크(MetaMask) 지갑 만들기

- 오픈시 계정 만들기

- 오픈시에서 컬렉션 만들기

- 오픈시에서 NFT 민팅하기

NFT 구성 요소 만들기

첫 단계는 각자가 제작할 NFT의 구성 요소를 만드는 것이다.
NFT는 아래의 요소들로 구성된다.

- 메인 콘텐츠

- 이름

- 미리 보기 콘텐츠

- 특전

- 잠금 해제 콘텐츠

- 설명

- 지속적 로열티

- 공급량

- 외부 링크

메인 콘텐츠

NFT 제작 시 가장 첫 번째 단계는 NFT의 심장과도 같은 메인 콘텐츠를 만드는 것이다. 미빗츠Meebits라는 프로젝트를 살펴보자. 미빗츠는 크립토펑크의 개발사인 라바랩스Larva Labs가 2021년 5월 공개한 세 번째 NFT 프로젝트로, 총 2만 개의 고유한 3D 캐릭터로 구성되어 있다. 2만 개의 캐릭터는 희귀한 정도가 각각 다르다. 미빗츠의 기획 의도는 가상세계나 비디오게임, 가상현실VR에서 사용될 아바타로서, NFT의 구매자만이 받을 수 있는 OBJ 파일(3D 모델링 데이터 원본이 들어 있는 파일)을 애니메이션이나 모델링 소프트웨어에서 불러들여 직접 편집할 수 있다. 하지만 메인 콘텐츠는 사람들이 자신의 컬렉션을 자랑하는 데 쓸 수 있는 간단한 이미지이다.

미빗츠와 같이 화제성 있는 프로젝트들을 보다 보면 "난 저 정도로 멋진 비주얼을 가진 NFT는 만들 수 없을 거야"라며 주눅이 들지도 모른다. 하지만 조바심낼 필요는 없다. 간단하게 스마트폰으로 사진이나 동영상을 찍어도 좋고, 혹은 스마트폰에 저장된 예전 사진이나 동영상을 사용해도 좋다.

아예 디지털아트 작품을 하나 그려도 좋다. 만약 디지털아트 대신 전통적인 도구를 사용하고 싶다면 완성된 작품을 스캔하거나 스마트폰으로 사진을 찍으면 된다. 디지털 매체로 디지털아트를 만들어보고 싶다면 무료 소프트웨어나 웹사이트, 애플

리케이션을 써도 된다. 추천하는 소프트웨어와 사이트는 다음
과 같다.

- Mac, PC, 리눅스용 소프트웨어 크리타(Krita.org)
- iOS 및 안드로이드용 인피닛 페인터(Infinite Painter) 애플리케이션
- 추상화를 만들 수 있는 웹사이트 보모모닷컴(Bomomo.com)
- 픽셀 아트를 만들 수 있는 웹사이트 픽셀아트닷컴 (Pixelart.com)

꼭 특정한 소프트웨어를 써야 한다고 정해진 것은 아니다. 다
른 소프트웨어에 대해서 알아보고 싶다면 영문 웹사이트의 리
소스 페이지(TheNFThandbook.com/Resources)에서도 알아볼 수 있다.
사진이나 그림의 크기에는 제약이 없다. 다만 큰 화면에서도 깔
끔하게 보이도록 가급적 이미지를 크게 제작하자. 해상도는 높
을수록 좋지만, 각 마켓플레이스마다 파일 사이즈의 제약이 있
는 점만은 염두에 두자. 우리가 NFT를 민팅할 오픈시는 최대 파
일 사이즈가 100MB로 정해져 있다(빠른 로드 시간을 위해 40MB 미
만을 추천하고 있다).

동영상의 경우 화질은 최소한 HD급(1280×720픽셀) 이상이어
야 하며, 정해진 크기를 넘지 않도록 길이는 짧은 편이 좋다. 작
품에 대한 아이디어는 있지만 그림 솜씨에 자신이 없는 경우라
면 다른 사람을 고용해 작품을 제작할 수도 있다. 피버닷컴(Fiverr.

그림 6.1 저자가 보모모에서 만든 추상화

com)이나 업워크닷컴(Upwork.com)과 같은 사이트가 도움이 될 것이다. NFT의 메인 콘텐츠가 '잠금 해제' 콘텐츠인 경우도 있을수 있는데, 그렇더라도 이미지 한 장은 필요하다. 맷은 중학교 2학년 시절 썼던 짧은 이야기를 NFT로 만든 적이 있는데, 이야기 본문은 잠금 해제 콘텐츠에 포함되어 있었다. 다만 메인 콘텐츠로는 그 이야기의 표지로 쓰기 위해 직접 그렸던 그림을 이용했다. 잠금 해제 콘텐츠에 대해서는 뒤에서 좀 더 자세히 다루기로 한다.

다만 유명한 사람의 사진이나 초상권을 사용하고자 하는 경우 법적인 문제가 발생할 수 있다. 또한 저작권 침해에 해당할 수 있으므로 인터넷에서 가져온 이미지를 NFT의 메인 콘텐츠로 사용해서도 안 된다. 이와 같이 NFT와 관련해 일어날 수 있는 법적 문제에 대한 자세한 내용은 뒤에 언급될 법률적인 조언을 참고하길 바란다.

이름

이름에 대해선 더 설명이 필요 없을 것 같다. NFT의 주요 콘텐츠를 정했다면, 이름은 무엇으로 하는 게 좋을까? 이름은 북적거리는 마켓플레이스에서 NFT를 돋보이게 할 첫 번째 방법이다. 따라서 이름을 정하는 것은 너무나도 중요하거니와 결코 간과되어서는 안 된다.

다양한 방면에서 활동하고 있는 미국의 비주얼 예술가 세라 메요하스Sarah Meyohas는 2015년에 NFT 업계에 발을 들이자마자 빗치코인Bitchcoin이라는 작품 이름 하나로 큰 반향을 일으켰다. 『야후 파이낸스Yahoo Finance』와의 인터뷰에서 세라 메요하스는 빗치코인을 두고 "블록체인, 토큰화, 밈화(meme-ification, 어떠한 대상이 인터넷에서 밈으로 소비되는 현상)에 대한 풍자적인 예측을 순수미술의 영역에 도입한 예술품이자 진지한 펀딩 모델"이라고 소개했다. 6년이 지난 지금, 세라가 언급한 세 가지(블록체인, 토큰화, 밈화)는 더 이상 무시할 수 없는 트렌드가 되었다.

빗치코인은 세라의 컬렉션 〈꽃잎의 구름Cloud of Petals NFT〉에 속한 실물 작품으로 교환하거나 투자 목적으로 보유할 수 있는 화폐로 제작되었다. 오늘날의 암호화폐 및 NFT 수집가들은 상징적인 소재나 유명한 밈이라면 무엇에든 몰려들고 있는데 이는 세라의 선견지명이 옳았음을 보여준다. 특히 미술과 이야기라는 본질 위에 비트코인을 비튼 '빗치코인'이란 자극적인 말장난이 더해짐으로써 수집가들의 높은 관심을 끄는 데 성공했다.

이제 우리는 고유한 〈(1/1) NFT〉를 만들어보려 한다. 만약 원한다면 이름에 (1/1) 혹은 (1 of 1)이라고 표기할 수도 있다. 물론 (1/1)이라는 문구가 꼭 필요한 것은 아니다. 이 표기는 보통 〈(1 of 1) 그롱크 커리어 하이라이트 카드 NFT〉처럼 한 컬렉션 안에 여러 에디션을 가지고 있는 다른 시리즈의 NFT와 구분하기 위한 목적으로 쓴다.

여러 개의 에디션으로 구성된 NFT를 만들고자 한다면 전 미식축구 선수인 줄리앙 에델만Julian Edelman의 〈인크레델만 XLIXINCREDELMAN XLIX (14/30) NFT〉처럼 이름 뒤에 에디션 번호(×/×)를 붙이면 된다. 여러 개의 에디션으로 구성된 NFT에서는 이름 끝에 (× of ×)나 (×/×) 표기가 붙은 경우를 많이 볼 수 있는데, 이를 이름 앞에 붙여도 된다.

미리 보기 콘텐츠

메인 콘텐츠로 이미지나 gif를 사용한다면, 별도의 미리 보기 콘텐츠는 필요 없다. 하지만 오디오나 동영상 파일이 메인 콘텐츠라면 미리 보기용 콘텐츠로 이미지나 gif를 만들어야 한다. 미리 보기 이미지가 오디오나 동영상 파일과 어떠한 형태로든 연관이 있는 게 가장 좋다. 보통은 동영상에서 한 프레임을 가져와서 미리 보기 콘텐츠로 사용하는 경우가 많다.

특전

특전은 엄밀히 따지면 NFT의 구성 요소라기보다는 사람들이 해당 NFT를 사도록 유도하고 NFT의 가치를 더 높이기 위한 장치에 해당한다. 미국 작가 게리 베이너척Gary Vaynerchuk은 자신의 〈비프렌즈VeeFriends NFT〉 컬렉션 전체를 특전을 중심으로 만들었다. 그는 자신의 컬렉션에 포함된 총 1만 255개의 NFT를 각 NFT에 포함된 특전의 가치를 기준으로 등급을 매겼다. 그중 9,400개에 해당하는 〈입장권 토큰admission token 비프렌즈 NFT〉를 소유한 사람은 향후 3년간 게리 베이너척의 비컨VeeCon 콘퍼런스에 참석할 수 있으며, 555개의 〈선물 토큰gift token 비프렌즈 NFT〉의 소유자는 향후 3년간 매년 최소 6개의 실물 선물을 받을 수 있다. 마지막으로 가장 희귀한 300개의 〈출입증 토큰access token 비프렌즈 NFT〉의 소유자는 그가 주최하는 볼링 세션이나 그룹 브레인스토밍 세션, 1:1 조언 등 다양한 방법으로 게리 베이너척을 직접 만날 수 있다.

이처럼 NFT의 특전 종류에는 제한이 없다. 중요한 것은 NFT 제작자가 그 특전을 제공할 수 있는 권리를 갖고 있어야 하며 그 특전을 이미 소유하고 있어야 한다. 자신의 것이 아닌 것을 주겠다고 약속하는 상황이 발생해서는 곤란하다. 특전과 관련하여 중요한 것이 하나 더 있다. 미래에 당신의 NFT를 갖게 될 모든 소유자에게 특전을 제공할 수는 없다는 점을 알고 있어야 한다. 만약 특전이 고유한 것이라면 더더욱 그렇다. 이러한 까닭에 특전은 보통 최초 경매의 낙찰자(가장 높은 금액을 부른 입찰자)와 같은 첫 번째 구매자에게만 제공된다.

특정한 날짜에 NFT를 소유한 사람에게 특전을 제공하겠다고 하는 방법도 있다. 예시로 들었던 〈비프렌즈 NFT〉는 대부분 3년 동안 같은 날 특전을 받을 수 있는데, 그 시작은 〈비프렌즈 NFT〉의 출시일이기도 한 5월 6일이라고 명확하게 정의되어 있다.

다만 비프렌즈 NFT의 소유권을 증명하기 위해 몇 가지 추가 절차를 거쳐야 하며, 그 과정에서 혜택이 정해진 수보다 더 많이 사용될 수 없도록 이미 지급된 혜택의 이력도 확인하게 된다. 물론 원한다면 미래의 모든 NFT 소유자에게 특전을 제공할 수도 있다. 다만 NFT의 거래가 빈번하다면 감당하기 어려워질 가능성이 높으므로 그리 권장하지는 않는다.

잠금 해제 콘텐츠

만약 NFT의 소유자에게만 보여주고 싶거나 NFT의 소유자만 볼 수 있어야 하는 콘텐츠는 어떻게 만들면 좋을까? 앞에서도 알아보았듯 잠금 해제 콘텐츠는 이미지, 동영상, PDF 파일, 웹사이트 로그인 정보, 이메일 주소 등 그 종류에 제약이 없다. 그저 한마디 덕담도 가능하다.

앞서 예로 들었던 미빗츠의 잠금 해제 콘텐츠는 3D 모델링 데이터가 담긴 OBJ 파일이다. 하지만 NFT의 잠금 해제 콘텐츠는 오로지 텍스트로 한정된다. 따라서 실제 파일 즉, 이미지나 동영상을 제공하는 경우라면 각 파일을 인터넷 어디엔가 안전하게 저장한 후 파일을 다운받을 수 있는 링크를 제공하면 된다. 링크가 있다고 해서 아무나 열어볼 수 없도록 하려면 파일에 암호를 거는 것이 좋다. 잠금 해제 콘텐츠란 원래 NFT의 소유자에게만 보여주기 위한 것이기 때문이다.

특전을 제공할 때에는 구매자가 특전을 이용하려면 어떻게 해야 하는지에 대한 설명을 잠금 해제 콘텐츠에 꼭 넣어두어야 한다. 특전이 실물인 경우, NFT 제작자가 이메일 주소와 연락 방법을 남겨서 구매자의 연락을 받은 후 특전을 보내면 된다.

잠금 해제 콘텐츠도 같은 방법을 사용할 수 있다. 파일이나 다운로드 링크를 이메일로 전달하는 것이다. 이때 주로 쓰는 이메일 주소 대신 잠금 해제 콘텐츠와 관련된 연락을 위한 별도의 이메일 주소를 새로 만들어서 사용할 것을 권한다. 주로 사용하는 이메일 주소가 인터넷을 끝없이 돌아다니는 것이 바람직하지 않을 뿐더러, 이후의 구매자에게 계속 연락을 받는 것도 제법 성가신 일이 될 수 있다.

설명

설명에 대해서도 설명이 필요 없을 것 같다. 그 NFT에 대한 설명을 적으면 된다. 설명은 짧게 마무리 짓는 사람이 있는가 하면 엄청난 장문의 설명을 쓰는 사람도 있다. 하지만 설명을 단 한 글자도 넣지 않더라도 NFT를 만드는 데는 문제가 없다. NFT에 대한 설명을 작성할 때 참고할 만한 팁은 아래와 같다.

- 제작하고 있는 NFT가 고유하다면, 즉 (1/1)이라면 그 설명에 사실을 적어주자. 고유한unique, 하나밖에 없는one of a kind과 같은 표현을 쓰면 된다. 이미 같은 의미가 내포되어 있긴 하지만 같은 NFT가 민팅될 일이 없을 것이라는 점을 강조해도 좋다. 만약 NFT가 에디션의 일부라면, 에디션 번호와 그 에디션에 포함된 NFT의 총 개수를 적어주자. "이 NFT는 30개의 에디션 중 5번입니다" 또는 "이 NFT는 30개 에디션으로 구성되어 있습니다. 각 에디션은 순서대로 번호가 매겨져 있습니다"라고 설명을 달아주면 된다. "추가

에디션이 민팅될 계획은 없습니다"라고도 덧붙여주자.

- 특전을 제공할 때에는 반드시 설명에 적어주자. 최대한 명료하고 정확하게 적어야 한다. 특전의 내용에 대해서 오해가 생겨선 곤란하기 때문이다. 특전이 첫 번째 구매자에게만 주어지는 것이라면 그 부분도 명확하게 설명하도록 한다. 〈(1 of 1) 그롱크 커리어 하이라이트 카드 NFT〉에는 "이번 경매의 최고가 입찰자에게는 커리어 하이라이트 NFT 카드Career Highlight NFT Card를 증정하며 다음과 같은 특전이 제공됩니다"라고 설명되어 있다. 좀 더 정확하게는 '이번 경매'라고 쓰기보다는 '최초 경매'라고 쓰는 것이 나을 수 있겠다. 나중에 문제가 생기지 않도록 최대한 정확하게 쓰도록 하자.

- 특정 일자와 관련한 NFT를 소유하고 있는 사람에게 특전을 제공하는 방법도 있다. NFT가 하루에만도 여러 번 거래될 수 있으므로, 정확하게는 특정 일자에 NFT를 소유한 사람이 두 명 이상일 수도 있다. 따라서 날짜뿐만 아니라 시각, 그리고 시간대까지 포함해서 최대한 구체적인 기준을 정하도록 하자. "특전을 받기 위해서는 2021년 5월 8일 EST(미국 동부 표준시) 오후 12:00에 이 NFT를 보유 중이어야 합니다" 정도면 무난하다.

- 잠금 해제 콘텐츠가 있다면 설명에 잠금 해제 콘텐츠에 대

한 설명을 덧붙일 수 있다. 아니면 아예 비밀로 할 수도 있다. 보통은 잠금 해제 콘텐츠가 NFT의 가치를 높이는 경우가 많고 구매자들의 호기심을 유발할 수 있으므로 잠금 해제 콘텐츠에 대한 설명을 덧붙이는 것을 권한다.

경우에 따라 잠금 해제 콘텐츠가 NFT의 메인 콘텐츠인 경우도 있다. 시나 글을 NFT로 만드는 경우도 있다. 이때는 이러한 사실을 꼭 설명에 적어두도록 하자.

지속적 로열티

지속적 로열티가 설정되면 NFT 창작자는 미래의 NFT 거래에서도 수익을 얻을 수 있다. 처음 거래된 마켓플레이스에서 계속 거래된다는 전제 하에 당신의 NFT가 거래될 때마다 거래 금액의 일정 퍼센트를 받게 된다. 그리고 그 퍼센트는 처음 NFT를 만든 사람이 정할 수 있다. 단, 로열티가 너무 높으면 당신이 만든 NFT의 미래의 소유자가 재판매하기 어려울 수 있다는 점을 염두에 두자.

로열티를 50%라고 가정해보자. 만약 누군가가 당신의 NFT를 1ETH에 샀다면, 새로운 소유자가 재판매할 때 이익을 얻기 위해서는 최소한 2ETH에 NFT를 팔아야 한다는 뜻이다. 마켓플레이스가 판매수수료를 떼어가는 점을 생각하면 실제 가격은 더 높아져야 한다. 로열티는 10% 정도로 설정할 것을 권하지만 정하는 건 자신의 몫이다.

공급량

다른 대다수의 NFT와 마찬가지로 NFT의 공급량은 1이어야 한다. 이렇게 해야만 NFT 제작 과정이 단순해지고, 자신이 만든 NFT의 가치가 희석되지 않으며, NFT 판매 과정도 보다 원활해진다.

외부 링크

오픈시에서는 NFT의 상세 페이지에 표시될 링크를 넣을 수 있다. 링크는 NFT에 대해 더욱 자세한 정보가 있는 웹페이지로 연결된다. NFT에 담긴 사연이 긴 경우엔 이 이야기를 별도의 웹페이지에 담으면 된다. 링크를 어느 웹페이지로 걸 것인지는 자유지만 판매하고자 하는 NFT와 관련된 웹페이지여야 한다. 물론 외부 링크는 필수가 아니다. 링크를 걸만한 웹페이지가 달리 없다면 꼭 넣지 않아도 된다.

암호화폐 메타마스크 지갑 만들기

아직 블록체인을 직접 경험해보지 못했다면 지금부터 같이 경험할 작업은 블록체인과 암호화폐의 세계에 입문하기 위한 일련의 과정 중 가장 신나고 재미난 과정이 될 것이다. 자신만의 NFT를 만들려면 우선은 암호화폐 지갑이 있어야 한다. 특히 이더리움과 이더리움 블록체인상에 존재하는 암호화폐 토큰(ERC20 토큰)을 넣을 수 있는 이더리움 지갑이 필요하다. NFT를 지원하는 다른 블록체인들이 있지만 가장 인기 있는 블록체인인 이더리움을 바탕으로 설명하겠다.

메타마스크 지갑 만들기

시중에는 여러 가지 이더리움 지갑이 있는데 여기서는 그중에서도 가장 유명하고 사용하기 쉬운 지갑인 메타마스크를 사용하려 한다. 메타마스크는 브라우저 확장 기능의 형태로 작동한다(그림 6.3 참조). 따라서 크롬이나 파이어폭스, 브레이브, 엣지 등 브라우저 확장 기능을 지원하는 웹브라우저를 이용하도록 하자. 참고로 현재 메타마스크는 맥의 사파리 브라우저는 지원하지 않는다.

만약 이런 브라우저를 아직 사용하고 있지 않다면 각 브라우저를 다운받을 수 있는 링크는 이 책의 리소스 페이지(TheNFThandbook.com/Resources)에도 있다. 메타마스크 지갑은 아이폰이나 안드로이드에 상관없이 어떤 스마트폰에서든 이용할 수 있다. 하지만 우리는 NFT를 민팅할 계획이므로 컴퓨터에서 작업하는 것을 권한다. 이미지 업로드에서부터 입력할 내용이 많기 때문이다. 그러니 만약 메인 콘텐츠가 스마트폰에 있다면 미

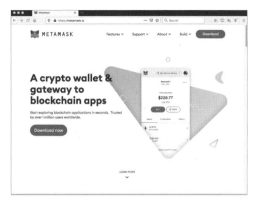

그림 6.2 메타마스크 홈페이지

그림 6.3 메타마스크 다운로드 페이지

리 컴퓨터에 옮겨놓도록 하자.

1. 크롬, 파이어폭스, 브레이브, 엣지 브라우저로 웹사이트 Metamask.io를 연다(그림 6.2).

2. 다운로드Download Now를 누르면 다음과 같은 화면과 비슷한 화면을 보게 될 것이다(그림 6.3)

3. 메타마스크 설치Install MetaMask 버튼을 클릭하자. 버튼에 각자가 사용하고 있는 웹브라우저의 이름도 보일 것이다. 브레이브나 엣지 브라우저를 사용하고 있더라도 크롬 브라우저용 메타마스크 설치Install MetaMask for Chrome라고 되어 있을 수도 있다. 그대로 넘어가도 무방하다.

4. 다음 페이지에서 파이어폭스 추가+Add to Firefox 또는 크롬 추가Add to Chrome 버튼을 누르자. 브라우저가 메타마스크 확장 기능을 추가할 것인지 물어보면 추가Add 또는 확장 기능 추가Add extension 버튼을 클릭하자.

5. 다음엔 시작하기Get Started 버튼을 클릭하자. (그림 6.4)의 화면과 비슷한 화면을 보게 될 것이다. 이 페이지에서는 기존 메타마스크 지갑을 불러올 수 있다. 메타마스크 지갑을 만든 후에 다른 브라우저나 다른 컴퓨터에서 메타마스크 지갑을 사용하고 싶다면 지갑 가져오기Import wallet 버튼을 누르면 된다. 다른 브라우저나 다른 컴퓨터에서 새로운 메타마스크 지갑을 만들 수도 있다. 이렇게 되면 두 개 이상의 메타마스크 지갑을 갖게 된다. 지금은 메타마스크 지갑을 처음 만드는 중이므로 지갑 만들기Create a Wallet 버튼을 클릭하자.

6. 그다음 페이지에서 지갑의 사용성과 유저 경험 향상을 위해서 사용 데이터를 익명화해 메타테스크에 제공할 것인지 여부를 선택할 수 있다. 익명화란, 데이터의 원래 주인을 특정할 수 있는 모든 정보를 지우는 것을 뜻한다. 원하는 대로 선택하자.

7. 이제 암호를 만들자. 다른 사람이 절대로 맞출 수 없는 암호를 만들어야 한다. 머릿속에 기억해두거나 종이에 적어 금고에 보관하도록 하자. 컴퓨터에 암호를 저장해서는 절대 안 된다. 지금 만드는 암호는 현재 사용하는 브라우저와 컴퓨터만을 위한 암호임에 주의하자. 만약 다른 브라우저나 다른 컴퓨터로 메타마스크 지갑을 가져오게 되면 새로운 브라우저나 컴퓨터를 위한 암호를 새로 만들어야 한다. 즉, 안에 들어 있는 것이 동일한 메타마스크 지갑일지라도 브라우저나 컴퓨터가 다르면 암호도 달라진다.

8. 이용약관을 살펴보자. 확인을 마쳤다면 이용약관을 확인했다는 체크박스를 확인하면 된다.

9. 만들기Create 버튼을 클릭하자. (그림 6.5)의 화면과 비슷한 화면을 보게 될 것이다. 비밀 백업 문구Secret Backup Phrase는 지갑을 열 수 있는 열쇠다. 이 비밀 백업 문구를 가진 사람은 누구나 당신의 지갑을 다른 브라우저로 가져와서 당신의 암호화폐와 NFT를 빼갈 수 있다. 스캐머(Scammer, 이메일

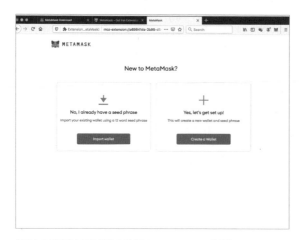

그림 6.4 메타마스크에 처음 오셨나요?New to MetaMask? 페이지

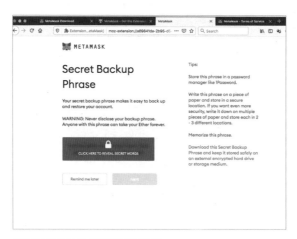

그림 6.5 메타마스크 비밀 백업 문구 페이지

이나 전화번호, 계정 정보를 해킹해 돈이나 재산을 가로채는 범죄자)들

이 백업 문구를 알아내기 위해 갖은 수를 쓰더라도 결코 알

려줘서는 안 된다. 백업 문구는 언제 어떤 경우에도 절대 공개하지 않아야 한다.

백업 문구의 중요성

아무에게도 백업 문구를 공개해서는 안 된다. 백업 문구를 잃어버리지 않는 것 역시 매우 중요하다. 컴퓨터를 분실하거나, 컴퓨터가 고장 나거나, 어떠한 이유에서든 컴퓨터를 사용할 수 없게 되었을 때, 지갑에 접근할 수 있는 유일한 방법은 다른 컴퓨터에서 백업 문구를 사용해 지갑을 가져오는 것이다. 백업 문구를 잃어버리거나 사용할 수 없게 되면 지갑에 접근할 수 있는 방법은 없으며 지갑에 들어 있던 암호화폐와 NFT 또한 사라지게 된다. 실제로 사라지는 것은 아니지만, 지갑을 열 수 없으므로 지갑 안에 있던 암호화폐와 NFT는 사라지는 것과 마찬가지다. 이 페이지에는 백업에 관련한 몇 가지 팁이 소개되어 있다.

- 백업 문구는 암호 관리 프로그램에 저장하지 않을 것을 권한다. 누군가 암호 관리 프로그램에 들어갈 수 있다면, 지갑의 안전도 보장할 수 없다.
- 아예 백업 문구를 종이에 써서 안전한 장소에 보관하자. 책상 서랍은 안전한 장소가 아니다. 안전한 장소라 함은 금고와 같이 비밀번호나 생체정보가 있어야 열 수 있는 곳을 의

미한다. 더 높은 수준의 보안을 원한다면 백업 문구를 여러 장의 종이에 써서 이것을 두세 군데에 보관하면 된다. 앞서 강조한 바와 같이 이러한 장소는 안전해야 한다. 백업 문구를 여러 장소에 보관하는 것은 분실에 대한 위험을 줄일 수 있는 반면 도난에 대한 위험은 높아질 수도 있음을 명심하자. 비밀 암호가 존재하는 곳이 늘어날수록 도난 가능성도 함께 높아지기 때문이다.

- 백업 문구를 외우자. 무작위로 생성된 12개의 단어를 외우는 것은 어려울 수 있지만 연상기억법이 도움이 될 수 있다. 참고로 영어에서는 태양계의 행성 이름을 외울 때 다음과 같은 문장을 쓴다. 명왕성이 아직 행성으로 분류되던 시절의 이야기지만 "My Very Educated Mother Just Served Us Nine Pies." 각 단어의 첫 번째 철자는 태양으로부터 가까운 순서대로 수성Mercury, 금성Venus, 지구Earth, 화성Mars, 목성Jupiter, 토성Saturn, 천왕성Uranus, 해왕성Neptune, 명왕성Pluto을 의미한다. 이런 식으로 연상기억법을 사용해보자. 물론 백업 문구의 암기에만 전적으로 의존해서도 곤란하다. 사람의 기억이란 완전하지 않으므로 백업 문구 중 한 단어만 잊어버려도 백업 문구가 무용지물이 되기 때문이다.

- 백업 문구를 컴퓨터에 다운받는 것은 권하지 않으나 암호화된 외장 저장매체에 저장해 안전한 곳에 보관하는 것은 괜

찮다. 암호화된 하드드라이브나 플래시 드라이브 및 그 외의 암호화된 저장 매체는 백업 문구를 보관하는 데 적합하다. 백업 문구를 컴퓨터에 저장하는 경우 암호로 보호된 폴더에 보관하는 방법도 있다. 자세한 방법은 이 책의 리소스 페이지(TheNFThandbook.com/Resources)를 참고해도 된다. 백업 문구를 컴퓨터로 직접 다운로드하기보다는 암호화된 드라이브나 패스워드로 보호된 폴더를 준비해 텍스트에디트 TextEdit나 노트패드Notepad 같은 프로그램을 열어 백업 문구를 복사해서 붙여넣거나 직접 입력한 후 암호화된 드라이브나 패스워드로 보호된 폴더에 텍스트 파일 형태로 저장할 것을 권한다. 이제 메타마스크 사이트의 클릭해서 비밀문구 보기CLICK HERE TO REVEAL SECRET WORDS 버튼을 클릭하자. 단어 순서도 중요하므로 단어의 순서가 섞이지 않도록 적자. 다음Next을 클릭하자.

- 각자의 백업 문구를 순서대로 클릭하자. 순서가 틀렸다면 상자 안의 단어를 클릭해서 옮겨 순서를 바꿀 수 있다.
- 마지막으로 다음 페이지에서 다시 한 번 주의사항을 잘 살펴보자. 다 읽었으면 마침 버튼을 누르면 된다. 스와핑에 대한 팝업이 뜰 수도 있다. 스와핑은 나중에도 언제든지 할 수 있으므로 지금은 건너뛰도록 하자. 스와핑은 나중에 챕터 8에서 다루게 된다. 지금은 일단 팝업을 닫자.

그림 6.6 메타메스크 지갑

이걸로 끝이다. 축하한다. 당신은 방금 메타마스크 지갑을 만들었다. 메타마스크 지갑에 대해 지금 다음과 같은 페이지를 보고 있을 것이다.

지갑 주소

화면 상단의 계정 1(Account 1)을 클릭하면, 지갑 주소가 클립보드로 복사된다. 이것이 바로 당신의 지갑 주소다. 우편을 주고받는 실제 주소와 비슷하다고 보면 된다. 만약 누군가가 당신에게 돈을 보내려 한다면 당신은 계좌번호를 알려줄 것이다. 마찬가지로 만약 누군가가 당신에게 이더리움, ERC20 토큰, 혹은 NFT를 보내고자 한다면 이더리움, 토큰, NFT를 받을 수 있는 메타마스크 지갑 주소를 알려주면 된다.

이더스캔Etherscan.io이나 이더플로러Ethplorer.io처럼 거래 내역을 보여주는 블록 익스플로러에 주소를 입력하면 그 주소에 담긴 모든 자산과 그 주소가 보내거나 받은 거래건을 모두 확인할 수 있다. 당신의 지갑 주소를 알고 있는 누구나 이 정보를 볼 수 있는데, 이것은 블록체인의 투명성에 기인한 것으로서 애초에 그렇게 만들어진 것이다.

'계정 1'의 오른쪽에 위치한 점 세 개를 클릭하고 계정 세부정보Account Details를 선택하자. 팝업에는 42자리 지갑 주소와 지갑 주소를 담은 QR 코드가 나온다. 대부분의 모바일 지갑은 QR 코드를 읽을 수 있으므로 긴 주소를 복사해서 주고받기보다는 QR 코드 주소를 활용하면 된다.

계정의 세부 정보에서 오른쪽 상단의 연필 아이콘을 누르면 계정 이름을 바꿀 수도 있다. 바꾼 이름을 저장하려면 체크 마크를 클릭하자. 여러 개의 지갑을 이용하는 경우에는 이름으로 구분하는 것이 도움이 될 수 있다. 그렇다면 어떤 경우에 여러 개의 지갑이 필요할까? 특정 NFT 마켓플레이스에 두 개 이상의 계정을 만들고자 하는 경우 계정마다 하나씩 지갑이 필요하다. 혹은 NFT와 암호화폐 거래용 지갑을 분리해서 관리할 수도 있다. 정답은 없으므로 편한 대로 지갑을 생성해서 이용하면 된다.

추가 지갑 주소를 생성하기 위해서는 페이지 우측 상단의 동그라미를 클릭하고 계정 생성Create Account을 클릭하면 된다. 계정의 이름을 정해서 입력한 뒤 생성 버튼을 누르면 된다. 페이지 우측 상단의 동그라미를 다시 클릭하면 계정을 전환할 수 있다.

지갑 주소를 사용할 때 주의할 점이 있다. 복사 후 붙여넣기를 하거나 QR 코드를 사용해야 한다. 특히 다른 사람에게 암호화폐나 NFT를 받을 때 절대로 직접 한 자 한 자 주소를 입력하는 일은 없어야 한다. 한 글자도 오타가 나게 되면 다른 사람이 보낸 것들을 전혀 받을 수 없게 된다.

지갑의 나머지 부분은 자산(지갑에 이더리움이나 다른 토큰의 잔고가 얼마나 있는지), 각 암호화폐의 가치, 활동(해당 지갑이 보내거나 받은 거래) 내역을 보여준다. 지갑 내 계정마다 자산이나 활동 내역이 다른 점을 유의하자.

기술적으로 알아둘 부분은 NFT와 암호화폐가 보관되는 곳은 당신의 메타마스크 지갑 '안'이 아니라는 점이다. NFT와 암호화폐는 이더리움 블록체인상에 보관된다. 각 블록체인 자산(NFT, 암호화폐 토큰)은 각자 연관된 주소를 갖고 있으며, 당신이 소유한 블록체인 자산은 당신의 지갑 주소와 이어져 있다.

메타마스크 지갑을 이용하는 법

메타마스크 지갑을 열어보려면 브라우저의 오른쪽 위에 있는 여우 아이콘을 누르면 된다. 만약 브라우저 상단에서 여우 아이콘이 보이지 않는다면, 퍼즐 조각 아이콘을 누른 후 확장기능 목록에서 메타마스크를 클릭하면 된다. 메타마스크 아이콘을 브라우저 상단에 고정해두면 사용하기 편리하다.

먼저 퍼즐 조각 아이콘을 눌러 확장기능 목록을 띄우자. 확장기능 목록 중 메타마스크의 오른쪽에 있는 푸시핀 아이콘을 클릭하자. 만약 파이어폭스 브라우저를 쓰고 있다면 여우 아이콘이 자동으로 브라우저에 고정되었을 것이다.

평소에 지갑을 자주 사용하는 편이라면 암호를 입력하지 않고도 바로 지갑을 쓸 수 있지만, 일정 기간 지갑을 사용하지 않다가 다시 지갑을 열어보려면 암호를 입력해야 한다. 지갑에서 로그아웃하고 싶은 경우에는 지갑 오른쪽 위에 있는 동그라미를 클릭한 후 동그라미 바로 아래의 잠금Lock을 클릭하자. 다른 사람들과 컴퓨터를 함께 쓰고 있거나 다른 사람이 당신의 컴퓨터를 사용할 가능성이 있는 경우 지갑 사용 후 꼭 로그아웃(잠금)할 것을 권한다. 지갑을 잠그지 않으면 당신의 컴퓨터를 사용하는 다른 사람이 지갑에 들어 있는 암호화폐나 NFT를 마음대로 전송할 수 있게 된다.

오픈시 계정 만들기

오픈시는 세계 최대 규모의 NFT 마켓플레이스이며 가장 사용하기 쉬운 마켓플레이스기도 하다. NFT의 판매에 대해서는 다음 챕터에서 다룰 것이다.

1. 메타마스크 지갑을 생성한 웹브라우저에서 오픈시 사이트 OpenSea.io를 연다. 오픈시 홈페이지에서 만들기Create 버튼을 클릭하거나 화면 오른쪽 위에 위치한 프로필 아이콘을 클릭해서 내 프로필My Profile을 선택하자.
2. 다음 페이지에서 지갑에 로그인하라는 안내를 받게 된다. 로그인 하면 메타마스크 지갑이 열릴 것이다(그림 6.7).
3. 이때 계정이 이미 연동되어 있어야 정상이다. 다음Next 버튼을 클릭하자. 이번에는 지갑 쪽에서 승인한 계정의 주소를 오픈시가 볼 수 있도록 허용하려 하며 이는 반드시 필요한 절차라는 안내를 띄울 것이다. 연결Connect 버튼을 클릭하자. 다음과 비슷한 페이지를 보게 될 것이다(그림 6.8).

이제 오픈시 계정도 만들었다. NFT를 판매하고자 하는 경우 프로필 사진과 배너 이미지도 추가해야 한다. 동그라미를 클릭해 프로필 사진을 올리자. 프로필 사진용 추천 사이즈는 350×350픽셀이다.

그림 6.7 메타마스크 지갑을 오픈시에 연결하기

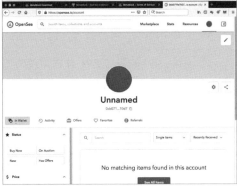

그림 6.8 오픈시 계정 화면

프로필의 연필 아이콘을 클릭하면 배너 이미지를 올릴 수 있다. 배너 이미지의 사이즈는 1400×400픽셀 정도로 준비하자. 배너는 기기와 웹브라우저의 가로 너비에 따라 다르게 보일 수 있다. 오픈시의 경우 배너에는 텍스트를 넣지 않을 것을 권고한다. 배너 가장자리는 기기와 웹브라우저에 따라 보이지 않을 수도 있으므로 꼭 보여야 할 중요한 부분은 항상 배너 가운데에 오게 하자.

계정 이름을 바꾸려면 오른쪽에 있는 기어 아이콘Gear Icon을 클릭하자. 메타마스크 지갑이 열리면서 서명Sign 버튼을 클릭하라고 안내한다. 버튼을 클릭하면 오픈시의 이용약관에 동의하게 된다. 이 단계는 보안 메커니즘의 일부이기도 하다. 메타마스크 지갑에 접근할 수 있는 사람(제작자)만이 당신의 오픈시 계정의 설정 페이지에 들어갈 수 있기 때문이다. 만약 당신의 메타마스크 지갑이 잠겨 있다면, 암호를 넣고 잠금을 풀도록 하자. 오픈시에서는 메타마스크 지갑이 로그인 정보와 같은 역할을 하므로 오픈시만을 위한 별도의 암호를 만들 필요가 없다는 점을 참고하자.

일반 설정General Settings에서는 각 계정에 사용자 이름을 입력할 수 있다. 당신에 대한 소개도 추가할 수 있는데, 가급적 추가해보자. 당신만의 이야기를 세상에 전할 수 있는 기회다. 마지막으로 이메일 주소를 입력하고 저장 버튼을 누르면 끝난다. 곧 오픈시로부터 이메일이 한 통 도착할 것이다. 이메일을 열어서 이메일 인증하기VERIFY MY EMAIL를 클릭하면 마무리된다. 계정 정보를 추후 확인할 때는 오픈시의 아무 페이지에서나 화면 오른쪽 위의 프로필 사진을 클릭하면 된다.

컬렉션 만들기

오픈시에서 유통되는 모든 NFT는 유사한 주제의 NFT를 모아놓은 묶음을 일컫는 컬렉션에 속해야 한다. 오픈시에는 〈크립토펑크 NFT〉, 〈F1 델타 타임 NFT〉, 〈롭 그론카우스키 챔피언십 시리즈 NFT〉, 〈디센트럴랜드 웨어러블 NFT〉, 〈스리스투지스 공식 NFT〉, 〈크소이드Ksoids NFT〉 등 수많은 컬렉션이 등록되어있다. 컬렉션은 인터넷 상점과도 같다. 따라서 오픈시에서 NFT를 만들기 전에 먼저 컬렉션부터 만들어야 한다. 단 하나의 NFT를 만들더라도 그 NFT를 포함하는 컬렉션이 존재해야 한다. 따라서 오픈시에서 컬렉션을 시작하기에 앞서, 컬렉션의 구성 요소를 준비해보자.

컬렉션의 구성 요소

컬렉션을 만들기 위해서는 다음과 같은 콘텐츠 및 정보가 필요하다.

- 주제
- 이름
- 로고
- 배너 이미지
- 프로모션 이미지
- 설명
- 링크
- 지속적 로열티

· 지속적 로열티 주소

주제

대다수 컬렉션은 컬렉션에 속하는 모든 NFT에서 공통적으로 다루는 특정한 테마나 주제를 갖고 있다. 〈롭 그론카우스키 챔피언십 시리즈 NFT〉 컬렉션은 너무나 당연하게도 롭 그론카우스키가 이뤄낸 네 번의 NFL 우승과 관련된 NFT를 담고 있다. 또한 〈크립토펑크 NFT〉 컬렉션은 당연하게도 그냥 크립토펑크 NFT들이다.

어떤 것들을 NFT로 만들고자 하는가? 당신이 좋아하는 주제는 무엇인가? 주제를 생각할 때는 너무 복잡하거나 지나치게 의미심장할 필요는 없다. NFT를 모두 아우를 수 있는 것이면 족하다. 심지어 주제가 다른 NFT를 모아놓아도 상관없다. 주제에 대해서는 정해진 규칙이 없기 때문이다.

두 가지 서로 매우 다른 주제, 클래식 자동차와 돌고래에 빠져 있다고 예를 들어보자. 클래식 자동차 NFT와 돌고래 NFT를 하나의 컬렉션에 모아두면 매우 어색해 보일 것이다. 정답은 간단하게 클래식 자동차 NFT를 담는 컬렉션과 돌고래 NFT를 담는 컬렉션을 따로따로 만드는 것이다. 하나의 오픈시 계정은 여러 개의 컬렉션을 보유할 수 있다. 따라서 언제든 새로운 주제가 떠오른다면 이번 섹션에 안내된 단계를 따라가면서 그냥 새 컬렉션을 만들자.

이름

〈롭 그론카우스키 챔피언십 시리즈 NFT〉나 〈크립토펑크 NFT〉에서 보았듯이 컬렉션의 이름은 컬렉션의 주제를 나타내는 것이 가장 이상적이다. 다양한 시도를 해보는 것은 좋지만, 보는 사람이 내용을 착각할 만한 이름이나 실제 주제와 너무 동떨어진 이름은 피하는 것이 좋다. 만약 컬렉션에 딱히 이렇다 할 테마나 주제가 없다면, 그냥 〈맷의 NFT 컬렉션〉이나 〈큐해리슨의 멋진 NFT〉처럼 이름을 짓는 방법도 있다.

로고

컬렉션에는 로고가 필요하다. 오픈시에서 권장하는 로고의 크기는 350×350픽셀이다. 어떤 이미지가 각 컬렉션이나 주제를 잘 표현할 수 있을까? NFT, 프로필 사진, 회사 로고, 그 외에 다양한 이미지 일부를 로고로 사용하면 된다. 오픈시를 돌아다니면서 다른 컬렉션들은 어떻게 하고 있는지 살펴보자. 다른 컬렉션의 배너 이미지나 설명도 같이 잘 살펴보자.

배너 이미지

필수 요소는 아니지만 가급적 준비할 것을 강력하게 권한다.

그림 6.9 〈줄리앙 에델만: 인크레델만Julian Edelman: INCREDELMAN NFT〉 컬렉션 로고 및 배너 이미지

배너 영역이 비어 있으면 전문적이지 못하다는 인상을 주기 때문이다. NFT를 판매할 계획이라면 눈에 잘 띄는 배너 이미지가 필요하다. 배너 이미지는 프로필 배너 이미지와 같은 사이즈(1400×400픽셀)로 준비하면 된다. 배너 이미지도 기기나 웹브라우저의 가로 너비에 따라 다르게 보일 수 있다. 로고와 마찬가지로 컬렉션의 테마나 주제를 보완할 수 있는 이미지를 고르도록 하자. 컬렉션의 로고 이미지와 비슷하게 만들거나, 로고 이미지를 확대해서 사용하는 경우도 있다(그림 6.9).

프로모션 이미지

프로모션 이미지는 오픈시 홈페이지나 카테고리 페이지, 그 외의 다른 홍보에 컬렉션을 소개할 때 사용할 이미지다. 오픈시가 당신의 컬렉션을 추천해줄지도 모를 일이므로 미리 하나 만들어놓는 것을 권한다. 오픈시의 추천을 받은 컬렉션은 상당한 트래픽을 받게 된다. 컬렉션 페이지로의 방문자가 많아진다는 의미이다. 프로모션 이미지의 권장 사이즈는 600×400픽셀인데, 배너 이미지를 이 크기에 맞게 고쳐 쓰는 방법을 추천한다. 가장 쉽고 편한 길이기도 할 뿐더러 이렇게 함으로써 일관된 브랜드를 유지할 수 있기 때문이다. 누군가가 프로모션 이미지를 클릭해서 컬렉션 페이지를 방문했을 때, 배너 이미지를 보고 제대로 찾아온 것이 맞는다는 것을 알게 될 것이다.

설명

설명이 꼭 필요한 것은 아니지만 작성할 것을 권한다. 컬렉션의 설명은 컬렉션에 속한 NFT에 대한 설명을 제공하여 잠재적인 구매자들을 유인하는 역할을 한다. 정해진 규칙은 없지만 몇 가지 팁이 있다면 다음과 같다.

- 사연을 담자. NFT를 만들 때 무엇으로부터 영감을 얻었나?
- 컬렉션에 속한 NFT를 설명하자.
- 작가에 대한 정보를 제공하자. 작가의 배경, 영향, 관심사 모두 좋다.
- 컬렉션에 여러 에디션이 포함되어 있다면 각 에디션에 대한 상세 정보를 제

공하자.

- 재미난 특전이나 잠금 해제 콘텐츠가 있다면 소개하자.

- 수익금의 일부가 기부될 예정이라면 설명에 함께 언급하자.

- 경매 종료 시기도 설명에 넣자.

- 그 외 다른 흥미로운 정보가 있다면 더 추가하자.

이 외에도 설명에는 다양한 내용이 들어갈 수 있으며 팁에서 언급된 모든 내용을 담을 필요도 없다. 창의력을 발휘해서 꼼꼼하게 적어보자. 하지만 1,000자 제한이 있다는 점에 유의하자.

설명에는 마크다운Markdown 문법을 사용할 수 있다. 마크다운이란 태그 등을 이용해 데이터의 구조를 표현하는 마크업 언어markup language의 단순화된 버전을 뜻한다. 마크다운 문법을 사용하면 설명에 볼드체나 이탤릭체를 적용하거나, 큰 제목을 사용하는 등 설명 텍스트에 몇 가지 효과를 적용할 수 있다. 텍스트를 굵게 보이게 하고 싶다면 **볼드체**와 같이 볼드체를 적용할 텍스트 앞뒤로 **를 붙여주면 된다. 이탤릭체를 적용하고자 할 때는 *이탤릭체*와 같이 이탤릭체를 적용할 텍스트 앞뒤로 *를 붙여주면 된다. 세부 설명은 리소스 페이지(TheNFThandbook.com/Resources)에서 확인할 수 있다. 당연히 컬렉션 구성 요소를 완벽하게 만드느라 지금 당장 너무 진을 뺄 필요는 없다. 컬렉션 구성 요소는 나중에도 얼마든지 수정할 수 있다.

링크

컬렉션 페이지에는 웹사이트나 SNS 계정으로 연결되는 링크를 추가할 수 있다. 계정 페이지로 바로 링크를 걸 수 있는 SNS는 다음과 같다. 모든 링크를 다 채워도 되고, 링크를 하나도 넣지 않아도 된다. 아래에 나열된 플랫폼을 이용하고 있다면 링크를 걸어놓을 것을 권한다. 잠재적 구매자가 당신에 대해 더욱 잘 알 수 있기 때문이다. 구매자가 당신에 대해 더 잘 알게 될수록 당신의 NFT를 구매할 가능성도 커진다. 링크는 소셜미디어 팔로어를 늘리는 데 도움이 될 것이다. 또한, 이러한 링크는 오픈시가 컬렉션을 검증하는 데도 도움이 된다.

- 디스코드
- 트위터
- 인스타그램
- 미디엄(Medium, 미국의 블로깅 전문 웹사이트. 암호화폐 업계에서 특히 많이 사용한다)
- 텔레그램
- 웹사이트

지속적 로열티

지속적 로열티는 NFT의 구성을 다룰 때 설명한 것과 같이 최초 판매 이후에 NFT가 재판매될 때 판매 금액의 일정 퍼센티지를 원작자에게 자동으로 지급하는 기능이다. 오픈시에서는 로열티율은 컬렉션 단위로 지정하며, 이 로열티율은 해당 컬렉션에 속한 모든 NFT에 공통적으로 적용된다. 따라서 NFT마다 다른 로열티율을 적용하고 싶다면 NFT를 서로 다른 컬렉션에 넣어야 한다.

지속적 로열티 주소

NFT를 판매한 수익금은 보통 이더리움으로 계산되고, 지갑 주소와 연결된 메타마스크 지갑으로 전송된다. 하지만 지속적 로열티는 이와는 별도로 로열티를 받을 지갑 주소를 따로 설정할 수 있다. 각자의 메타마스크 지갑 주소로 설정해도 되고, ERC20 토큰을 지원하는 다른 이더리움 주소로 설정해도 된다. 이제 컬렉션 만들기에 필요한 모든 준비를 마쳤으니 실제로 컬렉션을 만들어보자.

오픈시 컬렉션 만들기

컬렉션을 만들기 위해서는 순서대로 따라하면 된다.

1. 오픈시를 연 다음 페이지에서 프로필 사진 위로 마우스 커서를 옮기고 내 컬렉션My Collections을 클릭하자. 그다음 내 컬렉션 페이지의 컬렉션 만들기Create a collection 상자 안에 있

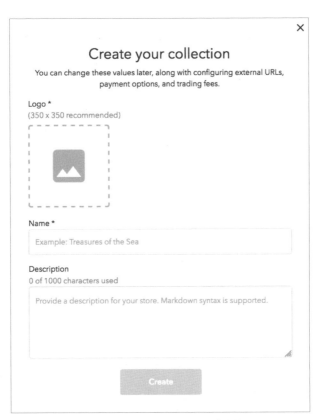

그림 6.10 〈당신의 컬렉션을 만드세요(Create your collection)〉 팝업

는 만들기Create 버튼을 클릭하자.

2. 컬렉션 만들기Create your collection 팝업이 뜨면 로고 이미지를 로고 상자에 드래그해 이미지를 업로드하자. 그리고 컬렉션의 이름을 입력하자. 컬렉션 설명을 복사해서 붙이거나 직접 입력해 채우자. 전부 완료한 후 만들기Create 버튼을 클

릭하자(그림 6.10).

이제 컬렉션이 만들어졌다. 하지만 아직 끝난 게 아니다. 컬렉션 구성 요소의 나머지 부분을 채워 넣어야 하기 때문이다. 마우스 커서를 프로필 위로 옮기고 내 컬렉션My Collections을 클릭해 내 컬렉션 페이지로 가보자. 컬렉션 페이지에서 이전에 올렸던 컬렉션 로고를 클릭해보자.

컬렉션 페이지에서 가장 먼저 할 것은 배너 이미지를 추가하는 것이다. 페이지의 우측 상단에 있는 연필 아이콘을 클릭해 마련해둔 배너 이미지 파일을 찾아서 올리자. 다음은 컬렉션 설명 하단에 있는 편집 버튼을 클릭하자. 컬렉션 편집하기Edit your collection 페이지로 이동하게 되는데, 이곳에서는 컬렉션 구성 요소를 언제든지 더하거나 수정할 수 있다. 우리는 이미 컬렉션의 구성 요소를 준비해두었으므로, 이 페이지에서 요구하는 정보 대부분은 바로 채워 넣을 수 있다.

로고 이미지
로고 이미지 상자에 이미 업로드해 놓은 이미지가 보일 것이다. 새로운 로고 이미지를 박스에 넣어 로고 이미지를 변경할 수 있다.

프로모션 이미지

준비해 둔 프로모션 이미지를 프로모션 이미지 상자에 넣는다.

배너 이미지

아직 배너 이미지를 설정하지 않았다면, 배너 이미지를 배너 이미지 상자에 넣는다.

이름

자신의 컬렉션의 이름을 입력한다.

URL

각자가 생성한 컬렉션의 웹 주소도 수정할 수 있다. 컬렉션의 이름과 연관이 있는 URL을 쓰는 것이 보통이지만 꼭 그래야 하는 것은 아니다.

설명

준비해둔 설명을 복사해서 붙여 넣는다.

카테고리

카테고리 정보를 추가하면 오픈시에서 더 많은 사람이 당신의 NFT를 발견하는 데 도움이 된다. 따라서 카테고리 추가Add

Category 버튼을 클릭하자. NFT의 성장에 발맞춰 오픈시의 카테고리도 지속적으로 늘어나고 있다. 아래의 주제 중 NFT와 가장 연관성이 높은 카테고리를 고르도록 하자.

- 미술(Art)
- 음악(Music)
- 도메인 이름(Domain Names)
- 가상 세계(Virtual Worlds)
- 트레이딩 카드(Trading Cards)
- 수집품(Collectibles)
- 스포츠(Sports)
- 유틸리티(Utility)

링크

웹사이트 및 SNS 링크 혹은 지금 사용하는 플랫폼의 계정 이름을 넣자.

로열티

지속적 로열티율을 설정할 수 있다. 로열티율을 10%로 설정하고자 하는 경우 0.1이 아니라 10을 입력하자. 로열티율을 입력하면 로열티를 받을 주소를 묻는 창이 나타날 것이다. 로열티를 받을 지갑 주소를 복사해 붙여넣은 다음 등록하도록 하자.

결제 토큰

구매자가 NFT를 구매할 때 사용할 수 있는 암호화폐 종류를
의미한다. 토큰 추가Add token 버튼을 클릭한 후 목록에서 선택함
으로써 다른 암호화폐(ERC20 토큰)를 추가할 수 있다. 꼭 받고자
하는 토큰이 있거나 홍보하고자 하는 토큰이 있는 경우가 아니
라면 굳이 추가할 필요는 없다.

디스플레이 테마

디스플레이 테마는 NFT의 메인 콘텐츠 표시 방식에 영향을
미친다. 만약 투명 배경이 포함된 PNG 이미지를 사용했다면 여
백 방식Padded을, 그렇지 않다면 꽉 채운 방식Contained을 선택할 것
을 권한다.

민감한 콘텐츠

콘텐츠가 성인만 이용 가능한 것에 해당한다고 판단되면 이
스위치를 켜도록 하자. 혹시 판단이 잘 서지 않더라도 조심하는
차원에서 스위치를 켜는 게 좋겠다.

공동 제작자

NFT를 다른 사람과 함께 만들었다면, 공동 제작자를 추가할 수 있다. 공동 제작자 추가Add collaborator 버튼을 클릭해서 공동 제작자들의 이더리움 주소를 팝업에 입력하자. 공동 제작자는 운영자와 같은 수준의 권한을 갖는다. 공동 제작자는 컬렉션 세팅 수정, NFT의 판매 수익금 공유, 지속적 로열티 지급 주소 변경, 새 아이템 생성 등 거의 모든 작업을 할 수 있으므로 공동 제작자를 추가할 때는 주의를 기울여야 한다. 일단은 진행을 단순하게 하기 위해, 가능하면 공동 제작자를 추가하지 않는다.

모두 입력이 끝나면 수정사항 제출Submit Changes 버튼을 클릭하자. 만약 버튼이 회색으로 되어 있으면 꼭 필요한 정보나 콘텐츠를 놓쳤거나 메타마스크 지갑의 잠김 버튼을 풀어야 한다. 이제 컬렉션이 완성되었다. 컬렉션에 NFT를 넣는 작업은 다음 챕터에서 진행할 것이다.

컬렉션이 잘 만들어졌는지 다시 살펴보자. 아직 컬렉션 편집하기Edit your collection 페이지에 있다면 왼쪽 위 모서리의 컬렉션으로 돌아가기Back to collection 링크를 클릭하자. 또는 프로필 위로 마우스 커서를 옮긴 후 컬렉션을 선택한 후 로고를 클릭하자. 이제 컬렉션 페이지로 왔다. 컬렉션 페이지가 다른 방문자들에게 어떻게 보이는지 확인하려며 컬렉션 설명 하단의 방문Visit 버튼을 클릭하자. 아니면 컬렉션 URL을 웹브라우저에 입력해도 된다.

다 제대로 되어 있는지 확인하자. 배너 이미지의 중요한 부분이 잘 보이는가? 설명이 정확한가? 마크다운 문법을 쓴 곳이 의도대로 표현되었는가? 오른쪽 위 모서리에 있는 링크도 확인할 수 있다. 그리고 방금 컬렉션을 만들었기 때문에 통계 수치는 모두 0일 것이다. 활동을 쌓아갈수록 이 숫자들은 자동으로 업데이트될 것이다. 수정할 내용이 있다면 우측 상단 모서리의 연필 아이콘을 클릭해 고치면 된다. 더 이상 수정할 내용이 없다면 이제 NFT를 민팅(발행)할 준비가 끝난 것이다.

본인 인증

민팅을 시작하기 전에, 본인 인증에 대해서 알아보자. 어떤 컬렉션은 다음과 같이 파란색 체크 마크가 붙어있는 것을 본 적이 있을 것이다(그림 6.11).

Akwasi Frimpong's The Rabbit Theory

그림 6.11 인증을 마친 〈아카시 프림퐁의 래빗 이론Akwasi Frimpong's The Rabbit Theory NFT〉 컬렉션

다른 소셜미디어 플랫폼과 유사하게, 파란색 체크 마크는 해당 컬렉션이 인증되었음을 나타낸다. 즉, 오픈시 직원이 해당 컬렉션의 소유자가 본인이 맞는지를 검토하여 확인을 마쳤다는 의미다. 인증 표시는 컬렉션에 속한 NFT를 사거나 입찰할 때 구

매자들을 안심시키는 역할을 한다.

현재로서는 오픈시에 있는 당신의 컬렉션을 인증해달라고 요청할 수 없다. 인증은 특정 지갑을 소유하거나 관리하는 개인이나 회사가 사칭의 위험에 처한 경우에만 계정 페이지에 추가되며, 이것은 보통 유명인이나 유명 기관이 제작한 컬렉션에만 해당된다. 오픈시에 있는 대다수의 컬렉션은 인증을 받지 않은 상태이므로 컬렉션이 인증을 받지 않았다고 해서 불안하게 생각할 필요는 없다.

NFT 민팅하기

NFT 초기 시절에 NFT를 민팅하기 위한 유일한 방법은 스마트 컨트랙트를 직접 프로그래밍하는 것이었다. 스마트 컨트랙트란 본질적으로 이더리움 네트워크상에서 작동하는 프로그래밍 코드다. 그리고 이더리움 네트워크는 전세계 수천 대의 컴퓨터로 구성된 거대한 컴퓨터라고 할 수 있다. 스마트 컨트랙트는 자바스크립트(JavaScript, 웹브라우저 프로그래밍 언어 중 하나)에 기반한 이더리움의 네이티브 프로그래밍 언어인 솔리디티Solidity로 작성된 컴퓨터 프로그램이다.

스마트 컨트랙트를 작성하고 나면 정상적으로 작동하는지 확인한 후 이더리움 네트워크에 배포deploy하게 된다. 여기서 '배포'란, 완성된 소프트웨어를 실제 사용자에게 전달하거나 공개하는

그림 6.12 새 아이템 만들기 페이지

과정으로서 이 경우에는 이더리움 블록체인상에 올리는 것을 의
미한다. 한 번 블록체인에 배포된 스마트 컨트랙트는 수정할 방
법이 없으므로 테스트는 매우 중요하다. 모든 NFT는 각기 개별

적인 스마트 컨트랙트이므로, 블록체인에 스마트 컨트랙트를 배포할 때마다 가스피가 든다.

이제는 오픈시나 다른 NFT 마켓플레이스의 등장으로 더 이상 스마트 컨트랙트를 직접 작성하지 않아도 됨은 물론 프로그래밍 코드를 작성하는 방법(코딩)이나 테스트 및 배포를 하는 법도 알 필요가 없어졌다. NFT의 모든 구성 요소를 이미 만들었으므로, 실제 민팅 과정은 제법 간단하다. 오픈시에서 프로필 사진 위로 마우스를 옮겨 내 컬렉션을 선택한 후 컬렉션 로고를 클릭하자. 그다음 컬렉션 페이지에서 새 아이템 추가하기Add New Item 버튼을 클릭하자. 그렇다면 다음과 같이 새로운 아이템 만들기Create new item 페이지로 넘어온다(그림 6.12).

이미지, 동영상, 오디오, 3D 모델 Image, Video, Audio, or 3D Model

NFT의 메인 콘텐츠를 업로드하는 곳이다. 파일을 박스 안으로 끌어오자. 오디오나 동영상 파일을 업로드할 때는 미리 보기 이미지 박스가 나타난다. 미리 보기 이미지나 gif를 미리 보기 이미지 박스로 드래그해서 넣자.

- 이름(Name) : 개별 NFT의 이름을 입력하자.

- 외부 링크(External Link) : 각자의 NFT와 관련된 외부 링크가 있다면 입력하자.

- 설명(Description) : NFT에 대한 설명을 복사해서 붙여넣자. 여기서도 마크다

운 문법을 쓸 수 있다.

특성, 레벨, 능력치 Properties, Levels, Stats

특성, 레벨, 능력치 항목은 디지털 게임 트레이드 카드 NFT 나 인게임 아이템 NFT에서 유용하게 활용할 수 있다. 특성, 레벨, 능력치 항목을 꼭 써야 할 이유가 있지 않다면 이 항목은 그냥 비워둘 것을 권한다. 여러 개의 NFT 에디션을 만드는 경우, 1부터 10까지 번호가 매겨진 총 10개의 에디션을 만든다고 하면 일부 NFT 창작자들은 능력치에 에디션 번호를 넣기도 한다. 필요한 것은 아니지만 만약 이렇게 하고 싶다면 시작 버튼 오른 쪽에 있는 + 버튼을 클릭하자. 팝업이 뜨면 이름을 에디션Edition 이라고 입력하고 해당 NFT의 에디션 번호, 그리고 전체 에디션 개수를 넣자. 다 끝났으면 저장하자.

잠금 해제 콘텐츠 Unlockable Content

잠금 해제 콘텐츠가 있다면 스위치를 켜고 잠금 해제 콘텐츠 를 복사해서 붙여넣자. 앞서 언급했던 것처럼 잠금 해제 콘텐츠 는 텍스트만 입력할 수 있으며 파일은 쓸 수 없다. 여기서도 마크다운 문법을 쓸 수 있다.

민감한 콘텐츠 Explicit & Sensitive Content

NFT 콘텐츠가 성인만 이용할 수 있는 것이라면 이 스위치를 켜도록 하자. 혹시 판단이 잘 서지 않더라도 조심하는 차원에서 스위치를 켜두도록 하자.

공급량 Supply

앞서 다뤘듯이 공급량은 1로 하자.

메타데이터 프리징 Freeze Metadata

단어 그대로 동결한다는 뜻이다. 메타데이터 프리징을 하면 메타데이터가 잠기면서 IPFS 상에 저장되며, 메타데이터 프리징 이후에는 NFT의 내용을 변경할 수 없다. 메타데이터 프리징을 하려면 아이템을 먼저 만들어야 하고 가스피도 지불해야 한다. 메타데이터 프리징은 굳이 해야 할까? 메타데이터 프리징이 NFT의 영속성을 높여주기는 하나 가스피만큼의 가치가 있을지 결정하는 것은 각자의 몫이다. 대다수의 창작자들은 메타데이터 프리징을 선택하지 않는다. 오픈시는 계속 발전하고 있으므로 새로운 NFT를 만들 때 설정해야하는 옵션이 변경될 수도 있다. 새로운 변경 사항에 대해서는 영문 웹사이트(TheNFThandbook. com)를 참고하면 도움이 될 것이다.

모든 내용을 입력했다면 만들기 버튼을 클릭하자. 만약 버튼 색깔이 회색으로 되어 있으면 꼭 필요한 정보나 콘텐츠를 놓쳤거나 메타마스크 지갑의 잠김을 풀어야 한다는 것을 뜻한다. 축하한다. 방금 첫 번째 NFT를 만들었다! 이제 각자의 NFT를 확인하자. NFT를 만들었으니 이제 NFT를 판매하는 방법에 대해서 살펴보도록 하자.

Chapter 7

NFT 판매하기

오픈시에서 NFT를 만들었으니 이제 NFT도 판매해보자. NFT를 판매하기 위해서는 가스피를 지불할 수 있을 만큼의 이더리움이 필요하다. 따라서 이번에는 어떻게 암호화폐 거래소 계정을 만드는지, 계정에 돈은 어떻게 입금하는지, 이더리움은 어떻게 사는지, 이를 메타마스크 지갑으로 어떻게 전송하는지도 함께 살펴볼 예정이다.

암호화폐 거래소 계정 만들기

오픈시에서 NFT를 판매하기 위해서는 가스피를 내야 하는데 이를 위해서는 메타마스크 지갑에 이더리움을 갖고 있어야 한다. 일부 마켓플레이스는 NFT를 민팅할 때마다 가스피를 요구하기도 한다. NFT를 만들 계획이 없더라도 다른 NFT를 구매하기 위해서는 이더리움(또는 다른 암호화폐)이 필요하다.

NFT는 블록체인 자산이며 암호화폐로 거래되는 것이 일반적이다. 그럼 이더리움이나 다른 암호화폐는 어디서 구해야 할까? 정답은 암호화폐 거래소다. 미국의 경우 여러 거래소 중에서도 코인베이스Coinbase, 바이낸스Binance, 크립토닷컴Crypto.com, 보이저Voyager가 이용자들의 평이 좋은 편이다. 당연히 다른 거래소가 더 마음에 든다면 그 거래소를 사용해도 된다. 이 책의 리소스 페이지(TheNFThandbook.com/Resources)에서 추천 거래소의 링크를 확인할 수 있다. 이 책이 출간되는 시점을 기준으로 한국에서 원화로 암호화폐를 거래할 수 있는 거래소는 업비트, 빗썸, 코인원, 코빗 네 곳뿐이다. 그중 이 책에서는 한국에서 가장 이용자 수가 많은 업비트를 기본으로 소개하기로 한다. 이제 업비트 계정을 만들어보자.

업비트 계정 만들기

업비트는 원화로 암호화폐를 살 수 있는 거래소다. 또한 암호화폐를 판 돈을 은행 계좌로 보낼 수도 있다. 이미 업비트나 다른 암호화폐 거래소의 계정이 있다면 이 부분은 건너뛰어도 좋

그림 7.1 업비트 공식 홈페이지

다. 만 19세 이상인 사람만 계정을 만들 수 있는 점 참고하자. 우선 계정을 만들기 전에 필요한 서류 등은 다음과 같다.

- 간편가입을 위한 카카오톡 아이디
- 정부가 발급한 사진이 부착된 신분증 또는 운전면허증
- 최신 버전 업비트 애플리케이션 혹은 웹브라우저
- 원화(KRW) 거래를 위한 케이뱅크 계좌와 케이뱅크 애플리케이션

업비트 계정을 만드는 방법은 다음과 같다.

1. iOS 스마트폰(아이폰)은 앱스토어, 안드로이드 스마트폰은 구글플레이에서 업비트 애플리케이션을 다운로드 받는다. 업비트 애플리케이션을 실행한 다음 '카카오 계정으로 로

그인' 버튼을 눌러 약관을 확인하고 체크 박스를 활성화해 카카오 계정으로 간편가입을 완료한다.

2. 그다음 업비트에서 사용할 닉네임을 설정한다. 웹(PC, 노트북)에서는 업비트 공식 홈페이지(https://upbit.com)로 접속하여 우측 상단의 '회원가입' 버튼을 클릭해 동일하게 진행한다.

3. 카카오톡 계정으로 간편 가입을 완료하면 이메일 인증이 자동으로 완료되고 보안등급 레벨 1이 된다. 휴대폰 인증을 진행하면 보안등급 레벨 2가 된다.

4. 디지털 자산 입출금, 거래를 하기 위해서는 보안등급 레벨 4가 되어야 한다. 입출금 계좌인증을 마치면 보안등급 레벨 3이 되는데 이 과정에서 케이뱅크 계좌가 필요하다. 케이뱅크 계좌가 없다면 '비대면 계좌개설'을 클릭해 케이뱅크 계좌를 개설한다. 케이뱅크 계좌 개설은 휴대폰 본인인증, 서비스 이용약관 동의, 간편 비밀번호 설정, 상품 이용약관, 고객정보 입력, 입출금 통장 비밀번호 설정, 신분증 확인, 타행 계좌번호 인증 순으로 진행된다.

5. 케이뱅크 계좌개설을 완료하면 업비트에서 실명확인 입출금 계좌인증을 진행한다. 이 과정은 서비스 동의, 실명확인 입출금 계좌인증, ARS 인증, 카카오페이 간편인증으로 진행된다. 카카오페이 간편인증까지 완료하면 보안 레벨 4가

되어 업비트에서 디지털 자산 입출금, 거래를 할 수 있다.

암호화폐 구매하기

가장 먼저 사야 할 암호화폐는 오픈시에서 NFT를 판매할 때 필요한 가스비를 지불할 이더리움이다. 우선 얼마나 많은 이더리움을 살 것인지 정하자. 업비트에서는 이더리움을 원화KRW 외에도 비트코인BTC, 테더USDT로 구매할 수 있다. 구매를 결정할 때는 네 가지를 고려해야 한다. 각각의 요소를 하나씩 살펴보자.

· 이더리움 구매 금액

· 현재 가스피

· 현재 이더리움의 가격

· 적당한 여유 자금

먼저 오픈시에 판매할 NFT를 등록하기 위해서는 두 종류의 일회성 가스피를 내야 한다. 각각의 일회성 가스피의 명목은 다음과 같다.

· 각 계정이 매도 주문을 생성할 수 있도록 하는 초기 셋업 비용(계정 당 최초 1회)

· 판매가 성사됐을 때 오픈시가 아이템(혹은 컬렉션에 속한 모든 아이템)에 접근할 수 있게 하는데 필요한 비용

업비트에서 메타마스크 지갑으로 이더리움을 전송할 때도 가스피가 든다. 즉, 총 세 번의 가스피를 지불하게 되는 셈이다. 하지만 각각의 가스피가 모두 같지 않다. 거래의 유형에 따라 필요로 하는 가스의 양이 다르기 때문이다.

오픈시에서 NFT를 판매할 때 필요한 가스피는 네트워크 혼잡도에 따라 변동하는데 낮을 때는 35달러일 때도 있었고 높을 때는 812달러까지 오르기도 했다. 네트워크가 혼잡하다는 것은 블록체인에서 많은 거래가 검증되어야 한다는 것을 의미하고, 검증자는 유한하므로 먼저 검증을 받기 위해 경쟁하는 과정에서 가스피가 올라가게 된다. 따라서 변동 폭이 상당히 큰 편이다. 이 금액은 위에서 언급한 두 종류의 가스피를 모두 합친 것이다. 업비트에서 메타마스크 지갑으로 이더리움을 전송할 때는 거래소에서 가스피를 지급하는 대신, 사용자는 고정된 출금 수수료를 거래소에 지불하게 된다(2021년 11월 기준으로 업비트 출금 수수료는 0.018ETH).

이더리움 블록체인의 블록 익스플로러 중 하나인 이더스캔의 이더리움 가스트랙커(etherscan.io/gastracker) 사이트에서는 가스피를 미리 가늠해볼 수 있다. 이더스캔 가스트랙커에서는 가스의 현재 시세와 각 금액당 평균 거래 소요 시간을 확인할 수 있다. 가스피의 단위는 'gwei'이며, '기위'라고 읽는다. 1기위는 0.000000001ETH에 해당한다.

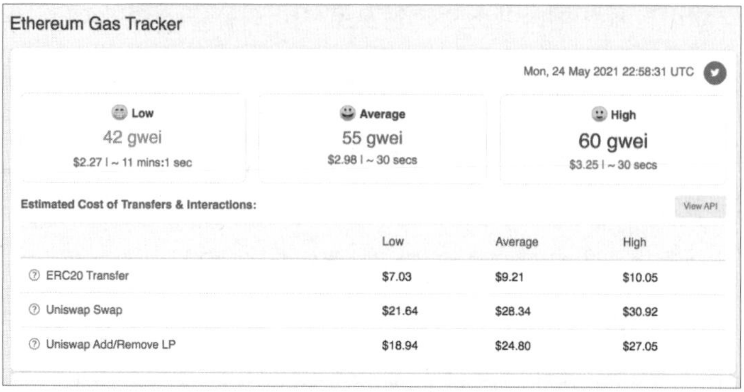

그림 7.2 이더스캔 이더리움 카스트랙커의 가스 시세

달러 단위로 표시된 가스피는 기위 양을 현재 이더리움 가격에 곱한 것과 같다. 다음 그림(그림 7.2)에서 ERC 20 토큰 전송에 필요한 평균 가스피는 2.98달러(평균으로 표시된 금액)에서 9.21달러(Estimated Cost of Transfers & Interactions, 추정 전송 금액 차트에 표시된 금액) 사이임을 알 수 있다.

오픈시에서 NFT를 처음 판매하기 위해 실제로 필요한 가스피를 계산하려면, 첫 번째 금액((그림 7.2)의 2.98달러에 해당)에 20을 곱해 오픈시에서 필요한 가스피를 구한 후, 업비트에서 메타마스크 지갑으로 이더리움을 전송하는 데 소요되는 두 번째 금액((그림 7.2)의 9.21 달러에 해당)을 더하면 된다.

즉, 다음 그림의 경우에는 $2.98 \times 20 + $9.21 = $68.81, 즉, 가스피를 내기 위해 68.81달러 상당의 이더리움이 필요하다.

오픈시에서 NFT를 판매하기 위해 필요한 가스피 양을 더욱 정확히 계산하려면 실제 판매 과정을 경험해볼 것을 권한다. 판매를 준비하는 과정에서 실제 필요한 가스의 정확한 양을 알 수 있기 때문이다. 필요한 가스의 양을 확인했으면 이더리움을 사는 단계로 넘어가면 된다.

마지막으로 가스피 시세는 변동이 심하며 갑자기 크게 오를 수도 있다. 게다가 이더리움을 메타마스크 지갑으로 전송하는 데도 제법 시간이 걸린다. 또한 NFT 판매를 준비하는 시점과 메타마스크 지갑에 이더리움이 들어온 시점의 가스 시세가(가스와 가스피는 동일한 의미) 크게 차이 날 수 있다. 따라서 예상되는 가스피의 최소 두 배, 혹은 최소한 30만 원 상당의 이더리움을 살 것을 권한다.

만약 NFT 구매도 고려하고 있다면 처음부터 넉넉한 양의 이더리움을 살 것을 권한다. 구매할 이더리움의 양을 정했다면 이더리움 구매에 필요한 원화를 업비트에 입금해야 한다. 업비트 애플리케이션의 우측 하단 메뉴에서 입출금을 터치하고 상단의 원화를 터치한다. 그럼 원화 입출금 창으로 진입한다. 여기서 '입금하기'를 터치하고 입금금액에 입금할 원화 금액을 입력하여 입금 신청을 터치한다. KRW 입금하기 창에서 연계 계좌가 본인의 케이뱅크 계좌와 일치하는지 확인하고 입금할 원화 금액을 다시 확인한다.

그림 7.3 업비트 구매 창

확인이 끝났다면 하단의 'Pay 인증하기' 버튼을 터치하여 카카오페이 인증을 진행한다. 카카오페이 인증은 카카오톡에서 카카오페이(1644-7405)를 통해 수신한 메시지에서 인증 요청 메시지를 확인해 진행한다. 인증까지 마치면 약간의 시간이 소요되고 원화 입금이 완료되면 입금 완료 알림이 뜨게 된다. 업비트 투자내역 메뉴의 '보유 KRW'에서 입금한 원화를 확인할 수 있다.

이제 업비트에 입금한 원화로 이더리움을 구매할 차례다. 업비트 애플리케이션의 하단 메뉴 중 거래소 버튼을 클릭해보자. 거래소 메뉴 상단의 '코인명/심볼 검색'에서 암호화폐를 검색할 수 있다. 그러면 이더리움ETH과 이더리움 클래식ETC이 검색되는데, 우리가 필요한 암호화폐는 이더리움ETH이므로 이더리움을 선택하고 우측 팝업메뉴의 하단에 위치한 '매수' 버튼을 클릭한다.

그다음 총액에 원화 금액을 입력하거나 수량 란에 원하는 양을 직접 입력하자. 총액을 누르면 하단에 팝업 메뉴가 나타난다. 여기서 살 수량을 입력하고 구매하는 암호화폐가 ETH가 맞는지 다시 확인하자. 업비트에서는 매수/매도시 0.05% 수수료를 부과하므로 실제 이더리움 구매에 필요한 금액은 약간 더 높다. 이제 문제가 없다면 확인 버튼을 눌러 구매한다. 거래가 완료되기까지는 약간의 시간이 걸린다. 구매가 완료되면 매수 체결 알람이 오며 업비트 애플리케이션 하단 메뉴의 투자내역-보유코인에서 구매한 이더리움을 확인할 수 있다. 이제 공식적으로 암호화폐 세계에 발을 들였다.

메타마스크 지갑에 입금하기

이더리움을 샀으니 이제 이더리움을 메타마스크 지갑으로 입금할 차례다. 정신을 바짝 차리고 암호화폐를 전송하자. 이때 실수하면 전송한 모든 암호화폐를 잃을 수도 있다. 하지만 정신만

바짝 차리면 그렇게 어려운 과정은 아니므로 크게 걱정하지 말자. 오래지 않아 너무나도 자연스럽게 암호화폐를 주고받게 될 것이다. 만약 이더리움 전송이 처음이고 잘못 전송할까 봐 걱정된다면 우선 소량의 이더리움을 전송하는 것을 추천한다. 업비트의 경우 최소 이더리움 전송 수량은 0.02ETH이므로 전송 테스트를 위해 이 선에서 이더리움을 전송해보자. 소량의 이더리움 전송이 성공한다면 실제 필요한 이더리움을 차후에 입금하는 방식으로 첫 시도에 대한 위험 부담을 어느 정도는 해소할 수 있을 것이다.

1. 업비트 애플리케이션에 로그인하자.
2. 메타마스크 지갑을 열고 지갑의 계정 이름 바로 아래에 있는 지갑 주소를 클릭하자(챕터 6 참고). 이제 ETH 주소가 컴퓨터의 클립보드에 복사됐을 것이다. 텍스트에디트TextEdit, 메모장 등 텍스트 편집 소프트웨어를 열고 주소를 붙여넣자. 주소의 처음과 끝이 메타마스크 지갑에 보이는 주소와 정확하게 일치하는지 확인하자.
3. 업비트로 돌아가자. 업비트 애플리케이션 하단 메뉴에서 입출금 메뉴를 터치한다. 입출금 버튼을 터치하면 '전기통신금융사기 주의 안내' 팝업 창이 활성화된다. 팝업 창은 보이스피싱 주의에 관한 내용으로 주의 깊게 확인하고 확

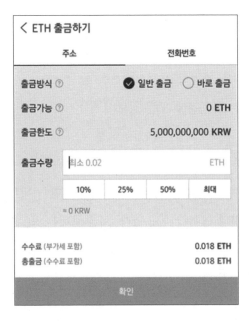

그림 7.4 업비트 ETH 출금하기 창

인 버튼을 눌러 다음으로 진행한다. 상단에 위치한 '코인명/심볼 검색'에서 이더리움을 입력하고 이더리움을 선택한다. 그러면 ETH 입출금 창으로 진입하고 이더리움 총 보유 수량, 거래 대기 이더리움, 출금 가능 이더리움, 입금하기, 출금하기 버튼이 나타난다. 여기서 출금하기 버튼을 터치한다.

4. 출금 수량에 전송할 이더리움 수량을 입력하고 확인 버튼을 누른다. 출금 주소 영역에 복사해둔 이더리움 주소를 붙

여넣자. 이때 입력된 주소가 텍스트 에디터에 붙여넣은 주소와 일치하는지 꼼꼼히 확인하자. 그다음 하단의 출금 유의사항을 확인하고 체크박스를 활성화한다. 출금신청 버튼을 누르기 전에 모든 정보(보낼 이더리움 양, 수수료, 이더리움을 받을 주소, 보낼 암호화폐의 종류)를 주의 깊게 재확인하자.

5. 준비가 끝났으면 출금신청 버튼을 클릭하자. 만약 업비트에서 처음 암호화폐를 보내는 경우라면 업비트에서 거래를 약간 지연시킬 수도 있다. 처음 보내는 경우가 아니라면 보통 10분 이내에 메타마스크 지갑에서 입금된 ETH를 확인할 수 있다.

NFT 판매하기

이제 시장 상황을 살피면서 NFT를 판매할 차례다. 오픈시에서 NFT를 판매할 때는 세 가지 방법이 있다. NFT를 모아서 묶음으로 판매하는 것도 가능하다. 정해진 정답은 없으므로 각자 원하는 방법을 선택하면 된다.

구매 제안 기다리기

자신이 만든 NFT에 가격을 책정하기 어렵거나, 경매까지 생각하지 못한 다수의 NFT 창작자들은 구매 제안을 기다리는 형태로 판매한다. NFT를 구매하고자 하는 사람이 먼저 희망하는 가격을 제안할 수 있다는 의미다. NFT 창작자(혹은 현재 소유자)는 제안을 받을지 받지 않을지 결정할 수 있다.

이는 시장이 NFT에 어느 정도의 가치를 부여하는지를 보며 시장 상황을 살피기에 매우 좋은 방법이다. 하지만 가만히 앉아 있는데 저절로 구매 제안이 들어오진 않는다. NFT를 알리지 않는다면 당연히 구매 제안을 하는 사람도 없을 것이다. NFT를 판매하고자 한다면 마케팅이 필수적이다.

오픈시에서의 구매 제안은 열흘간 유효하며 구매 제안을 한 사람이 언제든지 제안을 취소할 수 있다. 따라서 구매 제안이 마음에 들었다면 너무 시간을 끌지는 않도록 하자. 오픈시는 누군가가 NFT에 대해 구매 제안을 할 때마다 이메일을 보내준다. 오픈시의 본질이 마켓플레이스이다보니 오픈시에서 NFT를 민팅하면 자동으로 '구매 제안 기다리기' 상태로 판매가 개시된다. 따라서 별다른 조치를 취하지 않아도 다른 사람들로부터 NFT에 대해 구매 제안을 받을 수 있다.

고정 가격 정하기

처음부터 생각해둔 가격이 있다면 그 가격으로 판매를 할 수도 있다. 그만큼 지불할 의사가 있는 누구나 당신의 NFT를 구매할 수 있다. 가격을 정해서 판매하는 경우에도 다른 사람들이 그 가격보다 낮은 가격으로 구매 제안을 할 수 있으며, 그 제안을 받아들일지는 각자가 정하면 된다.

합리적인 가격은 어느 선일까? NFT의 고유성이 NFT의 인기의 원인 중 하나기도 하지만 그렇기에 적당한 가격을 정하기 어렵기도 하다. 집을 팔 때는 비슷한 평형과 근처 입지 등을 고려해 가격을 정한다. NFT가 크립토키티와 같은 NFT 시리즈의 일부라면, 다른 〈크립토키티 NFT〉가 최근 거래된 가격을 참고해 가격을 결정할 수 있다. 하지만 당신의 NFT가 하나밖에 없는 예술 작품이라면 비교 가능한 대상을 찾기가 매우 어렵다. 대부분의 마켓플레이스에서는 공급과 수요에 따라 가격이 결정된다. 판매하고자 하는 NFT가 (1/1)인지, 또는 여러 에디션 중 하나인가를 고려해야 한다.

그다음 NFT에 대한 수요를 가늠해봐야 한다. 당신의 SNS 팔로어는 몇 명이나 되는가? 팔로어가 당신의 NFT에 대해 관심을 갖게 할 수 있는가? 어떤 마케팅과 홍보를 할 계획인지도 중요하다.

또한 NFT에 포함된 특전이나 잠금 해제 컨텐츠의 가치도 고려하자. 가격 책정은 과학보다 예술에 더 가깝다. 이처럼 처음 가격을 정하는 입장이라면 더더욱 그렇다. 앞서 언급한 요소들을 고려해 최선의 결정을 내리자.

가능하면 낮은 가격보다는 높은 가격으로 시작할 것을 권한다. 누군가 비싼 가격에 NFT를 구입할지 모르는 일이며, 와인과 비슷하게 낮은 가격은 가치도 낮다는 인식을 심어준다. 마지막으로 가격은 언제든지 낮추면 그만이기 때문이다. 그리고 오픈시에서는 가격을 낮춘다고 해서 가스피가 더 들지 않는다.

경매 붙이기 - 영국식 경매English Auction

오픈시에서는 영국식 경매와 네덜란드식 경매 중 한 가지 방식을 선택할 수 있다. 영국식 경매는 낮은 가격에서부터 시작해 점차 가격을 높이며, 경매가 종료되는 시점에 가장 높은 금액을 부른 사람에게 NFT를 판매하는 방식이다. 영국식 경매로 진행하기 위해서는 입찰 시작가 및 최저 판매가를 지정해야 한다. 최저 판매가는 수용 가능한 최소한의 가격을 의미한다. 경매가 종료되는 시점의 최고 입찰가가 최저 판매가 미치지 못하면 NFT는 판매되지 않는다.

오픈시에서는 경매 종료 전 10분 이내에 새로운 입찰자가 나타나면 경매 시간을 10분 연장한다. 이것은 누군가가 경매 막판에 최고가를 불러 NFT를 차지하는 것을 방지하기 위한 장치로 모든 잠재 구매자들에게 입찰할 기회를 보장한다.

보통 경매가 끝나기 직전까지는 잠재적 구매자들이 자신들의 수를 너무 일찍 보이고 싶어하지 않으므로 응찰이 활발하지 않은 편이다. 그러므로 경매 진행이 느려도 낙심하지 않아도 된다. 또한 경매가 구매자가 나오지 않은 채로 종료되더라도 걱정할 필요 없다. 언제든지 다시 경매를 시작해도 되고, 가격을 정해서 판매하거나, 천천히 구매 제안을 기다려도 되기 때문이다.

경매 붙이기 - 네덜란드식 경매Dutch Auction

네덜란드식 경매는 높은 가격에서 시작해서 시간이 지날수록 점차 가격이 내려가는 방식이다. 가격을 수락한 첫 번째 사람이 낙찰자가 되므로 영국식 경매와 같이 여러 번의 입찰이 발생하지는 않는다. 경매 참여자의 강박감을 이용하는 것이 네덜란드식 경매의 장점이다. 경매 참여자들은 만약 내가 너무 오래 기다리면 다른 사람들이 먼저 차지하지 않을지를 두려워한다. 경매 참여자에게는 두 번째 기회가 주어지지 않기 때문이다. 누군가가 가격을 수락해버리면 경매는 바로 종료된다.

네덜란드식 경매를 택한다면 각자가 생각하는 NFT의 가격보다 훨씬 높은 금액으로 경매를 시작할 것을 권한다. 누군가가 일찌감치 높은 가격에 입찰할지도 모를 일이다. 오픈시에서 네덜란드식 경매를 진행하기 위해서는 시작 가격, 종료 가격, 그리고 경매 기간을 정하면 된다. 경매 종료 시점까지 남은 시간에 비례하여 오픈시가 자동적으로 조금씩 가격을 낮춰준다.

판매용 묶음 만들기

NFT를 판매하는 또 다른 방법은 묶음(번들)으로 판매하는 것이다. 묶음은 여러 NFT를 하나의 패키지로 함께 판매하는 것을 의미한다. 각자가 NFT를 자유롭게 묶음으로 구성할 수 있다. 묶음의 장점은 특정 NFT의 세트를 한꺼번에 구매할 수 있다는 점이다. 사람들은 롭 그론카우스키가 우승한 네 개 시즌에서 하나씩을 뽑아 네 개의 NFT로 구성한 '롭 그론카우스키 NFT 묶음'을 판매하기도 한다. 오픈시에서는 NFT 묶음을 고정 가격으로만 판매할 수 있는 점 참고하자.

NFT 판매하기

이제 NFT를 판매하러 가보도록 하자. NFT를 판매 목록에 올리기까지의 과정을 차근차근 살펴보자. 시작하기 전에 컬렉션 설정을 살펴봐야 한다. 컬렉션에 대해 설정한 내용 중 상당수가 각 NFT에도 반영되기 때문이다. 특히 지속적 로열티율이 제대로 설정되어 있는지, 로열티를 받을 지갑 주소는 맞는지 잘 확인하도록 한다.

오픈시에서 판매하고자 하는 NFT의 페이지의 오른쪽 위에 있는 판매Sell 버튼을 클릭하면 판매 설정 페이지로 넘어간다(그림 7.5). 가장 먼저 지속적 로열티가 제대로 설정되어 있는지 확인한다. 오른쪽 아래 위치한 비용Fees이 수수료 바로 아래에 표시되어

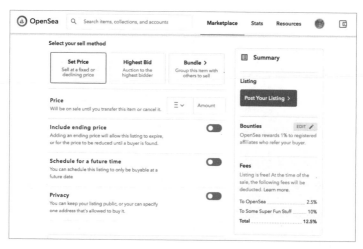

그림 7.5 오픈시 판매 설정 페이지

있다. 만약 컬렉션의 이름이나 지속적 로열티 비율이 보이지 않
거나 잘못되어 있다면 컬렉션 설정 페이지로 돌아가서 수정하자.

판매 방식

지속적 로열티를 설정한 다음 판매 방식을 선택한다. 고정 가
격Set Price, 최고가 입찰인 영국식 경매Highest Bid, 혹은 묶음Bundle 중
에서 하나를 고르자. 만약 네덜란드식 경매를 고르고 싶다면 고
정 가격Set Price을 고르면 된다. 가격을 설정할 기본 암호화폐는
이더리움이며, 화면 가운데 보이는 가로 삼선 아이콘이 이더리
움을 뜻한다(그림 7.6).

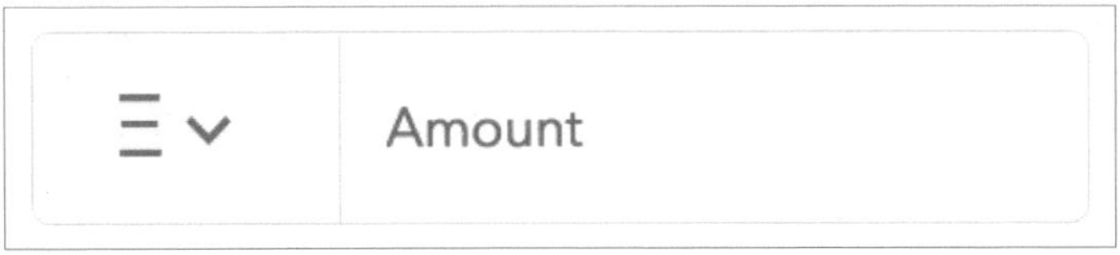

그림 7.6 이더리움 아이콘

이 아이콘은 오픈시에서 이더리움을 나타내는 데 사용된다. 가격을 설정할 기본 암호화폐를 변경하고 싶다면 아이콘을 클릭해서 다른 암호화폐를 고르면 된다. 현재 선택 가능한 다른 암호화폐는 DAI와 USDC다. DAI와 USDC 모두 스테이블코인 stablecoin인데, 스테이블코인은 미국 달러에 연동되어 가격이 고정된 암호화폐를 뜻한다 즉, 1 DAI나 1 USDC가 1달러(혹은 1달러에 극히 가까운 가치)와 같다는 의미이다. 오픈시에서는 이더리움이 주로 사용되므로 가격은 이더리움 기준으로 설정하면 편하다.

네덜란드식 경매를 진행하려면 종료 가격 설정Include ending price 옵션을 연다. 종료 가격Ending price, 경매 종료일Expiration date을 설정한다. 네덜란드식 경매를 원치 않는다면 종료 가격 설정Include ending price 옵션을 끄면 된다.

NFT 판매를 바로 시작하지 않고 나중에 시작하고 싶다면 판매 시작시점 설정Schedule for a future time 옵션에서 판매를 개시할 날짜와 시각을 고르자. 만약 NFT를 특정 구매자에게만 판매하고 싶다면 비공개Privacy 옵션을 켜고 구매자의 이더리움 주소를 입력하자. 이 옵션을 켜두면 당신의 NFT는 다른 사람들에게 노출되지 않으며, 오직 입력한 주소의 주인만이 NFT를 구매할 수 있게 된다.

최고가 입찰 – 영국식 경매Highest Bid

일반적인 영국식 경매를 시작하려면 최고 입찰Highest Bid을 선택하자. 다음 그림(그림 7.7)을 참고하면 된다. 그러려면 우선 최저 입찰가Minimum bid를 정해야 한다. 고정 가격과 마찬가지로 가격을 설정할 기본 암호화폐를 고를 수 있다. 최저 입찰가는 0.01ETH처럼 낮게 설정할 것을 권한다. 아예 0으로 할 수도 있다. NFT의 높은 가치를 전하고 싶다면 최저 입찰가를 높게 설

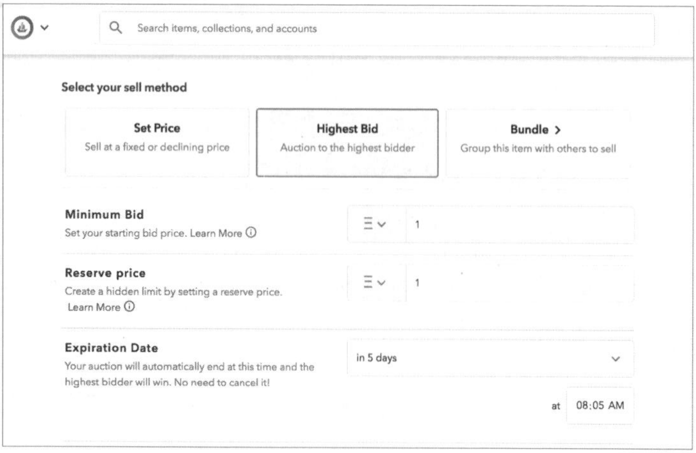

그림 7.7 오픈시 최고가 입찰 설정 화면

정할 수도 있지만 높은 최저 입찰가는 입찰자들의 참여를 어렵게 할 수도 있다. 다음으로는 최저 판매가Reserve price를 설정하자. 오픈시에서 최저 판매가는 필수값이며 최소 1ETH로 설정되어야 한다. 앞서 언급했던 것처럼 경매 종료 시점의 최고 입찰가가 최저 판매가에 미치지 못하면 경매는 거래가 성사되지 않은 채 종료된다. 그러므로 최저 판매가를 너무 높게 설정하지는 않도록 하자. 오픈시에서는 경매 진행 여부 및 최저 판매가와 상관없이 어떠한 입찰가도 수락할 수 있다.

마지막으로 경매 종료일 및 종료 시각을 설정해주자. 경매 소식이 널리 퍼질 수 있도록 경매 일정은 여유롭게 잡는 것이 좋다. 반대로 긴박감을 조성하는 것이 유리할 수도 있는데 이 경우에는 경매 기간을 짧게 잡는 것이 좋다. 추천하는 경매 기간은 5일이지만, 3일이나 7일도 문제가 없다. 다만 오픈시에서는 아직 경매 예약 기능을 지원하지 않는 점 참고하자.

묶음Bundle

두 개 이상의 NFT를 묶어 판매하려면 묶음Bundle을 선택하자. 그다음 계정 페이지에서 묶음에 포함시킬 NFT를 고르면 된다. 클릭해서 원하는 NFT를 선택하자. 마지막으로 화면 하단의 묶음 판매Sell Bundle of를 클릭하자. 선택한 NFT의 개수가 버튼에 함께 표시될 것이다. 선택을 마치면 그림과 같은 판매 설정 페이지

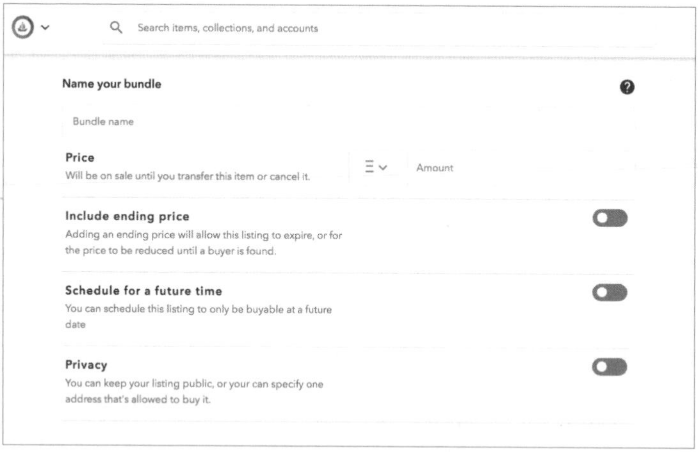

그림 7.8 오픈시 묶음 설정

로 돌아오게 된다.

가장 먼저 할 일은 묶음의 이름을 정하는 것이다. 잠재적 구매자들이 묶음의 구성에 대해서 추측해야 하거나 헷갈리지 않도록 '롭 그론카우스키 슈퍼볼 챔피언십 번들'처럼 직관적인 이름을 짓는 게 좋다. 하지만 재미난 이름도 마음껏 시도해보자. 나머지 옵션은 앞에서 살펴봤던 고정 가격의 옵션과 동일하다. 고정 가격 설명을 참고하도록 하자.

NFT 판매 등록하기

모든 판매 설정을 마쳤으니, 판매 설정 페이지 오른쪽의 요약 영역에서 설정에 문제가 없는지 마지막으로 점검하도록 하자(그

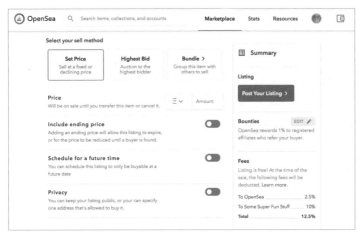

그림 7.5 오픈시 판매 설정 페이지

림7.5를 다시 보도록 하자).

설정에 문제가 없다면 상품 등록Post Your Listing 버튼을 누르자. 이 계정으로 NFT를 처음 등록하는 것이라면 메타마스크 지갑이 뜨면서 지불해야 할 가스피 비용을 보여줄 것이다. 만약 메타마스크 지갑이 자동으로 뜨지 않았다면 직접 선택하자. 여기에 표시된 가스피가 지불해야 할 총액인 점 참고하자.

만약 가스피가 너무 높거나 잔고가 가스피를 내기에 부족한 경우 거래를 취소하고 상품 등록을 뒤로 미룰 수 있다. 만약 메타마스크 지갑에 ETH를 보충해야 한다면 245페이지를 참고해 진행하자.

문제가 없다면 메타마스크 지갑의 확인 버튼을 클릭하자. 이더리움 네트워크가 거래건을 확인하는 데는 몇 분이 걸린다. 네트워크 혼잡도가 높은 경우에는 조금 더 걸릴 수 있으니 기다려 보도록 하자. 거래가 컨펌되면 WETH 지출을 승인하기 위한 또 다른 작은 거래건을 승인해야 할 수도 있다. WETH에 대해서는 챕터 8을 참고하자. 여기까지 마무리했다면 NFT의 판매 등록이 마무리된다. 축하한다! 드디어 NFT를 판매하게 됐다.

앞으로 이 계정에서 다른 NFT를 판매 등록할 때에는 가스피를 지불하지 않아도 된다. 상품 등록 버튼을 누르면 메타마스크 지갑이 열리고 이후에는 서명Sign을 클릭하면 된다. 만약 오픈시 계정을 새로 만들게 되면 처음으로 판매 등록을 할 때 가스피를 지불해야 한다.

NFT 마케팅하기

NFT를 판매하게 되었으니 구매자들을 끌어모을 차례다. 성공한 비즈니스, 연예인, 유명인에 대해 사람들의 잘못된 인식 중 하나는 그들의 성공이 하루아침에 이루어졌다고 믿는 것이다. 하루아침에 거둔 성공이란 운만 있으면 누구에게나 있을 수 있는 일이므로 사람들은 이런 사연들에 목말라한다. NFT의 세계는 이런 하루아침에 이뤄진 성공을 좇는 사람들로 넘쳐난다. NFT가 새로운 개념이다 보니 큰 성공을 거둔 NFT의 사례를 하루아침에 거둔 성공 정도로 여기기 쉬울 수도 있다. 마치 NFT에 참여하기 전부터 인지도가 높았던 기성 작가였든 아니든 누군가 NFT를 하나 만들었더니 신기하게 사람들이 몰려들어서 돈을 썼다더라 같은 느낌으로 말이다. 하지만 우리는 구매자를 찾고 NFT를 마케팅하기 위한 부단한 노력을 간과하고 결과만 따지는 우를 범해서는 안 된다. 만일 오늘 NFT를 하나 만들어서 내일 자신의 소셜미디어에 소개하고 모레 마켓플레이스에서 판매를 시작한다고 하면 당신의 NFT에 관심을 갖는 사람을 만나기는 무척 힘들 것이다.

NFT 세계에도 경쟁이 있다. 여기저기 NFT가 넘쳐난다. 당신의 NFT가 왜 가치 있는지 설명하지 못한다면 사람들은 관심조차 주지 않을 것이다. 언제나 수많은 대체재가 있기 때문이다. 또한 가치가 있다고 이해했다 해서 수집가들이 사주리란 보장은 없다. 따라서 수집가들과 친밀한 관계를 쌓지 않는 이상 수집가들은 당신의 NFT의 가치를 결코 이해하지 못할 것이다.

둘째로, 당신의 명성이 저절로 NFT의 명성으로 옮겨가진 않는다. 1,000만 명 넘는 팔로어를 가진 유명인들의 NFT조차 단한 번의 입찰도 받지 못한 경우가 있다. 오프라인에서는 성공적인 예술가라 해도 디지털로 넘어와 실패를 경험하는 사례를 보기도 한다. 이처럼 창작자가 누구인지를 안다고 해서 도움이 되는 것은 아니다. NFT 판매는 결코 단순하지 않으며 가볍게 다뤄서도 안 된다.

셋째, NFT에는 수집가 팬을 늘려줄 알고리즘이 존재하지 않는다. 트위터나 인스타그램은 해시태그나 탐색, 인기 게시물 페이지 등을 통해 콘텐츠의 확산이 일어나기 쉽지만 NFT는 그렇지 않다. 우리는 알고리즘을 통해 팔로어를 늘리고 알고리즘이 선호할 만한 콘텐츠를 만드는 것에 익숙해져 있지만, NFT 마켓플레이스에는 그러한 알고리즘 자체가 없다. 구매자들이 NFT 웹페이지를 직접 방문하게끔 만들어야 한다. 다른 누구도 이 역할을 대신해주진 않는다. 오픈시의 큐레이터들이 NFT를 오픈시의 홈페이지에 소개하더라도 판매가 보장되는 것은 아니다. 일주일 내내 홈페이지에 걸려 있더라도 판매가 되지 않는 NFT도 있다. 그렇다고 미리 겁먹을 필요는 없다. NFT 아티스트 맷케인Matt Kane은 CNBC와의 인터뷰에서 "6,900만 달러에 판매된 성공적인 작품의 뒤편에는 수많은 창작자들을 먹여 살리는 소소한 가격대의 작품이 있다"고 말한 바 있다.

모든 NFT가 대박을 내서 수십만 달러의 가격에 판매될 수는 없다. 그리고 당신이 지금 당장 은퇴하도록 도와줄 만한 대박 NFT를 만드는 것이 당신의 목표가 되어서도 안 된다. 그런 일은 쉽게 일어나지 않는다. 하지만 올바른 마케팅 전략이 있다면 작업을 오랫동안 지원해줄 수집가들을 만날 수 있다. 성장하는 NFT 시장의 일부를 개척해서 유의미한 수준의 부수입을 만들어낼 수 있다.

그리고 NFT 판매의 성패는 바로 '커뮤니티'에 달려 있다.

수집가 커뮤니티 구축하기

오늘날 NFT를 마케팅한다는 것은 팟캐스트 마케팅과 매우 유사하다. 팟캐스트 하나를 녹음해서 스포티파이나 애플뮤직에 올리기는 쉽지만 재미난 홍보 아이디어가 없다면 아무도 그 팟캐스트를 발견하지 못할 것이다.

알고리즘은 없다. 스스로 팔로어를 만들어야 한다. 핵심 고객은 누구이며, 당신만의 팟캐스트는 어떤 방향으로 운영할지를 결정해야 한다. 청취자에게 어떻게 다가가야 할까? 어떻게 하면 사람들이 당신의 팟캐스트를 듣게 할 수 있을까? 청취자들이 팟캐스트를 다시 듣고 싶게 하려면 팟캐스트 콘텐츠를 통해 어떤 가치를 제공해야 할까? 당신의 팟캐스트는 핵심 청취자들이 그들의 친구들과 함께 듣고 싶어하는 팟캐스트인가?

NFT에 있어서도 수집가 커뮤니티를 구축하기 위해서는 위와 같은 질문을 던져봐야 한다. 당신의 팬들은 지난 몇 년간 각자 서로 다른 이유로 당신을 팔로했을 것이다. 그런데 이번에는 팬들이 좋아할지 안 좋아할지 알 수 없는 NFT를 그들 앞에 선보이려고 한다. 어쩌면 기존 고객들은 당신의 NFT를 수집하는 데 전혀 관심이 없을지도 모른다.

우리는 팟캐스트가 모방의 함정에 빠지는 것을 자주 본다. 한 팟캐스트가 성공을 거두면 다른 팟캐스트들은 성공한 팟캐스트를 똑같이 따라 하기 바쁘다. 사라 쾨닉Sarah Koenig이 진행하는 수사 저널리즘 〈시리얼Serial〉 팟캐스트의 시즌1에서는 1999년에 18살의 나이로 살해된 한국계 미국인 여고생의 살인사건을 다뤄 큰 화제를 모았다. 〈시리얼〉을 필두로, 실제 범죄를 다룬 팟캐스트는 어느새 주류 장르로 자리 잡았고 〈시리얼〉과 대동소이한 수많은 아류작은 흘러넘칠 정도로 많아졌다.

NFT도 별반 다르지 않다. 특히 디자인 콘셉트를 완전히 베끼는 경우가 다반사다. 포켓몬 카드의 콘셉트을 그대로 모방한 NFT가 수두룩하며, 8비트 콘셉트(80년대 비디오 게임 그래픽 스타일)의 크립토펑크 프로젝트가 성공을 거둔 이후 마켓플레이스에는 8비트 스타일 NFT 프로젝트가 쏟아졌다. 물론 모방 역시 어느 정도 먹힐 수도 있다. 하지만 모조품이 원본을 넘어설 수 없듯 남을 베낀다는 것은 결국 수집가 커뮤니티의 성장에 스스로 한계를 만드는 것이 된다.

나만의 수집가 커뮤니티를 구축하는 데에는 본보기도 없고 지름길도 없다. 누구에게나 어려운 일이다. 큐해리슨의 NFT에는 주효했던 방식이 맷의 NFT에는 먹히지 않을 수도 있고 반대의 경우도 얼마든지 있을 수 있다.

따라서 NFT 마케팅 전략은 수집가 커뮤니티를 구축하는 데 집중해야 한다. 수집가 커뮤니티란 3명이 될 수도, 3,000명이 될 수도 있다. 최종 목표는 당신 작품의 초기 수집가임을 자랑스럽게 여길 진짜 팬을 만드는 것이다. 노력을 통해 기존 팬이 새로운 NFT 수집가가 될 수도 있으며, 이들로부터 새로운 고객에 대한 힌트를 얻을 수도 있다. 수집가 커뮤니티를 구축하는 데 집중함으로써 일회성 NFT 판매를 위한 단기 전략이 아닌, 장기적인 성장 전략을 완성하게 될 것이다. 한 번 먹혔던 작전이나 수법은 보통 두 번 통하지 않는다. 하지만 무엇을 해야하는지에 대한 본질은 변치 않는다.

고객 이해하기

뉴욕 브루클린을 기반으로 활동하는 블레이크 제이미슨Blake Jamieson이 2016년에 처음 작품 활동을 시작했을 때, 그가 이전에 마케터로 일하면서 만들었던 네트워크가 작품의 방향성을 정하는 데 큰 역할을 했다. CNBC와의 인터뷰에서 블레이크 제이미슨은 "자신의 고객은 누구이며 풀어야 할 문제는 무엇인지 아는 것이 중요하다"며 모든 마케터가 알고 있는 진리를 다시금 강조했다.

마케터로서 여러 클라이언트를 상대해온 블레이크 제이미슨의 입장에서 고성장 IT 스타트업을 생각하면 떠오르는 이미지는 하나였다. 사무실이 하나같이 칙칙하다는 점이었다. 그래서 블레이크는 '사무실을 위한 예술'을 슬로건으로 내걸고 사무실을 위한 다양한 종류의 작품을 만들어 좋은 반응을 얻었다.

그는 고객들과의 소통도 잊지 않았다. 전 미국 미식축구NFL 선수인 자레드 페이슨Jarred Fayson도 블레이크 제이미슨의 고객 중 한 명이었는데, 자레드 페이슨은 블레이크 제이미슨의 작품을 무척 마음에 들어 했고 다른 운동선수들도 블레이크 제이미슨의 작품 스타일을 좋아하리라 생각했다. 그래서 그는 다른 선수들에게 홍보해줄 테니 자신의 운동선수 친구들에게 선물할 작품 석 점을 무료로 만들어달라고 부탁했다. 블레이크는 자레드를 믿고 작품을 만들어줬고, 결과는 놀라울 정도로 성공적이었다. 동료의 로커에서 블레이크의 작품을 본 운동선수들로부터 소셜미디어를 통해 다이렉트메시지Direct Message가 오기 시작한 것이다.

블레이크 제이미슨은 자신의 슬로건을 곧장 '운동선수를 위한 예술'로 바꿨다. 얼마 지나지 않아 운동선수들 사이에서 블레이크의 유명세를 알아본 스포츠 카드 제작사 탑스는 급기야 그를 '탑스 프로젝트 2020'에 기용했다. '탑스 프로젝트 2020'은 각계각층의 아티스트들을 초대하여 20장의 상징적인 야구 카드를 재해석하는 프로젝트였는데 결과적으로 엄청난 성공을 거뒀다.

그해 블레이크 제이미슨은 NFT에도 손을 뻗쳤다. 고객에 대한 지식을 갖추고 있었던 블레이크 제이미슨은 운동선수의 초상화에 팝아트를 접목한 작품을 NFT로 판매해 큰 성공을 거두었다. 블레이크 제이미슨이 성공할 수 있었던 것은 본인의 고객을 이해하는 데 시간을 쏟았고 본인과 본인의 고객을 모두 만족시킬 수 있는 작품을 만들기 위해 변화를 두려워하지 않았기 때문이다.

그럼 고객을 이해하려면 어떻게 해야 할까? 팬들과 대화를 하자. 평범하고 단순하게 하자. 너무나도 간단하지만 의외로 사람들은 '대화'를 잘 하려 하지 않는다. 우리는 우리를 팔로하는 SNS 계정 뒤에는 사람이 있음을 자주 잊곤 한다. 팬들이 우리를 팔로하는 데에는 다 그럴 만한 이유가 있다. 그 이유를 고민해보고 거기서 시작해야 한다.

고객은 무엇을 기대할까? 왜 당신을 팔로할까? 고객들이 반응하는 것은 작품인가, 아니면 당신 자체일까? 둘 사이에는 차이가 있다. 이렇게 고객을 알았다면 이제 고객들에게 NFT를 알리면 된다. 고객들에게 NFT 수집이 어떤 것인지, 왜 NFT를 시작하게 되었는지 설명할 수 있어야 한다.

콘텐츠 마케팅과 교육

인스타그램 계정은 어떻게 마케팅할까? 물론 콘텐츠로 한다. NFT도 마찬가지다. 만약 콘텐츠가 사람들의 반응을 끌어내지 못한다면 NFT는 절대 팔리지 않는다. 작품을 널리 나누는 것이 NFT 판매의 첫걸음이다. 오스틴 클레온Austin Kleon의 저서 『당신의 작품을 보여주세요: 내 작품을 공유하고 눈에 뜨이게 하는 10가지 방법Show Your Work!: 10 Ways to Share Your Creativity and Get Discovered』는 책 제목에서 알 수 있듯이 작품을 만드는 것만큼이나 작품을 보여주는 것이 중요함을 역설한다. 오스틴은 작품이 주목받기 위한 원칙으로 다음의 열 가지를 제시한다.

1. 천재가 아니어도 좋다.
2. 결과가 아닌 과정을 보자.
3. 사소한 것이라도 매일 공유하자.
4. 호기심의 캐비닛을 열자.
5. 훌륭한 이야기꾼이 되자.
6. 내가 알고 있는 지식을 남에게 전하자.
7. 인간 스팸 메일이 되지 말자.
8. 두들겨 맞는 법을 배우자.
9. 돈 버는 것을 주저하지 말자.
10. 끝까지 기다리자.

이 원칙은 예술가, 디자이너, 웹 개발자, 코미디언 등 모두에게 적용되며, NFT 창작자에게도 마찬가지다. 오늘이 만약 NFT

공부를 시작한 첫날이라면 NFT를 공부한 내용을 남들에게 보여주는 것을 두려워하지 말자. NFT 전문가들에게 질문하거나 공부하는 모습을 동영상으로 만들어보자. NFT 예술가들과 화상통화로 대화를 나누는 모습도 동영상에 담아보자. NFT를 만드는 과정, 그리고 왜 그 NFT를 만들었는지를 남들에게 보여주자.

NFT가 무엇인지 이해하는 사람은 우리 주위에 1%도 채 되지 않는다. 따라서 사람들이 NFT를 받아들일 수 있도록 하는 준비 과정이 필요하다. 많은 사람이 NFT 출시 전날, 당일, 아니면 다음 날에야 겨우 팬들에게 NFT를 소개하는 실수를 하곤 한다. 그리고 그제야 팬들의 대다수가 NFT를 살 준비가 전혀 되어 있지 않다는 것을 깨닫게 된다. 팬들은 디지털 지갑도 없고 암호화폐도 없으며 디지털 자산을 사고 수집하는 것이 왜 가치가 있는지를 이해하지 못한다.

각자가 제작한 NFT를 널리 알리고 수요를 만드는 것은 자신 몫이다. 당신의 고객이 페이스북, 인스타그램, 트위터, 틱톡, 이메일 리스트에 이르기까지 어디에 있든 고객들과의 소통을 계속 이어가자. NFT를 위해 완전히 새로운 소통 창구를 만들 필요까지는 없다.

NFT에 관련한 대화를 나누다 보면, NFT를 알고 있는 사람들을 발견하게 될 수도 있다. 그들은 조언을 줄 수도 있고, 어떤 것을 수집하고 싶은지 직접 알려줄 수도 있으며, 당신 NFT의 최초 구매자가 될 수도 있다. NFT 아티스트인 피플플리저(Pplpleasr, https://twitter.com/pplpleasr1)는 자신의 작품을 잘 드러내는 NFT 아티스트의 좋은 예다. 보통 사람의 기준으로는 피플플리저가 이미 NFT 아티스트로서 성공을 거뒀지만, 피플플리저는 본인의 다음 계획을 꾸준하게 팔로어들에게 공유한다. 피플플리저는 본인이 무엇인가를 배우는 과정을 용기 있게 모두 공유한다. 피플플리저는 모르는 것에 대해 물어보거나, 스스로 이론을 세우거나, 사람들과 토론하는 것을 두려워하지 않는다.

이 책의 공저자인 큐해리슨 테리가 수집하는 NFT 중 하나는 에릭 맥킨지Erik Mackenzie 원작의 『킹덤 오브 어새신즈Kingdome of Assasins』를 엘머 다마소Elmer Damaso가 만화로 만든 NFT다. 〈킹덤 오브 어새신즈 NFT〉는 기껏해야 만화를 그릴 때 사용했던 스케치 사진에 불과하다. 만화가 출간된 지는 제법 되었지만, 큐해리슨은 작품의 제작과정을 소유할 수 있다는 점에 끌렸다. 이처럼 그는 작품이 아닌 작품이 만들어지는 과정을 수집하고 있다.

NFT에 콘텐츠 마케팅을 활용하면 고객들에게 NFT를 알리거나, 고객들이 NFT 구입에 관심을 두게 하거나, 그 콘텐츠를 통해 새로운 고객을 만드는 데 도움이 된다. NFT에 대한 콘텐츠를 만들고 공유하는데 시간을 더 쓰면 쓸수록 더 많은 수집가를 만나게 될 것이다.

수집가들과 대화하기

NFT 수집가들을 찾는 것은 그리 어렵지 않다. 파운데이션이나 오픈시에 가서 NFT를 소유한 사람을 찾으면 된다. 어떤 계정들은 프로필에 트위터 링크를 달아 놓은 경우도 있으므로, 연락해봐서 손해 볼 것은 없다. 지갑과 NFT 거래의 뒤편에는 결국 사람이 있다는 것만 기억하면 된다. 수집가들은 NFT 세계에 처음 발을 들인 사람들과의 대화에 기꺼이 응할 것이며 많은 아이디어를 나눠줄 것이다.

컬렉션의 특정 NFT를 왜 샀는지 물어보자. 투자인지, 그저 마음에 들어서 샀는지, 그 예술가를 후원하려 했던 것인지, 그 NFT로 돈을 벌기 위함인지, 아니면 상상도 못할 다른 이유가 있는지 등을 말이다. 어떤 NFT 아티스트가 NFT 작품을 잘 만드는지도 물어보자. 궁금한 건 솔직하게 물어보자.

모든 위대한 마케터는 고객과 소통한다. 고객에게서 배우며, 고객을 처음부터 끝까지 이해한다. 그러고 나서 고객들의 관심을 끌 만한 것들을 만들고 가치를 제공한다. 헛된 희망을 심어서는 안 되겠지만, NFT 예술가로부터 자신의 NFT 작품을 한 번 봐줄 수 있겠냐는 다이렉트메시지를 받고는 작품을 살펴본 후 구매에까지 이른 'NFT 고래(NFT를 많이 구입하는 큰손)'의 이야기도 들은 적이 있다.

기존 NFT 수집가와의 소통이 어떠한 결과로 이어질지는 아무도 모른다. NFT 수집가들은 NFT 업계를 오랫동안 지켜봐왔고 풍부한 지식을 갖고 있다. 그리고 디지털 자산에 돈을 쓰는 것에 대해 확신을 가진 사람들이기도 하다. 그것만으로도 대화를 시작할 수 있을 만큼 아주 흥미롭다.

마켓메이킹을 이해하라

NFT를 마케팅할 때 가장 고된 일은 NFT를 선보이기 전까지 수집가를 찾는 것이다. 하지만 수집가가 누구인지를 알았고 그들에게 NFT에 대한 기대를 충분히 심어놓았다면, 이제는 당신만의 NFT를 위한 시장을 만들 차례다. 수집가들이 NFT를 맞이할 채비를 하게 하는 것이다.

주식 세계에서는 기업공개IPO 전 회사가 로드쇼roadshows를 진행하는 경우가 있다. 이는 기업공개 전에 투자은행을 돌며 왜 자신들이 시장에서 가장 핫한 존재인지를 어필하는 과정이다. 투자은행의 투자자들은 기업 재무상태를 점검하고, 가격을 매긴 후, 프리Pre IPO 투자를 하고, 기업을 상장시킨다. 그리고 몇몇 투자자들은 직접 회사의 주주가 되어 회사를 직접 홍보하기도 한다. 보도자료를 쓰기도 하고 미국 CNBC의 간판 투자 관련 프로그램인 〈짐 크래머의 매드 머니Jim Cramer's Mad Money〉에도 출연해서 회사의 장래성을 널리 설파한다.

NFT를 위한 시장형성도 별반 다를 것 없다. 사람들이 NFT

를 맞을 준비를 하도록 자기만의 IPO 로드쇼를 해야 한다. NFT의 가격, 에디션의 개수, 수집가들이 관심을 가질 만한 특전 등에 대해서 당신의 NFT에 관심을 가진 수집가들과 많은 대화를 나눠야 한다. 이 과정에서 일부 수집가들이 NFT에 발매일에 경매에 참여할 것을 약속해준다면 더더욱 이상적이다.

에디션, 특전, 그리고 가격

마켓메이킹의 목적은 수집가들 사이에서 수요를 만들어내는 것이다. 제품이 있는데 구매자가 한 명뿐이라면 그것은 시장이 아니다. 시장이란 여러 명의 구매자로 만들어지는 것이기 때문이다. 따라서 출시할 NFT의 에디션 개수, 각 에디션 가격, 그리고 NFT의 특전은 시장에 참여할 수집가의 수를 극대화하는 데 방향성이 맞춰져야 한다.

에디션 개수는 NFT의 공급량이다. 경제학적으로 말하자면 공급과 수요가 만나는 곳이 최적의 가격이 된다. 공급이 너무 많으면 사람들은 가격이 지나치게 높다고 생각하며 그 결과 수요가 줄어든다. 그렇다고 공급이 너무 적으면 수요를 맞추지 못함으로써 더 많은 돈을 벌 기회를 놓치게 된다. 재판매로도 로열티 수익을 올릴 수 있음을 고려하면, 공급은 약간 부족한 정도로 관리하는 것을 권한다. 하지만 수집가들을 찾기 위해 쏟은 노력은 이때 빛을 발한다. NFT를 원하는 사람 모두가 하나씩 갖는 것을 바란다면 같은 가격에 에디션을 많이 만들자. NFT가 모두가 갖고 싶어하는 좀 더 특별한 존재가 되길 바란다면? 그렇다면 에디션 개수를 낮추자.

NFT는 아니지만 탑스의 '프로젝트70(Project70, https://www.topps.com/project70)' 야구카드를 참고해볼 만하다. 프로젝트70은 탑스의 야구카드 발매 70주년을 기념하는 프로젝트로서, 다양한 디자이너들이 참여하여 예전 탑스 야구카드를 재해석한 야구카드를 선보였다. 특이한 점은 각 카드는 딱 나흘 동안만 판매한다는 점이다. 즉, 나흘 동안 카드를 산 사람의 수가 해당 카드의 공급량이 된다. 처음에는 수요가 낮았기에 덜 제작된 카드가 장기적으로는 더 희소성을 가지게 된다는 점에서 프로젝트70 야구카드가 재판매 시장에서 어떤 평가를 받는지 지켜보는 것은 흥미로울 것이다. 이처럼, NFT의 공급량을 결정할 때는 다양한 실험을 과감하게 시도해보자.

마켓메이킹을 할 때 고려할 또 다른 요소는 NFT 구매자들에게 제공하는 특전이다. 수집가들의 눈에 NFT보다 가치가 높아 보이는 물건도 얼마든지 NFT에 특전으로 제공할 수 있다는 점을 고려하면, 실물 특전은 NFT에 대한 새로운 수요를 만드는 데 큰 보탬이 된다. 힙합 아티스트 에이셉 라키A$AP Rocky는 2021년 4월에 7종의 NFT를 선보였다. 에이셉 라키 NFT의 가장 큰 매력은 샌드맨$ANDMAN이라는 미 출시곡의 랩 소절이 담긴 (1/1) NFT였다. 미 출시곡 자체도 충분히 매력적이었지만, 그는 여기에 더해 본인과 함께 직접 레코딩 스튜디오 세션에 참여할 수 있는 특전을 추가했다. 이를 통해 팬들뿐만 아니라 그와 함께 스튜디오에서 작업하고 싶은 다른 예술가, 또는 그가 작업하는 모습을 보고 싶은 사람들까지 가세하며 수요가 크게 높아졌고 최종적으로 이 NFT는 5만 달러 넘는 가격에 판매되었다.

이처럼 NFT에 대한 초기 수요를 높이기 위해 어떤 특전을 제공할 수 있는지와 수집가들과 대화를 나눴을 때 수집가들이 NFT에 기대했던 것은 무엇인지를 알아야 한다. 장기적인 관점에서 봤을 때 NFT의 값을 올리기 위해 지나치게 특전에 의존하는 것은 독이 되어 돌아올 가능성이 있다. 수집가 커뮤니티를 활성화하기 위해 할 수 있는 모든 활동을 권장하지만, 실제 물건이나 물리적인 경험이 NFT라는 사고방식은 버려야 한다. 사실이 아니기 때문이다. 특전의 본질은 마케팅이며, 특전이 사용된 이후라면 특전은 그 NFT를 소유하는 데 있어 아무런 가치를 더해주지 못한다.

그다음 살펴볼 부분은 가격이다. 목표와 NFT의 가격을 조율하는 것이 필요하다. 이는 전적으로 수집가와 수집가들의 지불의향에 달려 있다. 적당한 가격을 매기고 너무 깊게 생각하지 않는 것이 좋다. NFT의 진정한 가치가 얼마인지는 아직 아무도 모르기 때문이다. NFT의 가치는 전적으로 구매자가 지불하고자 하는 금액과 같다. 처음부터 너무 큰 기대를 하기보다는 낮은 금액으로 시작하여 수집가들과의 관계를 잘 쌓는 것이 더 나은 선택이다.

이러한 맥락에서 오늘날 자주 사용되는 마켓메이킹 전략 중 하나가 바로 무료 NFT다.

무료 NFT

사람들이 NTF 작품에 관심을 두도록 만드는 좋은 방법은 그냥 무료로 나눠주는 것이다. 무료로 나눠준 물건이 미래에 과연 가치가 있을지 잘 이해되지 않을 것이다. 하지만 오늘날 성공한 여러 NFT의 시작은 무료 배포였다. 처음부터 NFT 1만 개 모두를 무료로 풀었던 크립토펑크나 크리에이티브 커먼즈 라이선스(Creative Commons License, 특정 조건에 따라 저작물 배포를 허용하는 저작권 라이선스 형태 중 하나. 줄여서 CCL이라고도 한다) 하에 10년 넘게 자신의 모든 작품을 공개했던 비플의 경우 사람들에게 가치를 먼저 제공한 후 나중에서야 금전적인 이익을 얻을 수 있었다.

마켓메이킹의 목적은 당신의 NFT에 대한 관심을 모으고 성장 동력을 만드는 것이다. NFT를 구매하는 수집가들이 더욱 많아진다는 것은 당신의 NFT가 사람들이 선망하는 작품이 되었다는 의미이므로 그만큼 NFT의 매력도 한층 더 높아지게 된다.

레고 블록을 소재로 다양한 경쟁을 펼치는 미국 폭스FOX의

TV 프로그램 레고 마스터스LEGO Masters의 결승전 진출자인 제시카 랙지Jessica Ragzy는 레고계의 거물로 통한다. 제시카 랙지는 레고에서 영감을 얻은 NFT를 저렴한 가격에 판매하여 많은 수집가를 불러모았다. 제시카 랙지는 매일 새로운 NFT를 선보이는데 각 NFT의 가격은 50달러 안팎에 불과하다. 충분히 더 높은 가격을 받을 수도 있었겠지만, 제시카 랙지는 높은 가격 대신 수집가 기반을 늘리는 것을 택했다.

만약 탑스 야구 카드 한 팩의 가격이 500달러를 넘었다면, 탑스 야구 카드를 모으는 수집가의 수는 지금보다 훨씬 적었을 것이다. 하지만 단돈 몇 달러라면 누구나 부담 없이 야구 카드의 세계에 입문하고 하나둘씩 수집을 시작할 수 있다.

앞서 언급했던 금전적인 이득과 관련해서 무료 NFT나 저가 NFT 어느 쪽이 됐건 더 많은 사람의 참여 확대라는 측면에서 한 가지 더 중요한 사실이 있다. 이 전략을 통해 수집가 기반이 늘어날 뿐만 아니라, NFT의 초기 수집가가 재판매를 통해 수익을 낼 수 있게 된다는 점이다. 그리고 다른 수집가에게 돈을 벌어다 주는 NFT를 만들 수 있다면, 수집가들은 계속 다시 찾아올 것이며 당신의 NFT가 가진 매력을 더 많은 사람에게 전할 것이다.

노력하기

NFT 마케팅에 관련해 시작할 때와 같은 메시지로 마무리를 짓고자 한다. NFT에 있어서 하루아침에 이뤄진 성공이란 존재하지 않는다. 성공한 NFT의 뒤에는 NFT를 마케팅하기 위한 부단한 노력이 있었다. 누군가는 남들보다 손쉽게 NFT를 마케팅하고 판매한다. 누군가는 마치 성공방정식 같아 보이는 마케팅을 시도하기도 한다. 하지만 NFT 마케팅에는 성공방정식이란 존재하지 않는다. 오직 부단한 노력, 끝없는 공유, 수많은 소통, 그리고 메시지를 정확하게 전달하기 위한 고민만이 있을 뿐이다.

Chapter 8

NFT 구매하기

NFT 마켓플레이스에서는 오늘도 수백만 개의 NFT가 거래되고 있다. 한두 개 정도 마음에 드는 NFT를 발견했고 마침 가격도 합리적이라면 경매에 참여하거나 사보는 건 어떨까? 이제 NFT를 구매하는 방법에 대해 단계별로 알아보기로 한다. 컬렉션을 완성하는 전략에 대해서도 함께 살펴볼 것이다. 우선 왜 NFT를 사야 하는지 그 이유부터 이야기해보도록 하자.

왜 NFT를 사는가

이제 궁금할 수도 있겠다. "NFT 이미지나 동영상은 굳이 사지 않더라도 마음대로 볼 수 있는데 대체 왜 사야 할까?" 이 질문의 핵심은 "공짜로 얻을 수 있는 걸 왜 사는가?"라는 지극히 상식적인 의문이다. 하지만 이는 앞에서 다뤘듯이 NFT를 유일무이하고도 희소성 있게 만들어주는 기술에 대한 질문이기도 하다. 이제 NFT를 사는 기술적인 이유보다는 그 안에 담긴 개인적인 의의에 대해서 다뤄보고자 한다. NFT를 사는 이유는 여러 가지가 있는데, 그중 일부는 사람들이 실제 미술품을 사는 것과 관련이 있기도 하다. 그 이유로는 다음과 같은 것들이 있는데 이 이유들은 서로 뚜렷하게 구별되지는 않으며, 어떠한 NFT를 구매할 때 여러 개의 이유가 동시에 작용하기도 한다. 그 이유를 하나씩 알아보자.

· 의미
· 쓰임새
· 투자
· 명성
· 수집

의미

그림이나 다른 미술품처럼 NFT도 사람들을 감동하게 할 수 있다. 사이버펑크에서 영감을 받은 비플의 NFT가 사람들이 현

재와 미래를 바라보는 관점과 감각에 대해 반향을 불러일으켰듯
이 NFT가 사물의 더 깊은 의미, 사물에 대한 더 큰 이해를 드러
내는 렌즈의 역할을 할 수 있기 때문이다. 혹은 그 예술가의 생
각, 또는 경험에 공감해서 NFT를 구매할 수도 있다. 예술가의
이야기가 그의 NFT를 통해 전해지는 것이 보고 싶어서 구매할
수도 있다. 아니면 영화에 나왔던 유동 콘덴서가 달린 〈3D 드로
리안 NFT〉를 사지 않고는 못 배기는 〈백 투더 퓨처〉의 광팬일
수도 있다. 이처럼 의미를 갖는다면 그것이 무엇이든 관계없이
NFT를 구매할 만한 충분한 이유가 된다.

쓰임새

인게임 아이템이나 도메인 이름, 가상 부동산과 같은 NFT는
각자의 쓰임새가 있다. 게임 F1 델타 타임에서 자신의 차를 좀
더 빠르게 만들고 싶다면 〈변속기 NFT〉를 구해 변속기 업그레
이드를 시도해볼 수 있다. 이 경우 변속기 NFT는 별다른 의미
는 없을지 몰라도 그 쓰임새는 확실하다.

다른 예로, '.eth'나 '.crypto'와 같은 도메인 이름의 목적은 애
초부터 쓰임새를 제공하기 위해서다. 이런 도메인 이름은 기나
긴 암호화폐 주소 대신 쓸 수 있다. 하지만 블록체인 도메인 이
름은 자신을 표현하기 위한 수단으로서 의미가 있을 수도 있다.
디지털 부동산은 실제 부동산과 마찬가지로 쓰임새도 있고 의미

도 있다. 원하는 장소에 안락한 집을 짓고 살고 싶은 마음은 가상이건 현실이건 다를 바가 없기 때문이다.

투자

우리는 이런 질문도 자주 받는다. "NFT가 유망한 투자처인가요?" NFT가 초기 단계고 앞으로 성장할 것이라고 믿는다면 NFT는 괜찮은 투자처인 것 같다. 하지만 NFT가 괜찮은 투자처라고 해서 모든 NFT가 괜찮은 투자처일 리는 없다. 그럼 투자 목적으로 NFT를 구매한다면, 투자하기 좋은 NFT란 대체 어떤 것일지 생각해봐야 한다.

이에 대한 대답은 투자 목표에 따라 달라질 수 있다. 미술계와 마찬가지로 유명 작가의 작품은 무명작가의 작품보다 수요가 많으며 그 가치도 앞으로 높거나 유지될 가능성이 크다. 하지만 무명작가가 어느 순간 유명해진다면 그 작품의 가치 상승 폭은 훨씬 더 클 것이다. 결국 고위험 고수익으로 귀결된다.

일반적으로 미술품과 NFT에 대한 투자는 위험도가 높다. 유명 작가의 작품에 투자하기 위해서는 큰돈을 지불해야 하며 그때부터 리스크가 발생한다. 시간이 흐르면 미술품이나 NFT가 투자 금액의 몇 배만큼 가치가 높아질 수도 있다. 예를 들면 비플의 〈교차로Crossroads NFT〉는 2020년 12월에 66,666달러에 판매되었는데, 2개월 만에 그보다 10배의 가격인 660만 달러에 재판매되었다.

　그렇다고 해서 유명 작가의 작품이 높은 수익을 낼 것이라는 보장은 전혀 없다. 아예 가치가 떨어질 수도 있다. 하지만 유명 작가의 작품이라면 설령 가치가 떨어진다고 해도 아마도 그 폭이 크지는 않을 것이다. 하지만 미술품이 위작으로 판명되는 위험도 있을 수 있음을 명심하자.

　투자의 맞은편에는 투기가 있다. 무명작가나 무명 NFT 창작자의 작품을 사면서 언젠가는 작가가 유명해지고 가격의 작품도 같이 오르리라 기대한다면 그게 바로 투기다. 무명작가의 NFT는 일반적으로 유명한 NFT보다는 좀 저렴할 수 있다. 여러 작가의 NFT를 구매해 위험을 분산시킬 수도 있다. 그중 하나가 큰 수익을 낸다면 NFT에 투자한 총 금액을 고려하더라도 제법 큰 이익을 얻을 수 있다.

　수집형 NFT 투자를 선호하는 사람들도 있다. 이런 투자 성향을 지닌 사람들은 르브론 제임스나 다른 인기 선수가 뽑혀서 중고로 비싼 값에 팔 수 있기를 기대하며 여러 개의 〈NBA 톱숏 NFT 팩〉을 산다. 여러 개의 팩을 사두면 그중에서 비싼 카드가 나올 가능성이 조금 더 높기 때문이다. 실제로 2021년 4월 코비 브라이언트를 추모하는 르브론 제임스의 덩크슛 모습이 담긴 〈NBA 톱숏 모먼트 NFT〉는 38만 7,600달러에 팔렸다. NFT나 미술품 투자의 장점 중 하나는 구매한 NFT를 소유하는 자체를 즐길 수 있다는 점이다. 개인적인 의미가 있는 NFT라면 더더욱 그렇다.

명성

사람들이 자신을 과시하고 싶어한다는 것은 부정할 수 없는 사실이다. 그리고 미술품이나 NFT를 사서 전시하는 것은 자신을 과시하는 좋은 방법의 하나다. 이용자 개인의 NFT 컬렉션을 전시할 수 있는 레이지닷컴Lazy.com도 바로 그 목적을 위해 만들어졌다. 또한 마켓플레이스에 공개된 이름이나 이더리움 주소를 검색해서 당신의 컬렉션을 구경하는 사람들도 있을 수 있다. NFT는 블록체인상에 존재하며, 블록체인은 투명성을 전제로 설계되었다. 그런 의미에서는 NFT도 애초부터 남들에게 보이기 위해 만들어진 존재라고 할 수 있다.

수집

우리는 앞서 미술 NFT 수집에 대해 다룬 바 있다. 동시에 수집형 NFT도 많은 인기를 끌고 있다. 사람들은 수집을 좋아한다. 그리고 NFT는 수집하기 쉽고 블록체인에 익숙해졌다면 재미있게 접근할 수 있다. 〈크립토키티 NFT〉에서부터 〈NBA 톱 숏 NFT〉, 〈가비지 패일 키즈(Garbage Pail Kids, 탑스 사가 1985년에 출시한 스티커 트레이딩 카드)〉에 이르기까지 수없이 많은 훌륭한 수집형 NFT가 있다.

이제 NFT를 구매해보자. 오픈시를 기준으로 NFT를 구매하려면, 우선은 사고 싶은 NFT를 찾아야 한다. NFT를 찾는 첫걸음은 NFT를 사는 이유를 되짚어보는 것이다. 별다른 이유 없이 그냥 사보고 싶다고 해도 문제될 것은 없다. 하지만 그렇다 하더라도 조금 더 끌리는 NFT가 있기 마련이다. 시선을 끌 만한 NFT를 찾아보자. 오픈시 홈페이지는 구매할 NFT를 찾기에 좋은 출발점이다. 오픈시 독점 NFT나 사람들이 많이 찾는 컬렉션을 소개하는 곳에서 다양한 NFT를 둘러볼 수 있으며, 분야별로 찾아볼 수도 있다. 현재 오픈시에서 분류하는 분야는 다음과 같다.

- 미술(Art)

- 음악(Music)

- 도메인 이름(Domain Names)

- 가상 세계(Virtual Worlds)

- 트레이딩 카드(Trading Cards)

- 수집품(Collectibles)

- 스포츠(Sports)

- 유틸리티(Utility)

- 모든 NFT(All NFTs)

마지막의 '모든 NFT'는 분야에 상관없이 모든 NFT를 살펴보는 곳이므로 엄밀히 따지면 카테고리에 속하지는 않는다. 찾아보고 싶은 특정 NFT가 있다면 오픈시 홈페이지의 검색창을 이용할 수도 있다.

한 가지 주의할 점이 있다. NFT는 누구나 어떤 이름이든 붙여서 만들 수 있다. 따라서 기존 NFT를 베낀 모조품도 포함된다. 특히 찾고자 하는 예술가나 NFT 창작자, 컬렉션, NFT가 있는 경우에는 그 NFT가 진품인지 잘 확인한 뒤 선택하자. 만약 오픈시의 인증을 받은 컬렉션이라면 파란 체크 마크가 붙어 있을 것이다. 컬렉션에 파란 체크 마크가 붙어 있지 않다고 해도 컬렉션에는 문제가 없을 수도 있다. 결국 직접 잘 확인해보는 것이 중요하다.

NFT 구매 방식 - 구매 제안을 기다리는 NFT

이제 구매하고 싶은 NFT를 찾았다면, 어떤 방식으로 판매 중인지를 확인해야 한다. NFT 판매 방식에는 세 가지가 있다. 바로 구매 제안 기다리기, 고정 가격 정하기, 경매 붙이기인데, 각 판매 방식에 대해서 어떻게 NFT를 구매하면 되는지 살펴보자.

우선 구매하고자 하는 NFT가 구매 제안을 기다리는 NFT라면 바로 구매 제안을 넣으면 된다. 하지만 그 전에 먼저 해야 할 일들이 있다.

1. 오픈시의 NFT 페이지에서 제안_{Offers}에서 제안하기_{Make Offer}를 클릭하자. 가격 제안하기 팝업이 나타날 것이다(그림 8.1). 현재 구매 제안은 WETH, DAI, USDC 암호화폐로만 할 수 있다. DAI와 USDC는 미국 달러의 가치와 연동되는 스테이블 코인이다. 이더리움으로는 구매 제안을 할 수 없다. WETH는 '포장된 이더리움_{Wrapped Etherium}'이란 뜻을 지니고 있는데 실질적으로 이더리움과 동일한 가치를 지닌다. 오픈시가 ETH 대신 WETH를 사용하는 이유는 WETH가 좀 더 다양한 기능을 지녔기 때문이다.

이더리움으로 경매에 참여하는 경우, 다섯 개의 서로 다른 NFT에 각각 1ETH씩 입찰한다고 하면 NFT 하나마다 1ETH, 총 5ETH가 필요하게 된다. 하지만 WETH를 사용하면, 다섯 개의 서로 다른 NFT에 각각 1WETH를 입찰할 때 총 5WETH가 아니라 1WETH만 있으면 된다. 이 경우 WETH는 가장 먼저 낙찰된 경매에 지불되며, 나머지 입찰건은 지갑에 여분의 1WETH가 남아 있지 않은 경우 자동으로 취소된다. 즉, WETH를 사용하면 상대적으로 적

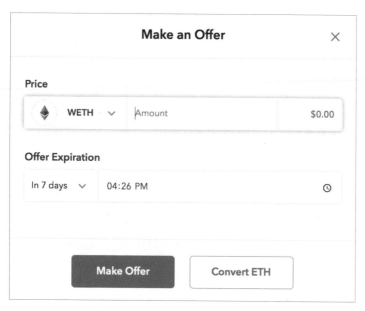

그림 8.1 오픈시의 NFT 가격 제안하기 화면

은 금액으로도 여러 NFT에 동시 입찰할 수 있다는 장점이
있다.

2. 지갑에 WETH가 없다면 가격 제안하기 팝업에 있는 이
더리움 전환하기Convert ETH 버튼을 클릭하자. 만약 이미
WETH나 DAI, USDC를 가지고 있다면 다음 단계로 넘어
가자. WETH 전환하기 팝업에서 토큰 선택하기Select a token
버튼을 클릭하자. 그다음 WETH로 전환하고 싶은 ETH나
지갑 안에 있는 다른 토큰을 선택하자.

3. WETH로 전환하고 싶은 이더리움이나 다른 암호화폐 양을 입력하자. 약간의 이더리움은 가스피를 위해서 비축해야 하므로 모든 이더리움을 WETH로 변환하는 것은 권하지 않는다. 가스피가 언제 필요할지 모르므로 지갑에는 항상 꼭 적당량의 이더리움을 남겨두자. 또한 오픈시의 대다수의 고정 가격 NFT는 가격이 이더리움 기준으로 되어 있다. 따라서 사고 싶은 고정 가격 NFT가 있다면 그만큼의 이더리움을 지갑에 남기는 것을 잊어서는 안 되겠다.

4. WETH로 전환할 양을 입력한 후 포장Wrap을 클릭하자. 메타마스크 지갑이 열릴 것이다. 지갑이 열리지 않는다면 직접 메타마스크 지갑을 열어주자. 이더리움이나 다른 암호화폐를 WETH로 전환하기 위해서는 가스피를 내야 한다. 따라서 메타마스크 지갑의 확인 버튼을 클릭하자. 거래에는 몇 분 정도 소요된다. 거래가 완료되면, 즉 이더리움 네트워크에서 컨펌되면 WETH로 전환Convert WETH 창을 닫자.

5. NFT 페이지에서 가격 제안하기Make Offer를 클릭하자. 가격 제안하기 팝업에서 입찰하고자 하는 WETH의 양을 입력하자. 당연히 현재 입찰된 가격보다 더 높은 가격을 입력해야 한다. 그다음 제안 유효기간Offer Expiration period을 입력하자. 제안을 유효한 기간과 제안이 취소될 시각, 즉 제안이

유효한 마지막 날을 정하면 된다. 제안 유효기간은 정하기 나름이다. 제안을 길게 유지한다고 해서 특별히 불리할 것은 없다. 다만 제안 유효기간이 경과하기 전에 제안을 취소하고자 한다면 가스피를 내야 한다. 준비가 되었으면 제안하기Make Offer를 클릭하자.

6. 이제 메타마스크 지갑이 열릴 것이다. 만약 지갑이 열리지 않으면 직접 메타마스크 지갑을 열어주자. 메타마스크 지갑의 서명Sign 버튼을 클릭하자. 서명을 할 때에는 가스피가 들지 않는다. 제안한 가격이 이제 NFT의 판매에 보일 것이다. 제안한 가격 옆의 취소 버튼을 눌러 언제든지 취소할 수 있다. 만약 메타마스크 지갑이 열리지 않으면 직접 메타마스크 지갑을 열어주자. 앞서 설명했듯이 가스피를 내야 한다. 확인 버튼을 클릭해서 가스피를 지불하고 제안을 취소하자. 혹은 가스피를 내지 않고 제안한 가격을 그대로 유지하고 싶은 경우에는 거부Reject를 누르면 된다.

7. 판매자가 제안을 수락하면 거래는 성사된다. 입찰 금액이 판매자에게 보내지며, NFT는 당신에게 보내지게 된다. 이 경우 오픈시에서 제안을 수락한 판매자가 판매와 관련된 거래의 가스피를 부담하게 된다.

축하한다. 이제 당신은 NFT를 수집하게 되었다. 새로 구매한

NFT는 계정 페이지에서 확인할 수 있다. 계정 페이지로 가려면 오픈시 홈페이지 우측 상단의 프로필 아이콘을 클릭하면 된다.

NFT 구매 방식 - 고정 가격에 판매하는 NFT

구매하고자 하는 NFT에 이미 정해진 가격이 있다면, 그 가격을 수락함으로써 NFT를 구매할 수 있다. 만약 가격이 너무 높다고 생각한다면 흥정을 할 수도 있다. 앞 단계를 다시 따라가 보자.

1. 가격을 수락하려면 지금 구매_{Buy Now}를 클릭하자. 결제 Checkout 팝업에서 결제 버튼을 클릭하자. 메타마스크 지갑이 열릴 것이다. 만약 지갑이 열리지 않으면 직접 메타마스크 지갑을 열어주자. 거래 금액에 가스피가 포함된 것을 볼 수 있는데, 오픈시에서는 구매자가 고정 가격을 수락하면 구매자가 가스피를 부담하게 되는 점 참고하자. 거래에 문제가 없다면 메타마스크 지갑의 확인 버튼을 클릭하자. 거래를 진행하지 않으려면 거부 버튼을 눌러 거래를 취소하자.
2. '거래가 시작되었으며 이더리움 네트워크가 처리 중입니다. 다소 시간이 걸릴 수 있습니다'라고 알려주는 페이지로 넘어가게 된다. 프로필 설정에 이메일 주소나 별명을 설정

해두지 않았다면 이 페이지에서 이메일 주소와 별명의 입력을 요구할 수도 있다. 이메일 주소와 별명을 입력하자. 이때 다른 오픈시 이용자가 이미 사용 중인 별명은 사용할 수 없다. 별명을 저장한 다음 확인 버튼을 누르면 메타마스크 지갑이 열릴 것이다. 우선 오픈시 계정에 로그인하자.

3. 이메일 주소를 입력하면 본인 인증을 위해 오픈시가 이메일을 보낼 수도 있다. 오픈시가 보낸 이메일을 열어 이메일 인증Verify My Email 버튼을 클릭하자. 이더리움 네트워크에서 거래가 확정되면 오픈시는 이메일을 보내서 알려줄 것이다. 거래가 완료된 후에는 계정 페이지에서 새로 구매한 NFT를 확인할 수 있다.

NFT 구매 방식 - 경매로 판매하는 NFT

이 섹션은 영국식 경매로 판매되는 NFT에 관한 내용이다. 네덜란드식 경매로 판매되는 NFT는 앞 252페이지를 참고하자.

1. 만약 경매 중인 NFT에 입찰하고 싶다면, 입찰하기Place Bid 버튼을 클릭하자. 입찰하기 팝업이 나타날 것이다(그림 8.2).

2. 입찰 시에는 경매에서 지정한 암호화폐만을 이용할 수 있다. 보통은 WETH를 사용한다. WETH에 대한 정보와 이더리움을 WETH로 전환하기 위한 방법은 '구매 제안을 기

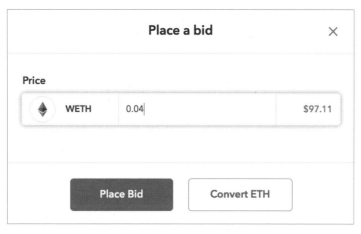

그림 8.2 오픈시의 NFT 입찰하기 화면

다리는 NFT'를 참고하자.

3. 입찰 금액은 최고 입찰가보다 높아야 한다. 현재 보유한 암
   호화폐의 양이 입찰하기에 부족하다면 메타마스크 지갑으
   로 암호화폐를 추가로 입금해야 한다. 입찰하고자 하는 암
   호화폐 금액을 입력하고 입찰Place Bid을 클릭하자. 그럼 메
   타마스크 지갑이 열릴 것이다. 만약 지갑이 열리지 않으면
   직접 메타마스크 지갑을 열어주자. 메타마스크 지갑에서
   서명하기Sign 버튼을 클릭해 입찰 과정을 계속 진행하자. 영
   국식 경매로 판매되는 NFT의 구매자는 가스피를 부담하
   지 않는다는 점을 참고하자.

4. 입찰 금액은 NFT 페이지의 입찰 내역Offers에서 확인할 수

있다. 입찰은 7일간 유효하다. 입찰은 언제든지 취소할 수 있지만, 취소할 때 가스피가 든다. 경매가 종료되는 시점에 당신이 입찰한 가격이 가장 높은 입찰가인 동시에 최저 판매가Reserve price보다 높은 경우 오픈시는 자동으로 거래를 이행한다. 경매 일정과는 무관하게 판매자가 아무때나 입찰가를 수용할 수 있는 점도 참고하자.

NFT 컬렉션 만들기

어린 시절에 대한 향수, 창작자 후원, 스릴, 미학 추구 등 우리는 수집하는 이유는 다양하다. 심지어 별다른 이유가 없을 수도 있다. 무엇을 왜 수집해야 하는지는 남이 정해줄 수 없다. 수집은 각자의 돈으로 하는 것이기 때문이다. 당신의 관심을 끄는 것이 있다면 망설이지 말자. 하지만 많은 사람들이 NFT 수집을 시작하는 계기는 호기심이며, 대부분 NFT로 돈을 벌 수 있기를 기대한다.

'더 큰 바보 이론Greater Fool Theory'이라는 이론이 있다. 어떤 상품을 비싼 가격에 사더라도 언젠가 나보다도 '더 큰 바보'가 더 비싼 가격에 살 것이라는 믿음으로 비싼 가격을 정당화하는 심리를 뜻하는 용어다. 이는 NFT 시장에도 적용된다. '더 큰 바보 이론'은 가격 상승의 원인을 상품의 가치 증가가 아닌, 사람들이 '더 큰 바보'에게 더 비싼 가격으로 상품을 팔 수 있기 때문으로 본다. 더 비싼 값을 주고 물건을 사 갈 누군가가 있다면 당신이 그 물건을 샀을 때의 값어치가 과대평가되었는지는 전혀 중요하지 않다. 그리고 당신이 '더 큰 바보' 중 제일 큰 바보가 되어서도 곤란하다.

NFT의 대다수에도 더 큰 바보 이론이 적용될 수 있다. 하지만 모든 NFT가 그렇다는 것은 아니다. 어떤 아티스트는 작품으로 승부를 보고 이름을 날리기도 하고, 어떤 NFT 프로젝트는 흥미로운 기능이나 사회가 필요로 하는 가치를 제공하기도 한다. 어떤 NFT가 그렇게 될지 아무도 모른다. 하지만 성공을 도울 수 있는 수집 전략 몇 개를 설명하고자 한다.

엔젤투자자처럼 수집하라

한 프로젝트에 관한 관심이나 수요가 높으면, 모든 계란을 한 바구니에 담는 것처럼 NFT 투자도 한 프로젝트에 몰아넣고 싶은 유혹을 느낄 수 있다. 하지만 어떤 프로젝트가 미래에 살아남을지는 아무도 알 수 없다는 점이 문제다.

따라서 엔젤투자자나 벤처캐피털 펀드처럼 투자하는 것이 현명하다. 엔젤투자자나 벤처캐피털 펀드는 이제 갓 시작한 사업 여럿에 투자한다. 만약 애플리케이션 기반 보험 사업이 매력적이라고 판단되면 관련 사업을 준비 중인 두세 개 업체에 투자하는 방식을 취한다. 투자를 받은 특정 산업의 업체들이 단 한 곳도 성공하지 못하더라도 엔젤투자자나 벤처캐피털은 여러 산업을 넘나들며 투자를 이어간다.

이처럼 분산 투자는 다양한 기회를 만들어내는 동시에 위험 요인을 줄여준다. 크게 성공한 투자건 하나는 다른 모든 투자에서 발생한 손실을 메꾸고도 남는다. 물론 미래에 성공할 NFT를 잘 골라내기란 결코 쉽지 않다. NFT에 대한 투자를 고민할 때는 다음 질문을 떠올려보자.

- 이 NFT를 만든 것은 누구인가?
- 장래성이 있고, 고유하고 독창적인 비전이 담겨 있는가?
- 이 NFT 프로젝트의 용도 또는 쓰임새는 무엇인가?
- 많은 사람이 참여하고 싶어할 만한 프로젝트인가?
- 담당자가 당신의 질문에 신속하게 응대하는가?
- 프로젝트를 수집하는 다른 사람들은 누구인가?
- 대규모 컬렉션을 보유한 수집가가 참여하고 있는가?
- 기관 투자가 있었는가?

모든 NFT 창작자는 여러 가지 난관을 맞닥뜨리게 된다. 불의의 사고로 창작자의 관심이 하루아침에 작품으로부터 멀어질 수도 있다. 프로젝트를 지속할 자금이 바닥나서 개발이 중단될 수도 있다. 창작자들의 지갑이 해킹을 당해서 열심히 만들던 NFT

가 유출될 수도 있다. 모방꾼이 나타나 모조품을 판매할 수도 있다. 이런 일들은 생각하는 것보다 훨씬 비일비재하게 일어난다.

무슨 일이 일어나든 당신의 NFT는 여전히 당신의 것이다. 따라서 가격이 오르지 않더라도 소장하고 싶은 NFT를 수집할 것을 권하는 까닭도 이 때문이다. 우선은 스스로가 그 NFT의 진가를 이해하는 사람이 되어야 한다. NFT에 열정이 있고, 왜 그 프로젝트에 관심을 갖게 되었는지를 설명할 수 있다면, 다른 사람들도 수집 동기에 이끌리게 될 것이다. 따라서 자신의 컬렉션의 정체성을 함께 고민해보자.

컬렉션의 정체성을 확고히 하자

자신의 NFT 컬렉션의 큐레이션에 극도로 예민하게 공을 들이는 수집가들은 많지 않다. 대부분의 사람들은 일확천금이 목적이며, 그러다 보니 컬렉션은 서로 다른 NFT로 뒤죽박죽이기 일쑤다.

하지만 간과한 점이 하나 있다. 뉴스 헤드라인을 장식할 만한 거액의 NFT를 구매하지 않더라도 NFT 컬렉션의 큐레이션 방식이나 NFT 컬렉션의 정체성만으로도 NFT 수집가로 유명해질 수 있다는 점이다. 영화 관련 NFT만 모을 수도 있고, 초록색 NFT만 모을 수도 있다. 사람들이 최초로 만든 NFT만을 모아서 컬렉션을 만들 수도 있다. 코미디 NFT, 자선단체를 지원하는

NFT, 팝아트 NFT 등 컬렉션의 정체성으로 삼을 수 있는 개성 있는 주제는 결코 적지 않다.

아예 ETFExchange Traded Fund가 특정 자산이나 지수를 중심으로 구성된 것과 유사한 방식으로 NFT 컬렉션을 구성하는 방법도 있다. ETF는 투자 펀드의 한 유형으로 여러 종류의 주식, 채권, 외환, 일반상품을 하나로 묶어 주식 거래소에서 거래할 수 있게 한 것이다. ETF는 일반적으로 하나의 주제를 가진다. 'SPDR S&P 600 Small Cap Growth ETF'는 높은 성장 잠재력을 가진 600개 회사의 주식으로 구성되어 있다. IPAY ETF는 비자, 마스터카드, 페이팔, 스퀘어와 같은 지불 처리 및 디지털 결제 업계의 주식에 투자한다. 이렇게 주제를 하나 정해 NFT 컬렉션을 운영할 수 있다. ETF처럼 컬렉션을 만들면 분산 투자의 효과가 있을 뿐만 아니라 특정 유형의 수집가로서의 정체성을 갖게 되는 효과도 있다.

이처럼 뚜렷한 정체성을 갖는 수집가의 유일한 사례는 샌드박스나 디센트럴랜드, 액시 인피니티와 같은 블록체인 게임에서 땅을 거래하는 가상 부동산 사업자들이다. 바꿔 말하면 아직 다른 분야에서는 뚜렷한 정체성을 가진 수집가들이 없다는 의미이므로 기회가 충분히 남아 있다는 의미이기도 하다.

수집가로서의 정체성이 반드시 필요한 것은 아니다. 하지만 정체성으로 인해 얻을 수 있는 기회나 수익 흐름을 생각해보면 향후 NFT 수집은 컬렉션의 정체성을 보다 뚜렷하게 하는 방향으로 발전해나갈 것으로 예상된다. 당신은 디지털 갤러리의 큐레이터가 될 수도 있고, 틈새시장에서 새로운 NFT 창작자를 발굴하거나 지금으로선 상상조차 할 수 없는 브랜딩 활동을 펼치며 팔로어를 모을 수도 있다. 특정 카테고리의 NFT를 가장 오래 혹은 가장 많이 모은 수집가라고 소개할 수 있다면 제법 멋진 일이 아닐까.

오늘 첫 NFT를 사게 된다면 당신은 전 세계에서 NFT를 수집한 최초의 수백만 명 안에 들게 될 것이다. 이것은 분명 적잖은 의미가 있다. 트위터에 처음 모였던 수백만 명의 사람들은 다른 사람들보다 먼저 팔로어를 모을 기회를 얻었다. 아직 인스타그램이 사진 공유 애플리케이션에 불과하던 시절의 최초의 인스타그램 사용자 수백만 명도 남들보다 앞설 기회를 얻었다. 킴 카다시안이 인스타그램으로 수십억 달러 규모의 화장품 사업을 일굴 줄 누가 알았겠는가? 초기 NFT 수집가가 된다는 것은 이후에 참여하는 수집가들은 가질 수 없는 기회를 얻게 됨을 의미한다.

멋진 NFT 컬렉션을 큐레이션할 수 있는 능력이 미래에는 하나의 어엿한 사업이 될 수도 있다. 좋은 NFT를 선별하는 작업에 시간과 노력을 들이고 싶지 않은 NFT 수집가들은 다른 누군가의 컬렉션을 통째로 사기도 할 것이다. 2차 시장에서 NFT를 고르는 대신에 마음에 드는 다른 사람의 컬렉션을 찾아서 지갑을 통째로 사오는 손쉬운 방법을 택하는 것이다. 마치 사람들이 아이들의 포켓몬, 유희왕, 매직 더 개더링 덱을 통째로 사오는 것처럼 말이다. 특히 2021년, 2020년 혹은 그 이전의 거래 기록을 갖는 지갑을 소유하는 자체도 가치를 갖게 될 것이란 점에서, 장담컨대 이러한 일들은 분명히 현실이 될 것이다.

모든 사람이 샌드박스에서 가장 많은 LAND를 보유한 웨일샤크WhaleShark나 거액에 비플의 〈에브리데이즈〉를 구매한 메타코븐Metakoven과 같은 NFT 고래가 될 수는 없다. 하지만 다른 방식으로 유명한 수집가가 될 수는 있다. 그리고 이때 NFT 수집을 시작하기에 가장 좋은 방법은 무료 NFT다.

NFT 수집을 시작해보자

며칠간 NFT 마켓플레이스를 둘러보자. 인터넷상의 여러 NFT 커뮤니티에서 사람들이 어떤 이야기를 하는지도 들어보자. 마음에 드는 NFT를 발견하면 창작자에게 연락을 취해보자. 대화를 나눠보면서 창작자들이 생각하는 프로젝트의 방향성에 대해서도 이해해보자. 수집가들에게도 연락을 시도해서 그들이 수집에 대해서 어떻게 생각하는지 들어보는 것도 괜찮겠다.

의외로 무료 NFT도 많다. 이러한 무료 NFT가 거래되는 방법에도 여러 가지가 있는데, 보통은 가스피만 부담하면 무료

NFT를 받을 수 있다. 무료 NFT를 찾으려면 오픈시 홈페이지 페이지 상단의 마켓플레이스 드롭다운 메뉴에서 모든 NFTAll NFTs를 선택해보자. 그리고나서 정렬 방식을 낮은 가격순Price: Low to High으로 바꿔주면, 무수한 무료 NFT를 만날 수 있다. 무료 NFT는 몇 시간 만에 수천 달러를 쓰지 않고도 첫 컬렉션을 만들 수 있는 좋은 방법이다. 그리고 가스피가 저렴한 시간대를 잘 맞추기만 한다면 수백 달러만으로 훌륭한 컬렉션을 만들 수 있다.

우리는 NFT의 초창기를 살고 있다. 즉, 내 마음대로 NFT 수집의 기준을 세워 그대로 실행해볼 기회가 있다는 뜻이다. NFT를 수집하는 데 있어서 정답이 없다는 것은 동시에 오답이 없다는 의미이기도 하다. 우선 하나를 모아보고 나서 생각해봐도 좋다. NFT 수집은 결코 복잡할 필요가 없다. 너무 복잡하게 생각하지만 말고, 일단 수집을 시작해보자.

Chapter 9

NFT의 법적 해석

NFT를 만들고 팔고 살 수 있게 되었으니 NFT가 법적으로는 어떤 특징을 지니는지 이해하는 것이 매우 중요하다. 기술의 발전 속도에 비해 규제 기관, 입법 기관, 사법 기관이 새로운 기술을 따라잡는 속도는 훨씬 느리기 마련이다. 다만 새로운 기술과 유사한 기존의 기술이나 새로운 기술의 일부 특성이 기존 법 체계에서 어떻게 다뤄지고 있는지를 근거로 해서 새로운 기술에 대한 법 원칙의 방향을 일부 예상해볼 수 있다.

NFT에 대한 법 원칙은 아직 확립된 바 없으나, 법률이 암호 화폐나 예술품, 수집품에 어떻게 적용되는지를 넓게 살펴봄으로써 대략적인 방향성을 유추할 수 있다. 이 책의 저자 중 한 명은 변호사 자격을 갖고 있지만 이 책은 법률 자문의 의도로 저술된 것이 아니다. 이 챕터의 내용은 NFT에 영향을 미치는 법적 성질에 대한 개괄적 설명에 가까우며 구체적인 사안은 변호사와 상담해야 한다. 또한 여기서 기술하는 내용은 미국을 기준으로 하고 있다. 따라서 한국의 독자 역시 이 자료를 기본으로 참고하되, 실제 법적으로 더 깊은 검토가 필요한 경우 변호사의 조언을 받도록 하자.

NFT는 증권인가

ICOInitial Coin Offering 열기가 한창 뜨겁던 2017년, 여기저기서 새로운 코인이 생겨났다. 일부 코인은 탄탄한 기술 기반을 바탕으로 현실 문제에 대한 실질적인 해결책을 제시했지만, 유행이나 극단적인 희망에 기댄 코인도 많았고, 근본적으로 사기성이 짙은 코인도 많았다. 일부 투자자들은 하루아침에 자신의 투자금을 배로 불려줄 코인을 찾아다니기 바빴다.

사기성이 짙은 코인은 스캠 코인이라 불렸는데 실질적으로 코인 개발자들이 저지르는 펌프 앤드 덤프(pump-and-dump, 주식을 헐값에 사들인 후 허위 정보나 거짓 뉴스를 퍼뜨려 가격을 올리고 다시 주식을 팔아서 차익을 얻는 주식 거래 방식을 일컫는 속어. 주식 시장에서는 현행법 상 불법이나 상대적으로 규제가 덜 촘촘한 암호화폐 시장에서는 빈번히 발생하고 있다.) 수작에 불과했다. 수많은 스캠에 당한 투자자들의 불만을 이윽고 미국증권거래위원회(U.S. Securities and Exchange Commission, 줄여서 SEC라고도 부른다)에서도 인지하게 되었고, 사람들은 과연 암호화폐가 증권securities에 해당하는지, 그리고 그것이 어떤 의미인지 의문을 갖게 되었다.

만약 이와 같은 투자 형태가 증권으로 인정된다면 해당 증권의 거래는 1933년 증권법에 의해 공포된 규칙과 규정을 엄격하게 준수해야 했다. '1933년 증권법'이라는 이름에서 알 수 있듯이 법은 입법 연도가 굉장히 오래됐다. 이 증권법은 바로 1929년 대공황 이후, 투자 행위에 다양한 등록 의무를 부과하고 일부 예외 사례를 규정함으로써 투자자를 보호하기 위해 제정된 법안이기 때문이다. 2017년 당시의 ICO는 '1933년 증권법'을 준수하지 않았다. 하지만 만약 암호화폐가 증권이 아니라면 문제가 될 것은 없었다.

호위 테스트

암호화폐가 증권인지 아닌지를 판단하기 위해 우리는 먼저 증권이 무엇인지를 이해해야 한다. 비교적 익숙한 주식이나 채권은 증권에 해당한다. 하지만 그 외에도 특정 형태의 증서나 투자 계약이 증권에 해당하는 예도 있다.

1946년, 미국연방대법원에서는 미국증권거래위원회와 호위

Howey라는 기업 사이에 특정 리스백(leaseback, 부동산을 매각한 뒤 기존 주인이 새 주인에게 임대료를 내고 계속 사용하는 것) 계약이 투자 계약에 해당하는지를 두고 소송이 벌어졌다. 만약 이 리스백 계약이 투자 계약에 해당한다면 증권으로 인정되어 미국증권거래위원회의 규제를 적용받게 된다. 이 소송의 피고인은 오렌지 밭이 있는 미국 플로리다주의 토지를 매각했는데, 토지를 산 주인에게 '자신이 오렌지 밭을 관리하고 오렌지 농사 수익을 나누겠다'며 매각한 토지를 피고인에게 다시 임대해줄 것을 제안했다. 농업에 대한 경험이 없거나 오렌지 농사에 아는 바가 없었던 대부분의 매수인은 피고의 제안을 받아들이고 토지를 다시 임대해줬다.

미국증권거래위원회는 이 거래가 투자 계약의 구성 요소를 갖추고 있으므로 증권에 해당한다고 보아 피고인을 기소했다. 그러자 피고인은 자신들은 단순히 토지를 팔았고 새 주인에게 다시 토지를 빌린 것에 불과하다고 항변했다. 이 소송에서 미국 연방 대법원은 특정 투자가 증권에 해당하는지를 판단하기 위한 네 가지 기준을 정의했는데, 이것이 바로 호위 테스트Howey Test다. 그 내용은 다음과 같다.

1. 돈이 투자되었는가?
2. 투자 대상이 공동사업인가?
3. 투자한 돈에 대한 이익이 기대되는가?

4. 이익이 투자자가 아닌 사업자 또는 제3자를 통해 창출되는가?

그리고 미국연방대법원은 다음과 같이 판결했다.

1. 토지 매수인은 돈을 투자함
2. 피고인의 공동사업이 넓은 토지의 오렌지 밭을 관리함
3. 토지 매수인은 토지로부터의 수익을 기대함
4. 이익은 해당 토지를 관리한 피고인의 노력을 통해 창출됨

따라서 미국연방대법원은 피고인의 거래 행위가 증권의 구성 요소를 갖췄다고 판결했다.

"피고인의 거래 행위에는 이익을 추구하는 기업의 모든 요소가 확인된다. 투자자는 자본을 제공하고 수익과 이익을 나누며, 사업자는 기업을 관리, 통제 및 운영한다. 따라서 해당 계약을 기술한 법률 용어와 무관하게, 투자자의 이익이 명시된 합의는 투자 계약을 의미하는 것으로 본다."

호위 테스트를 기준으로 미국증권거래위원회는 ICO도 증권 거래에 해당한다고 판단했다.

1. 토지 매수인은 돈 또는 암호화폐(어떠한 가치를 가진 것)를 투자함
2. ICO는 하나의 기관 혹은 ICO의 대상이 되는 암호화폐를 만들고 운영하고 마케팅한 집단이 주관하며 따라서 공동사업이 존재한다고 볼 수 있음
3. 구매자는 ICO에 대한 투자로부터 수익을 기대함
4. 수익은 해당 기관 혹은 공동사업을 운영하는 집단의 노력을 통해 창출됨

이는 ICO가 미국증권거래위원회의 증권거래 규정을 따르거나 별도의 의무 사항이 있는 규제 레귤레이션 D_{Regulation D}와 같은 예외 조항을 이용해야 한다는 것을 의미한다. 미국증권거래위원회는 일부 사기성 ICO에 철퇴를 가하는 한편, 비트코인과 이더리움을 제외한 대부분의 암호화폐는 증권에 해당한다고 발표했다. 이 엄청난 발표는 ICO는 물론 전체 암호화폐 시장을 위축시켰고, ICO가 미국 투자자들이 참여할 수 없는 해외로 옮겨가도록 만들었다. 2017년의 열풍을 지키지 못한 2018년의 암호화폐 시장은 큰 불황을 맞이했고 불황은 이후 수년간 계속되었다.

NFT는 어디에 속하는가

미국증권거래위원회가 ICO를 증권으로 규정했고 대다수의

암호화폐까지도 증권에 해당한다고 밝힌 점을 고려할 때, 공급량이 1인 암호화폐의 한 형태인 NFT 역시 증권으로 규정될 것으로 보는 시각도 있다. 그러나 암호화폐 업계의 대다수는 NFT는 증권이 아닌 것으로 결론 날 것으로 보고 있다. 하지만 미국 증권거래위원회는 NFT에 대해서 어떠한 지침도 제시하지 않은 상태이며, NFT가 증권으로 규정될 가능성에 대해서도 대비해야 한다. 따라서 호위 테스트를 사용해 해당하는지 살펴보자.

1. NFT의 구매자가 돈 또는 암호화폐(어떠한 가치를 가진 것)를 투자함
2. NFT와 관련된 공동사업은 거의 없음. 대신 대부분의 NFT는 디지털 미술품의 한정판이거나, 수집품이거나, 인게임 아이템과 같은 쓰임새를 갖고 있음
3. NFT는 이익을 기대하는 투자 목적으로 구매하기도 하고 구매자의 개인적인 목적이나 컬렉션을 완성하기 위한 용도로 구매하기도 함
4. NFT의 가치를 높이는데 제3자가 관여하는 경우는 거의 없음

확실한 답은 없으나 NFT는 대체 가능한 일반 암호화폐보다 예술품이나 수집품에 가깝다. 만약 NFT의 공급이 급격히 증가

하거나 에디션의 수가 많이 늘어난다면 이는 대체 가능한 토큰에 가까워지며 대체 불가능한 토큰과 대체 가능한 토큰 사이의 경계가 모호해진다. 판매자뿐만 아니라 거래소 또한 NFT가 증권으로 규정될지에 대해서 관심을 가져야 한다. 만약 거래소가 증권거래 기능을 제공한다면 미국증권거래위원회에 사업 내용을 신고하고 미국증권거래위원회의 규정을 준수해야 하기 때문이다.

부분 NFT

부분 NFT의 경우 증권인지 아닌지의 경계가 더욱 모호하며 이 경우에는 최종적으로 증권으로 결론이 날 가능성도 있다. '부분 NFTFractional NFT'는 NFT의 부분적인 소유권을 갖는 토큰을 뜻한다. 〈유니클리 크립토펑스 컬렉션UPUNK, Unicly CryptoPunks Collection〉 토큰은 50개의 〈크립토펑크 NFT〉로 구성된 컬렉션의 부분적인 소유권을 갖는다(NFT의 소유권을 잘게 쪼개 만든 NFT). 현재 시중에 2억 5,000개의 UPUNK 토큰이 유통되고 있는데 시가 총액만도 3,000만 달러에 달한다.

UPUNK 토큰은 공급량이 매우 많아 대체 가능한 성격을 띠고, 값어치 있는 NFT에 투자하기 위함이라는 목적이 분명하다는 점에서 암호화폐와 유사하다. 또한, 전통적인 미술품의 소유권을 부분적으로 소유하는 경우, 비즈니스 모델의 차이는 있을

지언정 대부분의 업체가 SEC에 사업 내용을 신고하고 있다. 따라서 일부 부분 NFT는 증권으로 간주될 가능성이 크다.

지식재산권

지식재산권Intellectual Property Rights은 NFT와 예술계에서 매우 중요하다. 지식재산권이란 창의성에서 비롯된 개념으로 물리적인 형태를 갖지 않는 재산이다. 지식재산권은 저작권copyright, 상표trademark, 특허patent, 영업비밀trade secret을 모두 포함한다. 이 책에서는 NFT의 목적을 고려해 저작권과 상표권에 집중해보겠다.

저작권

저작권의 본질 중에는 사본을 만들 수 있는 권리도 포함되어 있다. 딕셔너리닷컴에 따르면 저작권이란 '창작자 또는 양수인이 문학, 예술, 또는 음악 자료를 인쇄, 출판, 공연, 촬영, 또는 녹음하거나 이를 다른 사람이 수행하게 할 수 있는 독점적인 법적 권리'다. 저작권은 저작물이 유형의 매체에 그 형태가 확정됨과 동시에 발생한다. 이는 저작물이 캔버스에 그려지거나, 종이 위에 작성되거나, 녹음되거나, 디스크 혹은 드라이브에 저장되는 등 유형의 매체를 통해 존재해야 한다는 것을 의미한다. 달리 표현하면 머릿속에 있거나, 말로 하거나, 노래를 불렀거나, 공연이 기록되지 않은 이상 저작물로 인정받지 못함을 의미하기도 한다. 창작자가 저작권을 획득하기 위해 자신의 저작물을 미국 저작권청에 등록할 필요까지는 없으나, 등록하게 되면 몇 가지 이점이 있다.

저작권은 실제 저작물과는 별개이며 명확하게 구분된다. 실제 저작물은 그림과 같은 물리적인 예술 작품이나 JPEG 이미지, 동영상, 노래와 같은 디지털 저작물을 의미한다. 저작권은 저작물의 창작자에게 부여된 저작물에 대한 무형의 권리다.

NFT를 구입할 때

NFT나 다른 예술 작품을 사는 것은 그 NFT의 저작권을 산다는 것을 의미하지는 않는다. 저작권은 창작자나 예술가에게 있으며 구매자는 구매자가 보유한 예술 작품의 NFT를 상업적 용도가 아닌 개인적인 용도로 사용하거나 전시할 권리만을 갖는다. 저작권과 소유권을 구분할 필요가 있다. 일반적인 경우 NFT 구매자는 저작권이 아닌 디지털 소유권을 갖는다. 즉 저작권이 없기 때문에 구매자는 NFT의 콘텐츠의 사본을 유통하거나 판매할 권리를 갖지 않으며, 2차 저작물(NFT의 콘텐츠에 기반한 다른 작품)을 만들 권리도 없다. 물론 구매자에게는 원하는 때에 NFT를 처분할 수 있는 권리가 있다. 창작자(혹은 현재 저작권 소유자)가 구매자에게 저작권을 양도한다는 명시적인 서면 동의서가 있다면 작품의 저작권을 구매하는 것도 가능하다. 구매하거나 다른 사람으로부터 받은 NFT와 NFT의 콘텐츠를 다룰 때 창작자의 저작권을 침해하지 않도록 주의해야 한다는 점을 명심하자.

NFT를 만들 때 법적 조항

NFT를 만들 때는 나만의 독창적인 예술 작품이나 디자인을 만드는 것이 가장 좋다. 인터넷에서 찾을 수 있는 오래된 이미지, 동영상, 오디오 파일을 사용해서는 안 된다. 인터넷상의 모든 사진, 예술 작품, 그리고 이미지, 동영상, 오디오 파일은 저작권의 보호를 받는다. 직접 만들지 않은 작품을 NFT 제작에 사용하게 되면 해당 작품 창작자의 저작권을 침해할 가능성이 크다. 이 경우 창작자가 입은 금전적인 손해를 보상해야 할 수 있으며 저작권을 침해한 NFT를 마켓플레이스에서 내려야 할 것이다.

만약 NFT 제작에 사용하고 싶은 기성 작품이 있다면 저작권자로부터 허가(라이선스)를 받는 방법이 있다. 라이선스는 NFT 제작에 해당 저작권을 사용할 수 있는 일부 권리를 부여한다. 그에 대한 보상으로 당신은 저작권자(라이선서)에게 매출의 일정 비율로 로열티를 지급하게 된다. 라이선서가 선금 지급을 요구하는 경우도 있다. 라이선스는 일반적으로 정명시된 기간 동안 정해진 지역 내에서만 유효하다. NFT 제작을 위해서는 전 세계에서 영속적으로 유효한 라이선스를 구할 필요가 있다.

일부 웹사이트에서는 로열티가 없는royalty-free 이미지와 동영상의 라이선스를 제공하기도 하는데, 이 경우에는 무료로 이 이미지와 동영상을 이용할 수 있다. 하지만 특정한 제약이나 별도의 조건이 있을 수 있으므로 라이선스 조건을 잘 읽어봐야 한다. 상업적인 용도로는 해당 이미지와 동영상을 이용할 수 없거나, 출처를 표기해야 하는 경우가 있을 수 있다. 이럴 경우, NFT 내에 해당 이미지나 동영상의 출처를 기록하면 된다.

공중영역(Public Domain, 특허, 저작권 등의 권리가 소멸되어 누구나 이용 가능한 상태)에 속하는 이미지나 동영상(또는 다른 형태의 창작물)은 사용해도 좋다. 저작권은 한정된 기간에만 유효하기 때문이다. 미국의 경우, 1978년 이후에 창작된 저작물은 창작자 사후 70년까지 저작권의 보호를 받는다. 하지만 1978년 이전에 창작된 저작물의 경우, 미국에서 인정받는 저작권의 기간은 95년이다. 따라서 만약 특정 작품이 지금부터 95년 전에 만들어졌다면 이에 속할 가능성이 크다. 우리 웹사이트의 리소스 페이지(TheNFThandbook.com/Resources)에서 로열티가 없거나 공공영역에 속하는 웹사이트의 목록을 확인할 수 있다. 나라마다 저작권법에 차이가 있고 저작권 유효 기간이 다른 점도 참고하도록 하자.

다른 이를 고용해서 당신의 머릿속에 있는 작품이나 디자인을 창작하는 방법도 가능하다. 이때는 고용된 창작자가 만든 저작물이 업무상 저작물에 해당함을 명시적으로 밝힌 서면 동의서가 필요하다. '업무상 저작물'이란 창작자를 고용한 주체에게 저작권을 부여하는 법률 용어다. 종업원이 고용의 목적을 달성하기 위해 창작물을 만든 경우에도 이 창작물은 업무상 저작물에 해당한다. 후자는 당신이 고용주이며, 예술 혹은 디자인 작품을 창작하는 것이 종업원의 업무 중 일부인 경우에만 해당한다.

NFT로서의 저작권

잠재적으로 저작권은 NFT의 주요 기능 중 하나가 될 수도 있다. 음악가 테일러 베넷Taylor Bennet과 빅 주Big Zuu는 특정 곡의 음원에 대한 저작권의 1%를 갖는 NFT를 만들어 판매했다. 하지만 좀 더 자세히 들여다보면, 구매자가 소유하게 되는 것은 저작권의 1%가 아니라 NFT의 설명에 지정된 곡이 벌어들인 디지털 로열티의 1%를 받을 수 있는 라이선스다. 같은 개념이라고 생각할 수도 있지만 저작권을 소유하는 것과 수익 흐름의 일부를 소유하는 것에는 큰 차이가 있다.

저작권의 1%를 소유한다는 것은 디지털 로열티의 1%뿐만 아니라 해당 음원으로 벌어들인 모든 수익의 1%에 대한 권리가 있다는 것을 뜻한다. 따라서 해당 음원이 영화나 TV 광고에 사용될 목적으로 5만 달러에 라이선스됐다면, 저작권의 1%의 소유자는 500달러를 받게 되지만, 디지털 로열티의 1%를 받는 라이선스의 소유자는 이 경우에는 한 푼도 받지 못한다.

따라서 앞으로 저작권 NFT에 투자할 때는 무엇에 대한 권리를 얻는 것인지를 분명히 하는 것이 중요하다. 계약서의 작은 글자도 놓치지 않고 확인해야 하고, 이해하기 어려운 부분은 변호사에게 자문을 구하도록 한다. 참고로 테일러 베넷과 빅 주가 판매한 저작권 NFT는 개당 100달러의 가치를 갖는 100USD 코인(USDC)에 판매되었다. 이렇게 수익 흐름에 참여하는 형태의 NFT는 투자 성격이 있으며, 향후 미국 증권 거래소가 증권으로 간주할 가능성이 있다.

NFT와 상표

상표trademark는 일반적으로 재화(상품)의 출처를 구별하기 위해 사용하는 도형, 기호, 문자, 문구, 혹은 이 네 가지를 모두 합친 것을 의미한다. 우리에게 익숙한 상표로는 코카콜라, 애플, 나이키, 맥도날드와 같은 것이 있다. 우리가 애플 로고가 새겨진 스마트폰이나 노트북을 볼 때 우리는 그 제품을 애플이 만들었음을 알 수 있고, 일정 수준의 품질, 안정성, 멋 등 다양한 성질을 떠올리게 된다. 이러한 이유로 인해 회사는 자사의 브랜드를 끌어올리는 데 투자를 한다.

서비스표service mark는 상표와 유사한데, 상품이 아닌 서비스를 구별하기 위해 사용한다는 차이점이 있다. 미국 유나이티드 항공사United Airlines의 서비스 표어는 "다정한 하늘을 날아 보아요Fly the Friendly Skies"다. 일반적으로 상표란 넓은 의미에서 상표와 서비스표를 모두를 아우르는 의미로 사용한다.

특정 회사의 이름이나 로고, 슬로건 옆에 'ⓡ' 기호가 붙어 있다면 이는 그 이름이나 로고, 슬로건이 미국 특허청에 등록된 상표임을 의미한다. 이렇게 등록된 상표는 미국 내에서 보호를 받는다. 회사의 이름이나 로고, 슬로건 옆에 TM 혹은 SM(서비스표의 경우) 표기가 붙어 있는 경우는 보통 상표가 아직 등록되지 않았음을 의미한다. ⓡ, SM, TM 표기를 꼭 써야 하는 것은 아니므로, 로고, 이름, 슬로건 옆에 아무런 표기가 없다고 해서 그 로고, 이름, 슬로건을 마음대로 쓸 수 있는 것은 아니다. 상표법의 핵심 취지는 상품의 출처에 대한 소비자의 혼동을 막는 것이다. 상표의 소유자 또한 자신이 소유한 상표의 고유함을 대중이 인지하지 못해 상표의 가치가 낮아지는 상황을 우려한다.

2017년 인앤아웃 버거(In-N-Out Burger, 미국 서부에서 대중적으로 유명한 패스트푸드 햄버거 프랜차이즈)는 이름과 로고가 유사하여 고객에게 혼동을 주며 자사의 상표를 희석한다는 이유로 인앤아웃 클리너(In-N-Out Cleaners, 미국 캔자스주 위치타(Wichita) 시에 오픈한 세탁 전문점. 참고로 미국 중부에 위치한 캔자스주에는 인앤아웃 버거 매장이 단 한 곳도 없다)를 상대로 소송을 제기했다. 인앤아웃 버거는 자사의 고객들이 인앤아웃 클리너와 인앤아웃 버거가 서로 관련 있다고 착각할 수 있다는 점, 그리고 인앤아웃 클리너의 로고가 인앤아웃 버거의 로고의 고유성을 해칠 수 있는 점을 우려했다.

그림 9.1 '인앤아웃 클리너'와 '인앤아웃 버거' 로고

두 로고 모두 같은 이름In-N-Out과 색상을 사용하고 서체가 비슷하며 화살표와 옷걸이 같은 디자인 요소의 배치와 각도가 유사하다. 두 회사는 '햄버거'와 '세탁'이라는 확연하게 구분되는 상품을 제공하지만, 고객들은 인앤아웃 버거가 인애아웃 클리너와 관계 있다고 혼동할 수 있는 여지가 있다. 인앤아웃 버거의 로고의 고유성이 희석될 여지 또한 분명해 보인다(그림9.1).

예술품을 창작할 때도 마찬가지겠지만 NFT를 제작할 때 역시 해설이나 비평, 패러디할 목적으로 다른 회사의 상표를 쓰는 것은 별다른 문제가 되지 않는다. 다만 NFT의 고객이나 관람객 관점에서 해당 상표의 소유자가 당신의 NFT, 또는 NFT에 포함된 콘텐츠를 직접 제작했거나 홍보하는 것으로 받아들여져서는 안 된다. 비평이나 패러디는 그 상표에 대한 것이어야 하며, 해당 상표와 관계없는 주제나 제3자에 대한 것이 아니어야 한다.

아울러 NFT 마켓플레이스 상에서 판매하는 NFT의 이름, 유

그림 9.2 "®" NFT

저 이름, 또는 컬렉션 이름에 상표명을 사용하지 않도록 주의해야 한다. 한 아티스트는 『포춘Fortune』의 '포춘 기업Fortune 100'의 로고를 모두 모아 NFT를 제작하기도 했다. 이 NFT는 사회에 대한 비평 성격을 담고 있다고 볼 수 있으며, 이 NFT 작품을 보는 사람으로 하여금 이 작품에 포함된 회사들이 이 작품을 직접 창작했거나 홍보하는 것이라고 이해할 여지는 적은 편이다(그림 9.2). 정말 그런지는 알 길이 없지만 안타깝게도 상표 사용이 적

법한지 아닌지 판단할 수 있는 명확한 기준은 없다. 애매하다고 생각될 땐 변호사의 자문을 구해야 한다.

퍼블리시티권

퍼블리시티권Right of Publicity은 사람이 그가 가진 이름, 초상, 음성이나 그 밖의 동일성identity을 상업적으로 이용하거나 통제할 수 있는 배타적권리를 말한다. 케빈 하트(Kevin Hart, 미국의 코미디 언이자 배우. 최근 출연한 영화로는 〈분노의 질주: 홉스&쇼〉, 〈쥬만지: 넥스트 레벨〉 등이 있다)의 얼굴이 새겨진 티셔츠를 케빈 하트 본인의 동의 없이 마음대로 팔 수 없는 것과 같다. 그렇다면 금발 가발과 가운, 보석을 뒤집어쓰고 〈휠 오브 포춘(Wheel of Fortune, 1975년 처음 방영된 미국의 인기 퀴즈쇼 프로그램. 각 칸마다 금액이 적혀 있는 커다란 회전판으로 유명하다)〉에나 나올 법한 회전판을 돌리는 로봇이 나온 TV 광고는 어떻게 받아들여야 할까. 1993년, 미국연방대법원보다 한 단계 아래의 제9순회항소법원은 퍼블리시티권을 매우 넓게 해석해 실제 광고에 바나 화이트(Vanna White, 1982년부터 휠 오브 포춘의 진행자로 활동한 미국의 방송인. 현재도 휠 오브 포춘의 진행자로 활동 중이며 2022년까지 계약이 되어있다고 한다.)의 초상이나 이름, 음성이 사용되지 않았음에도 불구하고 이 광고가 바나 화이트의 퍼블리시티권을 침해한다고 판결했다.

이처럼 다른 사람의 사진이나 영상을 본인의 허락 없이 NFT

에 사용해서는 안 되지만 모든 경우가 확실하게 구분되는 것은 아니다. 바나 화이트의 예시는 유명인의 퍼블리시티권을 상업적인 목적으로 도용한 경우에 해당한다. 예술가와 NFT 창작자들은 헌법에 보장된 표현의 자유를 갖지만 표현의 자유가 개인의 퍼블리시권과 상충할 때 모호한 상황이 발생한다. 지금 만들고자 하는 것이 예술인가, 아니면 타인의 초상의 상업적 이용인가?

스눕독Snoop Dogg과 같은 유명인의 NFT를 만든다고 가정하자. 만약 이 NFT를 판매하거나 상업적인 용도로 이용할 의도가 없다면 스눕독 본인의 허락이 없더라도 별다른 문제는 없다. 하지만 만약 이 NFT를 판매하고자 한다면 이것은 상업적 용도로 간주하며, 스눕독의 허락이 필요하다. 만약 스눕독 NFT를 100개를 만든다면 이것은 더더욱 상업적 용도에 무게를 실어줄 것이며 더더욱 스눕독의 허락이 필요하다.

변형적 이용 검증

배우 개리 세더럽Gary Saderup은 스리스투지스를 목탄화로 그린 화가이기도 하다. 그는 본인이 그린 작품을 석판화나 티셔츠로 만들어 판매했다. 그러자 스리스투지스의 퍼블리티시권을 보유한 코미디3프로덕션Comedy III Productions, Inc은 개리 세더럽이 스리스투지스의 퍼블리시티권을 침해했다며 개리 세더럽과 그의 회

사를 고소했고, 이 사건은 미국 캘리포니아주 대법원까지 올라
갔다.

미국 캘리포니아주 대법원은 '변형적 이용 검증The Transformative
Use Test'을 사용해 유명인의 초상을 담은 제품이 유명인의 초상이
아닌 피고인의 (예술적) 표현으로 인식될 수 있을 만큼 변형되었
는지 여부를 따졌다. 이는 즉, 유명인의 초상이 창작물을 만드는
데 사용된 소재 중 하나인지, 아니면 유명인의 묘사나 모방이 문
제가 된 창작물의 전부이자 본질인지를 가리는 것이다. 과연 이
작품은 예술이었을까 아니면 스리스투지스의 모방이었을까.

미국 캘리포니아주 대법원은 이 작품은 스리스투지스를 예술
적으로 표현한 것이기는 하나, 원고의 초상권이 충분히 변형되
지 않았다고 보았다. 사람들이 그 티셔츠를 산 이유는 그림의 작
품성 때문이 아니라 스리스투지스가 그려져 있기 때문이라고 판
단한 것이다. 따라서 유명인의 초상(유명인이 아니더라도 당연히 문제
가 될 수 있다)을 담은 NFT를 만들 때는 유명인의 모방에 그치지
않는 예술 작품을 만드는 것이 중요하다.

스눕독 이야기로 돌아오면, 실제로 오픈시에는 스눕독의 모
습을 담은 여러 개의 NFT가 있다. 아예 〈스눕독 #2 NFT〉라고
이름 붙은 NFT도 있다. 이 NFT의 제작자인 크레이지원1Scrazy-
one1은 스눕독의 모습으로 모자라 이름을 그대로 쓰는 것에도 거
리낌이 없었던 것이 분명하다(그림 9.3). 스눕독의 모습을 담은 이

그림 9.3 오픈시에 게재된 〈스눕독 #2 NFT〉의 대표 이미지

NFT가 '변형적 이용 검증'을 통과할 수 있을까. 스눕독이 소송을 걸지 않는 이상 알 방법은 없다. 하지만 현실적으로 스눕독의 초상권을 활용하여 엄청난 돈을 벌어들이지 않는 이상 스눕독

(또는 다른 유명인 그 누구도)이 소송을 걸 가능성은 적다. 아마도 권리 침해 경고장을 받는 정도일 것이다.

퍼블리시티권의 라이선싱

유명인의 이름과 초상권을 사용하기 위해 아예 유명인의 퍼블리시티권을 정식으로 라이선스하여 공식 NFT를 만드는 방법도 있다. '라이선스'는 권리를 소유한 자(라이선서, licensor)가 권리를 사용하고자 하는 자(라이선시, licensee)에게 유명인의 이름과 초상권 및 기타 권리를 사용할 수 있는 제한된 권리를 허락해주는 계약이다. 이러한 라이선스 계약에 포함될 주요 항목으로는 다음과 같은 것들이 있다. 라이선스 계약은 상당히 복잡하므로 계약을 결정했다면 꼭 변호사와 상의해야 한다.

- 소유물: 유명인(혹은 영화나 만화 캐릭터 등)
- 라이선스 대상: 이름, 초상권, 음성, 상표 등
- 라이선스 제품: 제작, 생산되어 판매될 제품이며 NFT도 포함
- 계약 지역: 권리가 허락되는 지역. NFT의 경우 인터넷을 통해 전 세계에 판매되므로 '전 세계'가 되어야 한다.
- 계약 기간: 라이선스 지속 기간
- 독점권: 권리자가 계약 기간 중 계약 지역 내에서 다른 누군가에게 같은 권리를 라이선스할 수 있는지 여부

- 로열티율: 전체 판매 금액에서 권리자가 갖게 되는 금액의 비율
- 선지급금: 권리자가 받게 되는 선지급금(없을 수도 있다)
- 최저보증금: 판매 금액에 관계없이 권리자가 받게 되는 최소한의 로열티(없을 수도 있다)

사후死後 퍼블리시티권

사망한 사람의 이름이나 초상권을 사용하는 것은 괜찮을까. 경우에 따라 다르다. 미국의 경우 저작권법은 연방법이지만 퍼블리시티권은 주법으로 다뤄진다. 사후 퍼블리시티권이 인정되지 않는 주가 있고, 사후 퍼블리시티권이 인정되는 곳도 있다. 사후 퍼블리시티권이 인정되는 경우에는 사망자의 상속인이 퍼블리시티권을 실시할 권리를 갖는다. 이때 사망자가 사망했을 당시 어디에 거주했는지가 매우 중요하다. 만약 사망한 거주지가 사후 퍼블리시티권이 인정되지 않는 주였다면 사자의 이름과 초상권을 쓰는 데 제약이 없다.

1962년 사망 당시, 메릴린 먼로는 뉴욕과 캘리포니아 두 곳에 집을 가지고 있었다. 당시 메릴린 먼로는 캘리포니아에서 활동하고 있었으므로 그곳에 거주한다고 보는 것이 합리적이었으나 메릴린 먼로의 상속인은 메릴린 먼로가 뉴욕에 거주했다고 주장했다. 그 이유는 상속세를 줄이기 위해서였는데, 당시 캘리포니아의 상속세가 뉴욕보다 훨씬 높았기 때문이다. 얼핏 생각해보

면 절세를 위한 좋은 아이디어였다.

50년이 지나자 상황이 역전되었다. 메릴린 먼로의 상속인은 캘리포니아 주법상 사후 퍼블리시티권을 침해했다며 메릴린 먼로의 사진을 판매하는 여러 사진 업체들을 고소했다. 그중 한 건이 제9순회항소법원에 올라갔는데 수십 년 전 메릴린 먼로의 상속인이 그녀가 사망한 당시 뉴욕에 거주했다고 주장했으므로 이번 건 또한 뉴욕법에 따라야 한다는 판결이 났다. 상속인들로서는 안타까운 일이지만 뉴욕은 2020년까지 사후 퍼블리시티권을 인정하지 않았다. 따라서 피고들은 자유롭게 메릴린 먼로의 이미지를 사용할 수 있었다. 2012년에 내려진 이 판결 이후, 사람들은 메릴린 먼로의 사진을 다양한 제품에 사용해오고 있다. 메릴린 먼로지Marilyn Monroeji 애플리케이션도 그중 하나다(그림 9.4).

상속세를 아끼기 위한 묘책이 상속인들에게 뼈아픈 결과로 돌아온 셈이다. 2012년 당시 『포브스Forbes』는 메릴린 먼로의 상속인이 퍼블리시티권 로열티로 벌어들이는 금액이 마이클 잭슨과 엘비스 프레슬리 다음으로 높은 연간 2,700만 달러에 이를 것으로 추정했다.

따라서 사망한 사람의 이름이나 초상권을 사용하고 싶다면 그가 사망 당시 어디에 거주했는지, 그리고 그 주의 주법이 사후 퍼블리시티권을 인정하는지를 잘 살펴야 한다. 아울러 이 문제에 대해 공식적인 결론을 내리지 않은 주도 여럿 있는 점 참고해

그림 9.4 메릴린 먼로지 애플리케이션

야 한다. 추가로 사망한 자의 이름이나 초상권을 사용할 수 있더라도 그 이미지나 영상을 사용할 때는 여전히 주의를 기울여야한다. 특정 이미지나 미술 작품, 또는 사진과 영상은 높은 확률로 저작권법의 보호를 받기 때문이다.

보도 가치

퍼블리시티권과 관련하여 한 가지 예외는 바로 보도 가치 Newsworthiness가 있는 경우다. 미국의 '수정헌법 제1조'는 보도 가치가 있는 사람이나 소식에 대한 보도를 보호한다. 법원 판결 또한 뉴스 혹은 보도 가치가 있는 소재에 대한 문학, 영화, 또는 다른 엔터테인먼트 매체에서 누군가의 이름이나 초상권을 사용하는 것이 그 사람의 퍼블리시티권을 침해한 것이 아니라는 견해를 보여 왔다. 하지만 일반적으로 NFT는 뉴스를 전하는 매체로는 간주되지 않으므로 보도 가치와 관련한 예외는 NFT에는 해당이 없다.

사생활의 비밀과 자유

사람들은 보통 퍼블리시티권과 '사생활의 비밀과 자유'를 같은 의미로 사용하곤 한다. 하지만 두 권리는 명백히 구분된다. 사생활의 비밀과 자유는 다음과 같은 권리를 포함한다.

- 개인적이고 사적인 정보에 대해 공개를 강요당하지 않을 권리

- 간섭 받지 않을 권리

- 국가로부터 부당한 사생활 침해를 당하지 않을 권리

NFT와 일반 예술 작품과 관련해서는 위에서 첫 번째로 언급한 누군가의 사적인 정보를 공개하는게 되는 상황에 대해 주의할 필요가 있다. 사적인 정보라 함은 보통 외부에 알려지지 않는 개인의 사적인 생활에 대한 세부적인 내용을 의미한다. 따라서 누군가의 사적인 정보를 알고 있다면 그 정보는 NFT에 포함해서는 안 된다. "모르겠으면 하지 마라"라는 말을 기억하자.

공인

사생활의 비밀과 자유에 있어서 예외는 바로 공인Public Figures, 즉 유명인이나 프로 운동선수, 정치인 등이다. 미국에서는 표현의 자유 및 대중의 관심사, 나아가서는 공인의 일거수일투족이 대중의 관심사라는 전제 하에 대중이 알 권리를 갖고 있다는 생각으로 인해 공인에 대해서는 훨씬 느슨한 사생활의 비밀과 자유의 잣대가 적용되고 있다. 이것은 퍼블리시티권에 대한 예외인 보도 가치가 있는 경우와도 비슷하다. 따라서 NFT의 주제가 공인이라면 사생활의 비밀과 자유와 관련해서 크게 염려할 것은 없다. 다만 이 예외는 공인의 사생활의 비밀과 자유에 한한 것

이지 그들의 퍼블리시티권에 대한 예외는 아님을 명심하자. 앞서 설명한 바와 같이 공인의 퍼블리시티권은 전적으로 지켜져야 하며, 필요한 경우 정식으로 라이선스 계약을 맺고 이용하도록 하자.

계약

NFT 판매자가 NFT에 부속된 특전을 제공하거나 NFT에 잠금 해제 콘텐츠를 포함하고자 할 때는 계약법의 적용을 받는다. 계약은 둘 또는 그 이상의 당사자 간의 구속력 있는 합의이다. 계약이 만들어지기 위해서는 다음의 세 가지 요소가 필요하다.

- 제안
- 제안의 수락
- 대가(계약 당사자 간 어떠한 것을 주고받는지, 또는 어떠한 것을 서로 약속하는지)

당신이 NFT를 1ETH의 가격에 마켓플레이스에 올렸다고 해보자. 이는 제안에 해당한다. 즉, NFT를 판매하겠다고 제안한 것이다. 그때 누군가가 1ETH의 가격에 NFT를 판매한다는 제안을 수락하면 NFT가 판매되게 된다. 마켓플레이스를 통해 양 당사자는 대가를 주고받는다. 당신은 NFT를 제공했으며, 구매자는 그에 대한 대가로 1ETH를 지불했다. 또 다른 예는 마켓플레이스에 NFT를 올렸는데 누군가가 1ETH 가격을 제안한 경우다. 이때 제안을 수락하면 거래가 성립된다.

특전Perks

NFT와 함께 특전을 제공한다면 이러한 특전은 대가의 일부가 된다. 구매자는 특전의 값어치까지 고려하여 가격을 제시하거나 판매자가 제시한 가격을 수락할 것이며, 판매자는 NFT 상품 설명에 명시된 대로 특전을 제공해야 할 계약적 의무를 진다. 특전은 합리적 방법을 통해 적시에 제공되어야 한다. 제공되는 특전의 내용에 대해 오해의 소지가 없도록 특전의 내용을 최대한 상세하게 설명하는 것이 중요하다. NFT의 상품 설명에 구체적인 약관terms and conditions을 포함하는 것이 도움이 된다.

롭 그론카우스키의 NFT 웹사이트GronkNFT.com에는 〈롭 그론카우스키 챔피언십 시리즈 NFT〉 경매에서 구입한 NFT에 대한 서비스 약관'이라는 장문의 약관이 게재되어 있는데, 이 약관은 아주 구체적인 법률 용어로 분쟁 해결 방법을 포함한 다양한 내용을 다룬다. 이 약관은 다음과 같은 문장으로 시작한다.

"본 서비스 약관은 귀하와 미디엄 레어 매니지먼트 유한회사Medium Rare Mgmt, LLC간의 법적 구속력이 있는 계약으로서, 롭 그론카우스키 챔피언십 시리즈 NFT 경매의 일부인 NFT에 대한 귀하의 구매에 대해 적용됩니다."

롭 그론카우스키, 혹은 미디엄 레어 매니지먼트 유한회사의
변호사가 간과한 점이 있다. 바로 이 약관이 NFT나 컬렉션의
상품 설명에 포함되어 있지 않다는 점이다. 존재하는지조차 알
지 못했던 약관에 어떻게 따를 수 있겠는가?

NFT 구매 시 분쟁에 휘말리게 된다면 당장 도움을 받을 수
있는 것이 별로 없더라도 우선은 NFT의 거래가 일어난 해당 마
켓플레이스에 도움을 요청할 것을 권한다. NFT 구매 시 특전에
있어서는 '구매자 위험 부담'이 기본적 원칙임에 유의하자.

NFT 콘텐츠

앞에서 다뤘듯 NFT의 메인 콘텐츠와 잠금 해제 콘텐츠는 블
록체인상에 저장되지 않는다. 따라서 콘텐츠가 저장된 위치가
지속해서 유지되지 않을 가능성이 있으며 이는 콘텐츠가 유실
되어 NFT의 가치를 완전히 잃게 될 수 있다는 뜻이다. 이 점은
NFT 창작자의 개인 서버나 클라우드 저장소 내 NFT 창작자의
개인 계정에 보관되어 있을 가능성이 큰 잠금 해제 콘텐츠의 경
우에 더 큰 문제가 된다.

문제는 과연 NFT 창작자가 NFT의 콘텐츠를 영구히 관리
할 계약적 의무를 지는가 하는 점이다. '영구히'란 굉장히 긴 시

간인데, NFT의 주된 인기 이유 중 하나가 바로 이 영속성이다. NFT는 블록체인 자산이므로 사람들은 그 존재가 영원할 거라고 생각하며, 이러한 생각은 NFT 또한 영원히 존재할 것이란 기대로 이어지게 된다. 그리고 이러한 기대는 NFT의 메인 콘텐츠와 잠금 해제 콘텐츠에도 해당한다.

따라서 NFT의 창작자는 NFT의 콘텐츠를 영구히 유지할 의무를 지는 것으로 보인다. 하지만 미국 일부 주 및 몇몇 국가에서는 공공 정책의 하나로 영구 계약을 위법으로 규정하거나 기한을 둘 수 있게 하고 있다. 향후 법원이 이러한 이해 상충 사례에 대해 어떻게 판결하는지를 지켜보는 것도 흥미로울 것이다.

세금

NFT도 세금을 피할 수는 없다. NFT에 적용될 수 있는 다양한 종류의 세금을 살펴보려 한다. 앞에서도 언급했지만 이 역시 NFT와 관계된 잠재적인 세금 문제에 대한 개요일 뿐이다. 구체적인 내역에 관련해서는 회계사나 세무사, 변호사와 상담해야 한다.

판매세

미국의 경우 판매세는 판매가 발생한 주에서 상품이나 서비스의 판매에 대해 부과하는 것이 일반적이다. NFT 판매와 관련해서는 어디서 판매가 일어난 것으로 보아야 할까? 어떤 주 혹은 어떤 국가의 판매세를 적용해야 할지가 관건이다. 상품이 주 외부로 배송되는 경우 판매세가 적용되지 않는 것이 보통인데, 대신 구매자가 거주하는 주에 따라 사용세가 적용될 수 있다.

일부 주는 디지털 상품에 판매세를 부과하지 않는다. 그렇다면 NFT는 디지털 상품인지도 고민해보아야 한다. 언뜻 보기에는 디지털 상품 같아 보이지만, 일부 주는 디지털 아이템을 다운받은 아이템으로 정의하기도 한다. NFT는 블록체인상에 존재하므로 NFT는 다운받는 것이 아니므로 이러한 주에서는 NFT가 디지털 아이템의 면세 혜택을 받지 못할 수 있다.

디지털 아이템에는 판매세가 부과되지 않지만 NFT가 물리적인 아이템이나 서비스를 특전으로 포함하는 경우에는 어떻게 보아야 할지도 생각해보아야 한다. 특전의 가치에 따라 판매세가 부과될 수도 있다. 하지만 특전의 가치를 측정하는 것도 어렵다. 아마존이 2017년에 미국 전국의 판매세를 바꿨듯 언젠가 NFT 마켓플레이스로 인해 모든 NFT 판매 건에 판매세가 부과되는 날이 오더라도 크게 놀랍지는 않을 것 같다.

소득세

NFT를 제작해서 판매하게 되면 NFT 판매로 발생한 소득에 대해 세금을 내야 한다. 이때 NFT의 제작, 민팅, 판매, 홍보를 위해 발생한 비용은 공제받을 수 있다. 법인을 설립해 법인을 통해 NFT를 판매하는 것이 유리할 수도 있는데 이 부분은 회계사의 조언을 받아야 한다. 미국의 경우에는 세금 문제 외에도 부채에 대한 유한 책임 등 법인 혹은 유한회사LLC, limited liability company 설립 시 얻을 수 있는 이점이 있는 점도 참고하면 좋다.

양도소득세/자본이득세

자산을 팔 때는 자산을 구매할 때 지불한 가격과 자산을 판매할 때 가격의 차이인 자본이득만큼 세금을 내야 한다. 미국의 경우 소득세와 마찬가지로 양도소득세는 연방 정부와 주 정부 양쪽에서 모두 과세한다. NFT도 양도소득세 과세 대상이 될 가능성이 크다.

1ETH에 산 NFT를 3ETH에 팔았다면 2ETH만큼의 자본이득이 발생한다. 다만 미국국세청IRS, Internal Revenue Service은 이더리움의 가치가 아닌 달러 가치만 따지므로 NFT의 가치 상승으로 인해 얻은 이득은 판매 당시의 NFT의 달러 가치, 즉 NFT를 판매한 시점의 3ETH의 가치와 구매 당시의 NFT의 달러 가치, 즉 NFT를 구매한 시점의 1ETH의 가치 차이가 된다. 참고로 양도소득세는 자산을 팔 때에만 발생한다. 자산을 판매함으로써 자본이득이 실현된다고 보는 것이다. 자산을 팔기 전의 모든 이익은 미실현 이익으로 본다.

장기 Vs. 단기

1년 미만으로 보유한 NFT를 판매할 때 얻은 이득은 단기 자본이득으로 간주하며, 국세와 지방세 모두 평소 소득세율에 따라 세액이 결정된다. 1년 이상 보유한 NFT를 판매할 때 얻은 이득은 장기 자본이득으로 간주하며, 국세를 산정할 때 일반 소득세율보다 유리한 양도소득세율을 적용받게 된다. 주식 및 기타 투자에 대해서는 0에서 20%의 세율이 적용되는데, NFT는 28%의 양도소득세율이 적용되는 수집품으로 간주할 가능성이 크다. 하지만 디지털 부동산이나 도메인 이름과 같은 NFT는 수집품이 아님을 주장할 여지가 있을 수도 있다.

NFT를 구매할 때

NFT를 암호화폐로 구매할 때에도 양도소득세가 발생할 수 있다. 1ETH를 1,800달러에 구매했다가 나중에 1ETH가 3,800달러로 오른 시점에 1ETH를 지급하고 NFT를 샀다고 하면 이더리움의 가치상승분 2,000달러에 대한 양도소득세가 발생할 수 있다. 이것은 NFT를 살 때 이더리움을 지급함으로써 이더리움에 대한 이득을 실현했기 때문이다. ETH를 구입하고 나서 1년 이상 지난 후에 NFT를 구매하는 경우에는 장기 양도소득세율이 적용된다. 지금 산 NFT는 3,800달러의 가치를 지니고 있다. 따라서 나중에 이 NFT를 5,000달러에 판매하게 되면

NFT에 대한 1,200달러의 실현이익이 발생하며 이 금액에 대해서 양도소득세를 내야 한다.

NFT 거래 시 주의할 점

국세청의 깜짝 선물을 받고 싶지 않다면 NFT를 거래할 때에는 항상 세금을 염두에 둬야 한다. 그리고 꼭 세금 문제와 관련해서는 회계사나 세무사, 변호사의 자문을 구해야 한다.

Chapter 10

NFT의 미래

NFT의 미래는 밝다. 현재는 과소평가된 디지털아트가 향후 미술계를 장악할 것이기 때문이라기보다는(비록 저자들은 그렇게 믿고 있지만), NFT가 미래에 모든 사람에게 영향을 미칠 디지털 경제로 이어지는 다리 역할을 수행할 것이기 때문이다. 오늘날 이미 일부 분야에서는 그러한 역할을 수행하고 있기도 하다.

NFT를 단지 투기 목적의 예술 자산으로 바라보는 것은 수많은 NFT의 미래 효용을 간과한 편협한 시각에 불과하다. 우리는 머지않아 NBA 시즌 티켓부터 전 세계에 몇 대 없는 벤츠 한정판에 이르기까지 세상의 모든 것들이 NFT화되는 상황을 보게 될 것이다. 이를 염두에 두고 NFT의 미래를 논할 때 반드시 다뤄야 할 세 가지 영역에 대해서 살펴보자.

- 메타버스(The metaverse)
- 비담보가능자산(Non-bankable assets)
- 디지털 지갑(digital wallets)

메타버스의 시대가 열렸다

인터넷은 우리가 원하는 것은 무엇이든 시공간을 초월하여 공유하고 소통할 수 있는 수준까지 진화했다. 우리는 애플리케이션을 통해 사랑을 찾고, 얼굴 한 번 본 적 없는 디지털 이웃들로부터 식당이나 호텔 추천을 받는 데 익숙하다. 우리 인생의 가장 소중한 추억이 담긴 사진을 오랫동안 안전하게 보관해주는 것은 이제 앨범이 아니라 인터넷 대기업이 되었다.

인터넷은 상상할 수 있는 모든 것을 담을 수 있는 드넓은 가상 공유 공간이 되었다. 우리는 이 공간을 통해 정보를 전달하고, 웃긴 트윗을 남기며, 재미난 콘텐츠를 만드는 다른 사람들에게 의지하고 있다. 하지만 지금의 인터넷이 가장 좋은 인터넷은 아니다. 세상의 모든 존재가 그러하듯, 인터넷 또한 앞으로도 계속 성장하고 진화해야 한다.

그럼 그다음은 무엇일까. 인터넷의 진화는 메타버스로 이어진다. 메타버스는 공유 인터넷과 증강현실(AR), 가상현실(VR) 기술이 가진 무한한 가능성의 정점이다. 인터넷은 정보, 서비스, 그리고 경험을 온라인으로 옮겨오기 위해 부단한 노력을 기울여 왔다. 하지만 인터넷상에 존재하는 모든 사람들이 소통하고 상호작용 하기 위한 더 효과적인 방법이 있다.

메타버스의 유형

메타버스를 비유하기에 가장 적절한 것은 영화 〈레디 플레이어 원Ready Player One〉에 나오는 오아시스The Oasis다. 오아시스는 VR 헤드셋을 통해 접속할 수 있는 온라인 세계다. 아이들은 오아시스에서 학교에 가고 기업인들은 오아시스에서 사업을 한다. 한마디로 모든 일이 오아시스에서 벌어지는 것이다.

현실 세계에서는 수십 년이 지나더라도 이 정도 수준의 메타버스에는 도달하지 못할지도 모른다. 〈세컨드 라이프Second Life〉 (미국 린든랩이 개발한 가상현실 플랫폼. 2000년대 초반에 큰 화제를 모았다) 와 같은 온라인 게임에서 비슷한 시도가 있었다. 사용자들은 게임 안에서 콘서트를 열거나 친구들과 소통할 수 있고, 심지어는 돈을 벌 수도 있었다. 하지만 모든 것을 한 곳에서 해결할 수 있는 메타버스란 이상에 가깝다. 대신 최근에는 각 분야에 특화된 메타버스가 만들어지고 있다.

비디오게임 메타버스

현실 세계의 비디오게임은 아마도 자체 경제를 구축한 번성한 메타버스에 가장 가까운 존재일 것이다. 다음에 소개할 게임들은 플레이어가 게임 내 세계에서 독창적인 방식으로 자신을 표현할 방법을 제공하고 있다. 게임 NBA 2K21의 플레이어들은 실외 코트, 카지노, 체육관, 공원 등이 모두 갖춰진 '시티The City'라는 이름의 가상세계에서 다른 플레이어들과 자유롭게 소통할 수 있다. 게임 내 아바타가 씨티를 걸어서 횡단하는 데 45분이 걸릴 정도이므로, 농구게임이라기보다는 대규모 가상세계라는 설명이 더 적합할 것 같다.

포트나이트Fortnite 역시 전 세계 3억 5,000만 명이 즐기는 게임일 뿐만 아니라 다양한 부가 기능을 제공한다는 측면에서도 주목할 만하다. 미국 래퍼이자 프로듀서인 트래비스 스콧Travis Scott과 DJ 마시멜로Marshmello는 게임 안에서 가상 콘서트를 열었고, 삼성은 갤럭시 노트 9을 홍보하기 위해 포트나이트 아바타에 적용할 수 있는 갤럭시 스킨을 만들었다. 심지어는 루이비통도 리그오브레전드League of Legends 게임용 아바타 스킨을 제작한 적이 있다.

그 외에도 비디오게임의 형태로 만들어진 메타버스는 많다. 리그오브레전드, 마인크래프트Minecraft, GTA 온라인Grand Theft Auto Online, 레드데드온라인Red Dead Online 등 나열하자면 끝도 없을 정도다. 비디오게임 메타버스의 상당수는 인게임 아이템을 거래할 수 있는 자체 통화를 운영하고 있기도 하다. 비디오게임은 메타버스에 있어서는 그 누구보다도 앞서 있다. 하지만 할 수 있는 것들의 제약이 있다는 점에서 완전한 메타버스는 아니다. 플레이어들은 게임의 정해진 규칙 안에서만 자유롭게 돌아다니거나 스스로를 표현할 수 있다.

라이브스트림 메타버스

가상세계만큼 중요한 메타버스의 특징은 바로 커뮤니티다. 이미 사람들은 가상세계에서 동시다발적으로 소통하고 있다. 슈퍼볼Super Bowl과 같은 대형 행사나 〈그래미 시상식The Grammys〉이 열릴 때면 트위치Twitch, 유튜브, 클럽하우스, 디스코드와 같은 다양한 플랫폼의 노련한 스트리머들이 시청자들을 그들의 라이브 방송으로 유혹한다.

트위치에서는 수십만 명의 시청자가 유튜버 스트리머 킷보가Kitboga가 보이스피싱 전화를 상대로 장난치는 모습을 지켜보았다. 그는 보이스피싱 전화에 역으로 사기를 시도하는 영상으로 인기를 얻었다. 클럽하우스에서는 수천 명의 청취자가 생방송으로 '테크 가이와 노는 뉴욕대학교 여자들NYU Girls Roasting Tech Guys'에 귀를 기울인다. 이것도 모두 메타버스 중 하나다. 라이브 스트리머는 공통된 관심사로 뭉친 사람들이 온라인 세계에서 어떻게 자발적으로 시간을 보낼 수 있는지를 잘 보여준다. 스트리머들은 대중의 관심사를 활용해 커뮤니티의 참여를 유도함으로써 팔로어를 늘리기도 한다. 대개는 시청자들이 스트리머를 보기 위해 채널에 모이는 경우가 많은데, 여러 사람이 동시에 경험을 공유하는 것은 메타버스의 근본적인 요소 중 하나라고 할 수 있다.

라이브 스트리밍에 빠진 것이 있다면 비디오게임이나 가상현실에서 경험할 수 있는 몰입 요소다. 하지만 이것은 스트리머들이 VR 애플리케이션 하나만 있으면 바로 몰입형 메타버스를 구축할 수 있다는 뜻이기도 하므로, 이러한 맥락에서는 라이브 스트리머들은 미래에 몰입형 메타버스로 발전할 수 있는 탄탄한 기반을 이미 갖춘 셈이다.

VR 메타버스

메타버스 이야기를 하면서 VR을 빼놓을 수 없다. 시중에는 이미 소셜 경험을 접목한 다양한 VR 애플리케이션이 있다. 그중 하나인 알트스페이스VRAltspaceVR, altvr.com은 라이브 쇼, 모임, 강의 등을 통해 사람들이 만날 수 있는 기회를 제공한다. 알트스페이스VR은 2017년 마이크로소프트사가 인수한 소셜 VR 플랫폼으로 네트워크로 연결된 아바타와 3D 공간, 오디오 등을 결합하여 가상현실과 일반 환경 모두에서 협업할 수 있는 환경을 제공하고 있다.

오버스VR(OrbusVR, store.steampowered.com/app/746930/OrbusVR_ Reborn/)은 사용자가 패트래일Patraeyl이라는 가상의 세계를 탐험하고 캐릭터(음유시인, 마법사, 팔라딘, 주술사, 악당 등 다양한 종류가 있다)를 레벨 업시키며 다른 플레이어와 소통할 수 있는 독특한 소셜 VR 경험을 제공한다. 이 게임은 VR MMORPG 게임으로서 유저는 총 8가지 종류의 직업 중 한 가지를 선택하고, 각 직업에 맞는 스킬을 사용해서 다른 플레이어들과 소통하거나 몬스터를 사냥할 수 있다.

다만 현재로서는 대부분의 VR 메타버스는 규모의 문제를 안고 있다. 오랫동안 사람들의 관심을 끌려면 사용자가 많아야 하는데 아직 VR 헤드셋이 스마트폰이나 노트북처럼 널리 보급되지 않은 탓이다.

그럼에도 불구하고 우리는 이미 온갖 종류의 메타버스를 보았다. 하지만 서로 다른 메타버스를 하나로 합치는 것은 무척 어려운 일이다. 따라서 당분간은 여러 메타버스가 따로따로 존재하게 될 것이다. 하지만 메타버스가 따로 존재한다고 해서 각각의 메타버스가 더더욱 성장해서 참여자들에게 더욱 다양한 경험을 선사하지 못하리란 법은 없다.

메타버스에서의 NFT

한 곳에 오래 머무르게 되면 자연스럽게 뭔가를 사게 될 확률도 높아진다. 시카고 사람들은 10달러짜리 밀러라이트 맥주를 우습게 여기지만 시카고 컵스의 경기를 직관하고 있노라면 밀러라이트 한 잔의 유혹을 떨치기 어려울 것이다. 이러한 경향은 자발적으로 즐기는 비디오게임에서 더욱 두드러진다.

인게임 아이템에 대한 수요는 어마어마하다. 게이머들이 2020년 한 해 동안 인게임 디지털 자산에 쓴 돈은 3,800억 달러에 이른다. 아바타 스킨부터 각종 무기, 추가 생명에 이르기까지 인게임 아이템은 호황을 구가하고 있다. 인게임 아이템이 NFT라면 게임에 돈을 쓴 사용자들은 중고 아이템이나 희귀 아이템을 재판매할 수 있게 되므로 인게임 아이템이 NFT가 되지 못할 이유는 없다.

앞서 언급했던 포트나이트의 갤럭시 스킨을 예로 들어보자. 갤럭시 스킨은 2018년 8월에 딱 2주 동안 배포되었으며 그 이후로는 다시 배포된 적이 없다. 갤럭시 스킨을 가진 것만으로도 게임 안에서의 영향력은 크게 오를 정도다. 하지만 갤럭시 스킨이 희귀 아이템인 것에 비해 이러한 아이템을 현금화할 기회는 거의 없다. 그런데 어느 날 포트나이트 마켓플레이스가 생기고 갤럭시 스킨을 재판매할 수 있는 날이 온다면 어떻게 될까. NFT가 갤럭시 스킨의 진품 여부를 보증해준다면 또 어떻게 달라질까.

갤럭시 스킨이 10달러에 팔릴지, 1만 달러에 팔릴지, 혹은 더 비싸질지는 아무도 모를 일이다.

사람들이 메타버스에 모인 데는 다 이유가 있다. 바로 공통된 관심사나 공통된 목적 때문이다. 그 결과 이러한 메타버스이자 커뮤니티 안에서는 참여자들 사이에 계급이 생기기도 한다. 게임 안의 계급에서 플레이어의 급을 높여주는 요소 중 하나는 플레이어의 아바타가 갖춘 장비다. 사람들은 실제 게임에는 아무런 보탬이 되지 않더라도 포트나이트 스킨에 기꺼이 지갑을 연다. 미래의 플레이어들은 자신의 아이템을 정식으로 소유하고 수집하며 다른 플레이어들과 아이템을 자유롭게 거래할 수 있을 것이다.

현실 세계에서 인게임 아이템과 비슷한 사례로는 스니커콘 SneakerCon이 있다. 스니커 매니아들이 자신의 컬렉션을 사고파는 대형 이벤트다. 이미 운동화Sneaker 수집 시장은 지난 10년간 가장 널리 알려지고 가장 많이 성장한 수집품 시장이다. 스니커콘은 수천 명의 열성적인 운동화 수집가들이 모여 그들의 운동화 컬렉션을 자랑하는 곳으로부터 시작됐다. 자연스럽게 운동화를 팔려는 사람, 사려는 사람이 생겼고 아예 운동화 청소 도구나 운동화 예술품 등 운동화와 관련된 다양한 사업을 운영하는 사람들도 생겨났다. 당신이 누구든 간에 멋진 운동화 한 켤레 없이는 스니커콘에서 제대로된 운동화 수집가로 인정받지 못한다. 스니

커콘은 열성적인 운동화 수집가들을 위한 메타버스의 현실 버전
이다. 사람들은 스니커콘에 모여 자신과 같은 관심사를 가진 사
람들을 만나고 돈을 벌며 영향력을 쌓는다.

NFT가 메타버스에 적합한 또 다른 이유는 많은 사람들이 이
러한 디지털 자산을 축적하기 시작했기 때문이다. 그리고 사람들
은 자연스럽게 자신이 구입한 상품을 누군가에게 보여주고 싶은
욕구를 갖게 된다. 그중 하나로, 비플의 〈에브리데이즈: 5000일
Everydays: The First 5,000 Days NFT〉를 6,900만 달러가 넘는 금액에 구
입한 메타코벤(MetaKoven, 싱가폴 기반의 블록체인 투자자. 본명은 비그네
시 순다레산(Vignesh Sundaresan)이다)은 NFT를 디센트럴랜드와 같은
메타버스에서 관람할 수 있는 디지털아트 갤러리로 바꾸려 하고
있다.

이처럼 사람들은 여러 가지 이유로 물건을 수집한다. 하지만
모든 수집가들이 품는 공통적인 욕구는 바로 자신의 컬렉션을
다른 사람들에게 보여주고 싶어한다는 것이다. 디지털 자산은
디지털 환경에서 전시되어야 한다. 메타버스는 가상 갤러리, 온
라인 비디오게임, 가상 지하 아지트, 혹은 우리가 아직 상상조차
할 수 없는 가상공간의 형태로 우리의 NFT를 전시하는 공간이
될 것이다.

NFT는 메타버스에서 또 다른 효용을 갖기도 한다. 오늘날
〈미빗츠Meebits NFT〉를 구매하면 10년 후에는 그때는 구할 수 없

는 것을 소유했다는 사실만으로도 제법 멋진 일이 될 것이다. 하지만 미빗츠는 귀여운 수집품 이상의 가치가 있다. 앞에서도 설명했듯, 미빗츠를 구매하면 OBJ 파일을 함께 받게 되는데 이 OBJ 파일을 이용해서 내가 원하는 3D 환경에 내 미빗츠를 자유롭게 쓸 수 있게 된다. 미빗츠는 3D 캐릭터를 기반으로 하는데 NFT를 구매하면 2D 이미지뿐 아니라 3D 모델링 원본 파일을 받게 된다. 아예 원본 파일까지 갖게 되므로 소유자는 각자 이를 자유롭게 가공할 수 있을 뿐 아니라 다른 3D에서도 자신의 미빗츠 캐릭터를 사용하게 된다. 즉, 각자의 미빗츠 캐릭터를 바탕으로 NBA 게임에서 사용할 수 있다. 3D 모델 아이템을 게임에 직접 업로드해서 사용할 수 있도록 유명 비디오게임들이 오픈 소스 요소를 게임에 추가할 날도 머지않았다. NBA2K 게이머가 자신의 미빗츠를 게임에 업로드해 플레이어 아바타로 사용하게 될 그날을 상상해보자.

블록체인을 기반으로 한 게임인 샌드박스The Sandbox나 디센트럴랜드, 솜니움 스페이스Somnium Space, 액시 인피니티Axie Infinity와 같은 서비스에서도 마찬가지로 NFT가 중요하다. 샌드박스는 메타버스를 만난 NFT의 살아 있는 버전이라고 할 수 있다. 이더리움 기반의 가상세계인 샌드박스에서는 플레이어들이 세계를 탐색하며 다른 플레이어들과 상호작용하고 함께 게임을 즐길 수도 있다.

샌드박스의 땅LAND은 다양한 마켓플레이스에서 NFT로 거래되고 있다. '랜드'를 갖게 되면 집, 마켓플레이스, 애플리케이션 등 원하는 형태로 마음껏 땅을 개발할 수 있다. 땅을 빌려주는 것도 가능하다. 샌드박스에서 가장 많은 땅을 소유한 웨일샤크WaleShark는 땅 임대업을 구상 중이기도 한데 땅을 예술가나 디자이너에게 임대해 더 큰 부가가치를 창출하겠다는 야심찬 계획을 세우고 있다.

샌드박스는 마인크래프트와 유사하다. 하지만 샌드박스는 실제로 암호화폐 거래소에서 거래되는 자체 인게임 화폐 샌드$SAND를 갖고 있으며, 게임 내 아이템을 NFT의 형태로 소유할 수 있는 결정적인 차이점이 있다. 리그 오브 레전드나 포트나이트와 같은 대전 게임처럼 많은 사람에게 매력적인 소재는 아니지만 샌드박스는 메타버스의 인게임 경제 요소를 훌륭하고 매력적으로 구현해냈다.

스마트폰의 등장 이후 지난 10년간 우리의 생활이 어떻게 바뀌었는지를 살펴보자. 사람들은 보통 하루에 대여섯 시간 가까이 스마트폰을 들여다보며 일상을 보낸다. 여기에 노트북, 스마트TV, 각종 스트리밍 서비스에 쓰는 시간을 더하면 아마 인터넷을 쓰지 않는 시간을 세는 게 훨씬 더 빠를 것이다. 이제 인터넷은 우리의 생활 터전이며, 인터넷은 메타버스로 진화해나갈 것이다. 오늘날 우리가 시간을 보내는 인터넷 커뮤니티는 그리머지않은 미래에 가상세계에서도 만나볼 수 있게 될 것이다. 그리고 이러한 메타버스의 등장과 함께 NFT의 형태로 소유하고 싶은 메타버스 내 아이템도 늘어날 것이다.

오늘날 유명 운동선수들이 게임에서 착용한 운동복이나 경기에 사용된 공이 비싼 가격에 경매에서 팔리듯이, 10년 후에는 e스포츠 우승자가 경기에 사용한 무기나 아이템이 NFT의 형태로 경매를 통해 팔리는 세상이 올 수도 있다.

비담보가능자산

비담보가능자산이란 무엇일까. 미술품, 골동품, 클래식 자동차, 보석과 같은 희귀하고 비싼 수집품, 부동산, 저작권, 특허, 상표와 같은 지식재산권에 속하는 자산은 은행에서 받아주지 않는다. 이와 같은 유형의 자산은 쉽게 거래할 수 있는 시장이 존재하지 않아 비유동적이고, 큰 자본의 투자가 필요하며, 자산을 거래하거나 가치를 결정하기 위해 중개인을 필요로 하는 경우가 많으므로 은행에서 받아주지 않는다.

20년 후 미래를 예측해보면, NFT의 가장 일반적인 용도는 높은 확률로 디지털아트와는 아무런 관련이 없을 것이다. 그보다는 NFT의 스마트 컨트랙트를 활용한 물리적인 재화나 지식재산권의 토큰화가 NFT의 가장 주된 용도로 자리 잡을 것이다. 토큰화를 통해 어떠한 자산을 부분적으로 소유할 수 있게 되면 이는 구매자가 늘어나고 전통적인 비담보가능자산에 유동성이 생기는 결과로 이어지게 된다.

유니스왑Uniswap이 시가 총액이 작은 암호화폐 토큰의 유동성을 만들어냈듯이 NFT는 비담보가능자산의 유동성을 만들어낼 수 있다. 유니스왑은 대표적인 탈중앙화decentralized 암호화폐 거래소 중 한 곳이다. 코인베이스 프로Coinbase Pro나 바이낸스Binance와 같은 중앙화된 거래소에서는 판매자가 특정한 암호화폐를 판매하고자 하는 가격을 보통 비트코인이나 이더리움 단위로 수량을 제시한다. 이를 매도 호가ask price라고 한다. 마찬가지로 구매자도 그 암호화폐를 어떠한 가격에 얼마나 구매하고 싶은지를 제시한다. 이것을 매수 호가bid price라고 한다. 매수 호가와 매도 호가가 일치할 때 암호화폐가 거래된다.

유니스왑과 같은 탈중앙화 거래소에서는 매수자와 매도자 사이가 아닌 매수자와 토큰 풀 사이에서 거래가 이루어진다. 예를 들어 AMP 토큰을 구매하고자 할 경우, 중앙화된 거래소에서는 내가 구매하려는 가격과 수량만큼의 AMP 토큰을 판매하고자 하는 매도자를 만나지 못하면 거래가 성사되지 않는다. 그에 반해 유니스왑에서는 유니스왑의 이더리움 풀에 이더리움을 송금하면 유니스왑의 AMP 토큰 풀에서 AMP를 받게 된다. 이때 AMP 토큰의 유동성은 유니스왑에 토큰을 스테이킹Staking하는 사용자들을 통해 공급된다. 스테이킹은 예치와도 비슷한데, 유니스왑은 사용자들이 스테이킹한 토큰을 거래에 사용할 수 있으며 이렇게 모인 토큰 풀이 시장을 형성한다. 토큰을 스테이킹한 사용자들은 그 대가로 유니스왑이 거래마다 부과하는 거래 수수료의 일정 퍼센트를 받는다. 토큰을 수개월에서 수년 동안 장기 보유하고자 하는 토큰 보유자들도 스테이킹을 통해 새로운 수익 흐름을 확보하게 되는 것이다.

유니스왑은 이 모든 복잡한 과정을 심리스하게 처리해내며 시가 총액이 작은 토큰에서부터 시가 총액이 큰 토큰에 이르기까지 유동성을 만들어내는 데 성공했다. 중앙화된 거래소는 보통 거래량이 높은 암호화폐를 선호하므로 거래량이 낮은 암호화폐는 상장되지 못하는 경우가 많은데 실제로 유니스왑에서 거래되는 토큰 중 상당수는 중앙화된 거래소에서 거래되지 않는 토큰인 경우가 많다.

대부분이 비유동자산에 속하며 대형 컨설팅 회사인 액센추어 Accenture가 추산하기로 전 세계적으로 78조 달러에 달한다는 비담보가능자산에도 위에서 설명한 코인 유동성 창출 방식을 그대로 적용할 수 있다. 이를테면 450만 달러짜리 '1955년식 메르세데스 벤츠 300SL 걸윙' 모델이나 고가의 와인 컬렉션은 구매 희망자가 그리 많지 않다. 초고가 벤츠와 와인 컬렉션 모두 비유동자산이다.

하지만 토큰화를 통해 소유권을 잘게 쪼갬으로써 이러한 고가의 비담보가능자산도 유동성을 만들어낼 수 있다. 위의 벤츠를 예로 들어보자. 이 희귀한 차를 갖고 싶은 사람은 얼마나 될까? 적어도 수백만 명은 될 것이다. 그중 450만 달러를 낼 수 있는 사람은 몇이나 될까? 아마도 손에 꼽을 정도일 것이다. 하지만 이 벤츠의 100만 분의 1만큼의 소유권을 갖는 4.5달러짜리 NFT를 100만 개 만든다면 단돈 5달러만으로 이 벤츠의 일부를 소유할 수 있게 된다. 친구 100만 명이 십시일반으로 뭔가 근사한 것을 사는 것과 같은 느낌이랄까. 이렇게 비유동자산은 순식간에 유동자산으로 탈바꿈한다.

물리적인 자산의 토큰화는 혼자서는 살 수 없는 자산에 더욱 많은 사람이 참여할 수 있는 시장을 새롭게 만들어낸다. 아마도 판매 개시 당일에 토큰 100만 개가 모두 팔려나갈 것이다. 어떤 사람은 100만 개 중 50만 개를 사재기할지도 모른다. 토큰을 구매하고자 하는 그리고 이 벤츠의 일부를 소유하기를 희망하는 수요가 커질수록 토큰의 가격도 오르게 된다. 아마도 일주일 후엔 이 벤츠의 가격이 500만 달러로 올랐을 수도 있다. 1년 뒤에는 1,000만 달러가 될지도 모른다. 주식 시장과 같은 느낌이다.

토큰화된 자동차나 부동산 같은 자산이 흥미로운 점은 수익 흐름 또한 토큰화될 수 있기 때문이다. 21세기 폭스 영화사가 만드는 신작 범죄 영화의 오프닝에서 주연 배우가 이 차를 몰고 황혼 속으로 떠나는 장면을 찍는다고 해보자. 이 벤츠를 하루 대여하는 가격이 10만 달러라면, 100만 개의 토큰 중 하나를 가진 소유자에게는 0.1달러가 지급되게 된다. 즉, 투자금의 2%에 해당하는 수익을 단 하루 만에 낸 셈이다. 이러한 형태의 추가 수익 흐름은 특히 분할된 부동산에도 매력적이다. 액센추어는 비담보가능자산의 문제점을 다음과 같이 정리했다.

'비담보가능자산의 내재 가치는 해당 자산의 기존 시장 밖에서는 이용하기 어려우므로 담보로서 많은 제약이 있었다. 문서화된 거래 내역의 부재, 낮은 신뢰도, 낮은 가격 투명성, 높은 거래비용, 낮은 유동성 등의 이유로 인해 금융회사들은 비담보가능자산을 포트폴리오 자산에 포함하는 데 소극적이다.'

어떤 비담보가능자산이라도 NFT로 만드는 건 간단하다. 대출용 담보로 쓰지도 못하고 쉽게 처분하기도 어려웠던 자산을 NFT화하여 유동성을 확보해 자산가들에게도 새로운 기회를 열어줄 것이다. 하지만 사람들이 과연 비담보가능자산의 NFT를 구입하려 할까? 액센츄어 산하의 오브리움 리서치Obrium research의 연구 결과에는 다음과 같은 내용이 있다.

'열정투자(Passion investment, 투자자 본인이 열정을 갖는 비전통적 자산에 대한 투자로서, 투자 대상을 소유하는 자체를 즐기며 시간이 지남에 따라 해당 자산의 가치가 오르면 수익을 얻을 수 있는 투자를 뜻한다)의 가치 상승률은 지난 15년간 전 세계 주식 시장의 상승률을 뛰어넘었으며, 같은 기간 MSCI World 지수(모건스탠리캐피털인터내셔널사가 발표하는 세계 주가지수)보다도 65% 빠르게 성장했다.'

아쉽게도 자산을 팔기 전까지 실제 수익을 실현하기는 어렵다. 다만 자산에 대한 부분적인 소유권을 만듦으로써 유동성을 창출할 수 있다. 만약 누구나 갖고 싶어하는 자산이라면 많은 사람이 자산 일부를 사고팔며 가치를 높일 것이다. 그리고 이제는 이 자산과 연계된 NFT를 거래할 수 있는 유동성을 갖춘 시장이 있으므로 이제 벤츠 값으로 450만 달러를 낼 수 있는 구매자를 찾지 않아도 된다. 450만 달러 벤츠의 차주는 다 합쳐서 500만 달러(혹은 그 이상을)를 낼 수 있는 100만 명의 구매자를 찾았기 때문이다.

비담보가능자산을 토큰화할 때 소유자가 꼭 소유권을 포기해야 하는 것은 아니다. 댈러스 매버릭스Dallas Mavericks의 구단주 마크 큐반이 자신의 팀의 소유권을 나누고 싶어한다고 가정해보자. 마크 큐반은 총 1만 개의 NFT를 만들어 팀의 가치의 전부를 팔 수도 있고 일부분만을 팔 수도 있다.

과속방지턱

비담보가능자산을 NFT를 통해 분할하고자 할 때 과속방지턱을 만나게 될 수도 있다. NFT를 사용해 자산을 분할하면 미국증권거래위원회가 NFT를 증권으로 간주할 수 있다. 분할된 NFT의 성질이 결국 투자와 유사하기 때문이다. 이러한 NFT는 많은 시간과 돈, 서류 작업을 필요로 하는 미국증권거래위원회의 등록 절차를 거쳐야 할 수도 있고, 레귤레이션D나 레귤레이션A(소규모 신규 증권 발행 시 등록요건 일부 면제에 대한 규정)와 같은 예외 조항을 적용받을 수도 있다. 미래에는 이러한 절차들이 간소화되기를 기대해본다. 또한 증권은 미국증권거래위원회에 등록된 증권거래소에서만 거래가 가능하다. 따라서 현재의 NFT 마켓플레이스들이 미국증권거래위원회의 등록 과정을 거치거나 미국증권거래위원회의 등록을 마친 새로운 마켓플레이스가 등장해야 할 수도 있다.

부동산을 토큰화한 NFT는 또 다른 문제점들을 안고 있다. 미국의 경우 주택권리증은 해당 지역 카운티의 사무소에 기재되는데, 각종 양도세나 수수료의 납부가 마무리되기 전까지는 주택권리증 이전이 불가능하다. 한 가지 기술적인 해결책은 당사자 전원이 서명해 자금 이전을 승인하는 기능을 담은 멀티시그니처 지갑(두 명 이상의 사용자가 서명해야만 거래가 승인되는 지갑)을 사용하는 것이다. 특정 자산의 처분에 대해 전원의 합의나 전원의 의

무 수행이 필요한 경우, 전원이 서명해야만 거래가 승인되는 멀티시그 지갑을 사용할 수 있다. 부동산 NFT가 이전될 때 해당 지역 관리 당국의 서명을 추가로 받게 하는 것도 방법이다. 자산 기반의 NFT로 향하는 길의 시작이 결코 순탄하지는 않겠지만 차츰 나아질 것이다.

디지털 지갑

앞으로 당신의 디지털 지갑은 마케터들에게 새로운 주소나 새로운 전화번호가 되고 모든 결제 건에 대한 새로운 은행 정보가 될 것이며, 기업에는 새로운 세금계산서 발급 소프트웨어가 될 것이다. 누군가의 디지털 지갑 주소를 안다는 것은 어쩌면 2021년 지금 누군가에 대해서 알아낼 수 있는 정보 중 가장 값진 것일지 모른다. 디지털 지갑은 다양한 수준에서 누군가와 연결될 수 있는 가장 효과적인 방법이기 때문이다. 다만 아직 모두가 디지털 지갑을 쓰는 세상에 다다르지 못했을 뿐이다.

받으면 기쁜 선물

미국 NBA 팀인 댈러스 매버릭스Dallas Mavericks의 구단주인 마크 큐반에게 사업 아이디어를 설명하고 그의 의견을 들으려면, 트윗을 하나 날리고 마크 큐반이 그 트윗을 봐주기까지 하염없이 기다리는 방법이 있다. 아니면 사이버 더스트(Cyber Dust, 마크 큐반이 공동설립자로 참여한 메시징 앱)에서 마크 큐반을 찾아서 그의 관심을 끄는 방법도 있다. 아니면 그의 회사에 무작정 전화를 걸어서 상관을 바꿔 달라고 하다 보면 마크 큐반을 바꿔줄지도 모른다. 아니면 마크 큐반의 디지털 지갑으로 NFT를 바로 보내서 만약 마크 큐반이 그 NFT를 마음에 들어 한다면 우리한테 먼저 연락을 줄지도 모르겠다.

누군가의 디지털 지갑 주소를 알면 지갑 주인이 어디에 돈을 모으는지, 어디서 사업을 하는지를 알 수 있다. 디지털 지갑은 마케터들에게 새로운 전화번호이자, 주소이자, 계좌정보인 셈이다. NFT로 전달되는 최초의 마케팅 캠페인을 보게 될 날이 머지않은 것 같다. 타코벨이 새로운 메뉴를 출시한다고 하자. 페이스북 광고를 돌리거나 TV 광고를 내는 대신 새로운 메뉴를 담은 디지털아트를 만들어서 NFT로 민팅한 후 약간의 특전을 붙여서 수천 명의 디지털 지갑에 바로 선물하는 방법이 있을 수 있다. 물론 수천 개의 디지털 광고를 발송하는 가스피가 같은 수의 사람들에게 페이스북 광고를 전달하는 것보다 더 비쌀 수 있다. 하지만 제대로 실행되기만 한다면 각 방송사가 앞다퉈 보도할 이 말도 안 되는 마케팅에 대한 뉴스와 암호화폐 및 NFT 커뮤니티에서의 바이럴 가치가 가스피를 훨씬 넘어설 것이다.

앞선 예시는 물론 이론에 불과하다. 하지만 디지털 지갑이 개개인의 매우 개인적인 자산을 담아두는 곳이라는 것을 생각하면 어쩌면 말이 되겠다는 생각도 든다. 디지털 지갑은 누군가의 재정 상황과 그 사람이 보유한 컬렉션으로 바로 연결된다. 전통적인 방법으로는 전혀 만날 수 없는 누군가와 소통할 방법을 찾거나 누군가를 선물로 기쁘게 해줄 수 있는 참신한 방법을 찾고 있다면 디지털 지갑이 좋은 방법이 될 수 있다.

디지털 지갑의 단점은 가스피가 크게 낮아지거나 아예 없어지는 경우이다. 이더리움은 곧 지분증명 방식으로 변경될 예정인데 이를 통해서 가스피가 대폭 낮아질 예정이다. 왁스나 다른 지분증명 방식의 블록체인에서의 거래 수수료는 이미 매우 미미한 편이다. 왜 낮은 가스피가 문제가 되느냐면 바로 스팸 때문이다. 우리의 메일함을 가득 채운 짜증나는 이메일이 NFT에서 되풀이될지도 모른다.

많은 암호화폐들은 지난 수년간 디지털 지갑으로 토큰을 에어드랍(airdrop, 특정한 암호화폐의 소유자들에게 새로 개발한 코인을 무상으로 지급하는 것. 새로 개발한 코인의 마케팅 방법으로도 자주 쓰인다)해왔다. NFT도 다르지 않을 것이다. 하지만 오늘날의 스팸 메일이 그렇듯이 스팸 NFT도 사소한 골칫거리에 그칠 것이다. 스팸 메일 차단기와 비슷한 스팸 NFT 차단기가 개발될 수도 있다.

결제의 미래

캐시앱Cash App, 벤모Venmo, 페이팔PayPal, 젤레Zelle, 그리고 수많

은 다른 P2P 결제 애플리케이션(이용자끼리 금융거래가 가능한 애플리케이션으로 우리나라의 카카오페이나 네이버페이가 이에 속한다)들이 실용적이고 편리하다는 데에는 의심의 여지가 없다. 퀵북QuickBooks이나 프레시북FreshBooks과 같은 기업용 회계 프로그램으로 인보이스를 만들고 발급하는 과정은 쉽고 신뢰할 수 있다. 하지만 이모든 것들은 중앙화되어 있다. 우리는 이미 블록체인과 같은 탈중앙화된 시스템을 통해 결제하는 것이 어떤 이점이 있는지를 살펴본 바 있다.

누군가의 42자리 디지털 지갑 주소를 외우는 건 그들의 벤모 ID를 찾는 것보다 훨씬 어려운 일이다. 하지만 블록체인 도메인 이름을 활용하면 다른 사람들의 디지털 지갑에 보다 쉽게 닿을 수 있다. 누군가의 디지털 지갑으로 암호화폐를 보내고 싶을 때 디지털 지갑 주소를 입력하는 곳에 'QuHarrison.eth'를 입력하면 시스템에서 자동적으로 큐해리슨의 디지털 지갑 주소를 불러온다. 이제는 URL이 새로운 송금 방식이 될 수도 있다.

NFT를 P2P 디지털 지갑 결제와 연계하면 완전히 새로운 방식으로 사업자가 고객들에게 서비스를 제공하고 비용을 청구할수도 있다. 앞에서 다룬 게리 베이너척의 〈비프렌즈 NFT〉는 그의 컨설팅이나 다른 서비스를 판매하는 완전히 새로운 방식이다. 홍보 에이전시에서부터 그로스 컨설팅 에이전시에 이르기까지 게리 베이너척과 같은 방법을 사용하지 않을 이유가 없다.

미래의 에이전시는 은행과 값비싼 청구 소프트웨어를 건너뛰고 NFT 스마트 컨트랙트와 디지털 지갑을 활용해 고객들과 직접 거래하게 될 것이다.

물론 이 비전은 모두가 디지털 지갑을 사용한다는 전제 상에서만 성립하지만, 빅 테크 기업이 이미 디지털 지갑 시장에 뛰어들고 있음을 감안하면 모두가 디지털 지갑을 사용하는 세상이 그리 먼 미래가 아닐지도 모른다. 애플, 구글, 삼성의 스마트폰에는 모두 디지털 지갑 기능이 있다. 암호화폐 디지털 지갑과는 조금 다른 개념이긴 하지만 디지털화된 신용카드, 탑승권, 상품권 등 (신분증만 제외하고) 지갑에 들어갈 만한 모든 것을 넣을 수 있는 디지털 지갑이다. 스마트폰은 이미 수많은 다른 기술들을 밀어내고 그 자리를 차지했으니 조만간 지갑의 자리를 차지하는 것도 그리 어려운 일은 아닐 것이다.

스마트폰으로 하는 결제가 생소하던 시절도 있었지만, 코로나19가 모바일 결제의 도입을 크게 앞당겼다. 이제는 공항에서 인쇄된 탑승권을 들고 있는 사람보다 아이폰의 애플 월렛Apple Wallet에서 탑승권을 꺼내는 사람이 더 흔한 세상이다. 모바일 지갑은 암호화폐와 NFT 지갑 세상으로 이어지는 다리와도 같다. 애플 월렛의 경우 몇 가지 기능만 추가하면 즉시 전 세계에서 가장 큰 NFT 지갑이 될 것이다.

아직 오지 않은 NFT의 미래

NFT의 장점은 NFT의 미래가 아직 정해지지 않았다는 점이다. NFT의 가장 중요한 쓰임새가 무엇이 될지는 아직 아무도 알수 없다. 새로운 시도의 리스크를 기꺼이 감수하는 모험가들이 오늘날 NFT의 미래를 써나가고 있다. 그들은 새로운 시도를 즐기고, 전에 없던 새로운 방식으로 NFT를 사용하며, 아무도 생각하지 못했던 영역에 NFT를 접목하기도 한다. 그리고 다른 누구보다도 건실하게 NFT 세상을 키워가고 있다. 앞으로 10년간 모든 것은 NFT화 될 것이며 모두가 참여할 수 있다. NFT의 미래는 지금, 이 순간에도 새롭게 만들어지고 있다.

NFT 사용설명서

초판 1쇄 발행   2021년 11월 22일
초판 33쇄 발행 2022년 2월 14일

지은이 맷 포트나우, 큐해리슨 테리
옮긴이 남경보
감수자 이장우

발행인 장지웅
편집 선우지운
마케팅 이상혁
진행 이승희
디자인 가을

펴낸곳 여의도책방
인쇄 (주)예인미술
출판등록 2018년 10월 23일(제2018-000139호)
주소 서울시 영등포구 여의나루로 60 여의도포스트타워 13층
전화 02-6952-2431
팩스 02-6952-4213
이메일 esangbook@lsinvest.co.kr

ISBN 979-11-91904-06-2 (03320)